KB253951

천황제와 젠더

저자 가노 미키요(加納實紀代, Kano, Mikiyo), 1940년 서울 출생. 교토대학 사학과 졸업, 현재 게이와학원(敬和學園)대학 교수로 재직 중이다. 일본을 대표하는 여성사 연구가로, 1976년부터 지금까지 '여성의 오늘을 묻는 모임'을 이끌며 연구, 저술, 강연, 여성운동, 천황제 반대 운동 등을 활발하게 전개하고 있다. 지은 책으로는『여자들의 '총후'』,『자아의 저편-근대를 넘어선 페미니즘』,『전후사와 젠더』,『여성과 천황제』(공저),『반천황제-비국민 · 대역 · 불경 사상』(공저),『군사주의와 젠더-제2차 세계대전기와 현재』등이 있다.

역자 손지연(孫知延, Son, Ji-youn), 나고야대학에서 일본 근·현대문학을 전공하여 박사학위를 받았다. 현재 경희대학교 후마니타스 칼리지 객원교수로 재직 중이다. 대표적인 글로는「류큐·오키나와(인)의 아이덴티티 형성사」,「1920년대 일본 국민성담론의 유형과 전개 양상」,「근대 일본 미디어에 나타난 신여성 논의의 지형」,『근대 한국인의 탄생』(공저),『폭력의 예감』(공역),『전쟁이 만들어낸 여성상』(역서),『섹슈얼리티의 근대』(역서) 등이 있으며, 최근에는 근·현대 역사를 관통하면서 남긴 동아시아의 전쟁과 폭력의 상흔을 젠더, 내셔널 아이덴티티의 관점에서 조명하는 작업에 관심을 두고 연구를 진행하고 있다.

역자 신은영(辛恩英, Shin, Eun-young), 쇼와여자대학에서 일본고전문학을 전공하여 박사학위를 받았다. 현재 국사편찬위원회에서 대마도문서정리를 수행하고 있다.

천황제와 젠더

초판 인쇄 2013년 8월 30일 **초판 발행** 2013년 9월 5일
지은이 가노 미키요 **옮긴이** 손지연 외 **펴낸이** 박성모 **펴낸곳** 소명출판 **출판등록** 제13-522호
주소 서울시 서초구 서초동 1621-18 란빌딩 1층
전화 02-585-7840 **팩스** 02-585-7848 **전자우편** somyong@korea.com **홈페이지** www.somyong.co.kr

값 21,000원   ⓒ 소명출판, 2013

ISBN 978-89-5626-911-5 93910

천황제와 젠더

JAPANESE EMPEROR SYSTEM AND GENDER

가노 미키요 지음 | 손지연 외 옮김

소명출판

일러두기

1. 원주, 역주 모두 각주로 표기하였고, 원주의 경우, 저자 주로 표기하여 구분하였다.
2. 일본어의 한국어 표기는 문교부(현재 문화체육관광부)의 「외래어 표기법」(문교부 고시 제85호 −11호, 1986년 1월)을 따랐다.

차례

제1장

쇼와 시대 민중의식 속 천황제

쇼와 시대의 개막―'일등국민' 만세!?

1990년 8월 15일, 오후 1시 무렵. 마치 눈사태라도 일어난 듯 검은 옷차림을 한 사람들이 구단시타九段下역 계단을 쏟아져 내려오고 있다. 그 사이를 뚫고 계단을 오르자 한낮의 뜨거운 열기가 뿜어져 나온다. 그곳에도 한여름 날씨와 어울리지 않게 검은 옷차림의 무리가 있다. 이들은 천황과 황후가 참석한 가운데 행해진 '전몰자추도식전戰沒者追悼式典'을 마치고 부도칸武道館을 빠져나온 유족들이었다.

야스쿠니 신사靖国神社 오도리이大鳥居를 지나자 더 많은 유족들이 보인다. 그을린 얼굴에 깊게 패인 주름, 입이라도 맞춘 듯 검게 차려입은 원피스에 진주 목걸이를 한 이 여인들은 바로 그 옛날 '야스쿠니의 아내'들이다. 몇몇은 나무 그늘에 앉아 아이스크림을 먹고 있다. 이른 아침부터 서둘러

무거운 분위기의 식전에 참석한 탓인지 꽉 조였던 원피스를 느슨하게 풀어 헤치고 소녀 마냥 무심히 아이스크림을 먹고 있다. 필자가 오늘 이곳을 다시 찾은 이유는 작년에 보았던 그녀들의 무심한 표정 때문이었다. 그때와 다른 풍경이라면 '쇼와 천황어제昭和天皇御製'[1]라는 문구가 새겨진 회색 봉투를 저마다 소중히 품에 안고 있는 모습이었다.

'어제' 안에 어떤 내용이 담겨 있는지 알고 싶기도 했고 그녀들의 생각도 들어보고 싶어 주위를 맴돌았으나 차마 보여 달라는 말은 꺼내지 못했다. 배례전 앞에 내걸린 "나라를 위해 목숨을 바친 사람들을 생각하면 가슴이 벅차다"라는 문구와 유사하리라 생각하며 아쉽지만 야스쿠니신사를 뒤로 했다. 만약 필자의 추측이 맞는다면 이보다 뻔뻔스러운 문구는 없으리라. "나라를 위해 목숨을 바친 사람들을 생각하면 가슴이 벅차다"니 말이다.

쇼와 천황의 아들인 아키히토明仁 천황[2]은 이날 '전몰자추도식전'에서 "과거의 대전大戰에서 귀중한 생명을 잃은 수많은 사람들과 그 유족들에게 깊은 슬픔을 느낀다"고 언급했다고 한다. 필자는 머리 숙여 천황의 '말씀'을 경청하고 '어제'를 기념으로 받아 들고 감격했을 '야스쿠니의 아내'들의 모습에서 오히려 큰 슬픔을 느꼈다. 이들을 '야스쿠니의 아내'로 만든 '과거의 대전'은 쇼와 천황의 즉위와 함께 시작되었다. 그로부터 60여 년이 흐른 지금, 그의 아들 '헤이세이平成'의 즉위식을 앞두고 있다. 패전 이후 천황제 위상이 바뀌었고 '헤이세이'의 즉위는 안팎의 대립격화를 가져온 '쇼와' 즉위 때와는 분위기가 크게 다를 것이라고들 말한다. 그러나 과연 그럴까?

---

1   천황이 지은 시문詩文이나 와카和歌를 말함.
2   1989년 즉위한 일본의 제125대 천황.

무심히 아이스크림을 먹고 있는 '야스쿠니의 아내'들의 주름진 얼굴에 묻어나는 지난 세월의 흔적이 필자로 하여금 '쇼와'와 '헤이세이'의 차이와 동일성에 더욱 집착하게 하였다.

어대례御大礼[3]와 국제화 선전

'쇼와昭和'라는 말은 서경書經의 한 구절인 '백성소명百姓昭明, 협화만방協和万方'[4]에서 따온 것으로, '군민일치'와 '세계평화'를 기원하며 붙여졌다고 한다. 그런데 바로 이 '쇼와' 시대에 개막과 함께 천황제를 앞세워 국내 탄압을 강화하고 대륙을 향한 침략전쟁을 일으켰다. 특히 쇼와 천황이 즉위한 1928년은 그 커다란 전환점이 되었다.

1928년 2월 20일 일본 최초로 보통선거가 시행되었고 무산당원에서 8명의 당선자가 나왔지만 3월 15일, 이른바 '3·15사건'[5]으로 공산당원이 일제히 검거되었다. 5월에는 중국 지난濟南으로 출병해 국민당군과 충돌하였다. 6월에는 관동군에 의한 장쭤린폭살사건張作霖爆殺事件[6]이 발발하는 등 대륙을 향한 군사침략이 노골화되었다. 그리고 6월 29일에는 긴급칙령으로 치안유지법을 개악하여 사형·무기징역을 도입하는 한편, 7월 초에는 내무성보안과를 확충하는 동시에 전국에 특고경찰 감시망을 확대하였다.

같은 해 11월 10일 즉위식을 거행한 히로히토裕仁는 옥좌 위에서 "황조

---

3 천황의 즉위의례. 즉위 후 황위를 계승했다는 사실을 내외에 알리는 의전儀典.
4 국민의 평화 및 세계 각국의 공존번영共存繁榮을 바란다는 의미.
5 1928년 3월 15일, 전국적으로 1,568명의 공산당원 및 그 지지자가 검거된 사건.
6 1928년 6월 관동군에 의해 봉천군벌의 지도자 장쭤린이 암살된 사건.

황종국皇祖皇宗國을 세워 백성을 대하고, 국가를 바탕으로 가정을 이루고 백성 보기를 자식같이 여기며, (…중략…) 짐은 안으로는 교화敎化를 순후醇厚하여 민심의 화회和會를 이루며 국운의 융창을 꾀하고, 밖으로는 국교친선을 맺어 영원히 세계평화를 유지하여 널리 인류복지를 증진시킬 것"이라는 내용의 칙어를 발표한다. 그러나 이 즉위식이 바로 탄압을 강화하는 계기가 되었음은 간 다카유키管孝行의 『가공 다큐멘터리 · X데이, 쇼와가 끝나는 날架空ドキュメント · Xデー昭和の終わる日』(1986)에 자세하다. 15만 명에게 은사를 베풀고 천황의 자비와 은혜를 피력하는 한편, 사회주의자와 '정신장애자'를 예방한다는 명목으로 21만 명을 검거하고 7천 명을 체포하였다. 당시 『도쿄아사히東京朝日신문』에는 다음과 기사가 찾아볼 수 있다.

어대례御大禮를 얼마 남겨 두지 않은 이즈음 3천 명의 광인狂人을 경계하고 위험한 자는 보호 검거하도록 한다.

—『東京朝日新聞』, 1928.10.20.

요주의 인물 등 1천 명을 오늘밤을 기해 대대적으로 검거하고, 일정 기간을 각 경찰서에 구류할 것, 어대례 전前 대大경계.

—『東京朝日新聞』, 1928.11.3.

간 다카유키의 지적처럼 히로히토의 즉위식은 성려聖慮와 인권유린, 탄압을 동원한 그야말로 국민통합의식이었다고 할 수 있다. 그런데 기사 내용을 보고 새삼 놀랐던 것은 어대례를 국제화 선전의 계기로 삼고 있는

점이다. 즉위식·대관식을 일본의 '지중至重' '지고至高'의 전통의식이라

며 권위를 부여하고 이를 '세계평화' '국제친선'과 결부시켜 대대적으로

선전해 나간 것이다. 그 첫 출발은 히로히토의 동생이자 황위 계승 일 순

위자인 지치부노미야秩父宮[7]의 결혼식이었다. 이것은 쇼와 즉위 예비 이

벤트로 9월 28일에 행해졌다. 결혼 상대는 마쓰다이라 세쓰코松平勢津子[8]

로, 무진전쟁戊辰戰爭[9] 시 적군이었던 전 아이즈会津 번주藩主의 손녀였다.

아이즈 출신 작가 쓰나부치 겐조網淵謙錠의 말을 빌자면, 당시 아이즈 출

신들은 이제야 '적'의 오명을 벗었다며 눈물을 흘렸다고 한다. 아키시노

노미야秋篠宮[10]와 결혼한 가와시마 기코川嶋紀子의 조부 역시 아이즈 번사

출신이다. 축하할 일이 겹쳤다며 동향 작가 리쓰무라 세쓰코律村節子와

미야자키 도미하치宮崎十三八가 기뻐하는 모습이「예궁비와 아이즈번禮宮

妃と会津藩」이라는 제목의 기사와 함께 실렸다.

　'적'의 일족을 황실에 들인 '성려'에 감사하는 분위기를 선전하기 위함이

었다. 아울러 마쓰히라 세쓰코와의 결혼은 황실의 국제화 선전에도 도움

이 되었다. 외교관이던 아버지를 따라 영국에 오랜 기간 체재했던 그녀는

결혼 3일째 되던 날인 10월 1일, 황통보皇統譜에 출생지를 런던 시외 월턴으

로 올렸다.『도쿄아사히신문』은 이를 두고 "외국 지명이 우리 황통보에 오

7　지치부노미야 야스히토 친왕(秩父宮雍仁親王, 1902~1953) : 다이쇼大正 천황의 차남.
　　현 천황 아키히토明仁의 숙부.

8　마쓰다이라 세쓰코(松平勢津子, 1909~1995) : 조부는 아이즈會津의 구 번주 마쓰다이
　　라 가타모리松平容保. 외교관 마쓰다이라 쓰네오松平恒雄의 장녀. 부친의 부임지인 영국
　　런던에서 출생. 지치부노미야와의 사이에 자녀가 없어 그녀의 사망 후 지치부노미야
　　가문은 대가 끊김.

9　1868년 유신 정부군과 구 막부세력 간에 1개월여 동안 벌어진 내전.

10　아키시노노미야(秋篠宮, 1965~) : 현 천황 아키히토의 차남 후미히토 친왕文仁親王의
　　궁호宮号.

른 것은 이번이 두 번째다. 첫 번째는 이탈리아로 기록된 나시모토노미야 梨本宮[11]의 비 이쓰코伊都子 전하"(1928.10.2)라며 대대적으로 보도하였다. 지치부노미야 역시 런던에 유학한 적이 있는데, 다이쇼大正 천황이 위독하다는 소식에 황급히 귀국길에 오른다. 언론은 그가 천황이 사망하기 전까지 도착할 수 있을지를 놓고 보도에 열을 올렸다.

아사히신문사는 10월 25일부터 1주일간을 '어레봉축국제친선주간御禮奉祝親善週間'으로 정하고 각국의 음악, 연극, 영화 등을 공연하였다. 첫째 날인 25일은 '미국의 밤'을 주제로, 아사히신문사 편집국장 오가타 다케토라緒方竹虎, 미국 대사 C·맥비가 참석한 가운데 합창, 피아노 독주, 소프라노 독창, 영화상영 등이 진행되었다. 입장료는 1회 30전, 자유이용권은 2엔이었지만 대강당을 가득 메울 정도로 인산인해를 이루었다고 한다 (『東京朝日新聞』, 1928.10.26).

다음은 제1회 '미국의 밤' 이후의 프로그램 내용이다.

제2회 10월 26일 '독일의 밤'

인사말 : 아사히신문 독일특파원 하라타 레이지原田礼二·독일 대사 조르프

강연 : 방일訪日 비행가 퓨네펠트 남작

연주 : 첼로(베르크마이스타)와 바이올린(고한스키)의 이중창

독창(레베 부인) 독주(베초르드 부인) 등

제3회 10월 27일 '폴란드의 밤'

일본 국가國歌, 폴란드 국가(피아노 루니쓰키)

---

11 나시모토노미야梨本宮, 1874~1951) : 황족. 육군군인. 대한제국 마지막 황태자 이왕 은李王垠의 장인.

인사말 : 아사히신문 조사부장 도키 젠마로土崎善麿

강연 : 폴란드 공사 오켄쓰키 〈폴란드 사정事情〉

연주 : 피아노독주 합창(폴란드민요) 오페레타 등등

제4회 10월 28일 '체코슬로바키아의 밤'

인사말 : 체코슬로바키아 공사 K·하라

독창 : 체코민요

영화 : 〈프라하〉, 〈제8회 체육대회〉 등등

제5회 10월 29일 '프랑스의 밤'

강연 : 프랑스 대사관 1등서기관 J·도브렐 '프랑스정치의 전통정신'

일불회日佛會관장

루이 브라란겐 '프랑스의 현대과학'

영화 : 〈파리에서 이태리 국경까지〉, 〈나비부인〉

제6회 10월 30일 소비에트의 밤

인사말 : 소비에트 대사 도로야노프스키

연주 : 피아노 (가와레요프), 바이올린 (크레인) 등등

제7회 10월 31일 '이탈리아의 밤'

인사말 : 이탈리아 대사 알로이지

합창 : 메이지학원明治学院 그레고리밴드 '파시스트의 노래'

영화 : 〈베니트 무솔리니〉

‘이탈리아의 밤’은 애초 예정되었던 ‘영국의 밤’이 취소되는 바람에 대체되었다고 한다. 10월 27일 자『도쿄아사히신문』에 의하면 영국은 출연자 섭외가 어렵다는 이유로 거부했다고 한다. 이 가운데 ‘소비에트의 밤’이 개최된 것은 의외였다. 10월 중순, 일본공연을 위해 하얼빈까지 왔던 모스크바 가극단 시니야 부르사 일행 14명이 입국하려 했으나 공산주의 선전 위험성을 들어 입국이 거부된 사례가 있었기 때문이다.

‘어대례봉축국제친선주간’은 아사히신문사가 주관한 것이긴 하지만 정부 측에서도 국제화 선전에 적극 동참했다.

10월 30일, 천황 히로히토는 특파대사로서 ‘대례’에 출석하는 영국대사를 비롯한 18개국 대사, 공사에게 훈장을 수여하였다. 그리고 18개국을 포함한 26개국 대사 및 공사를 알현하였다. 이 모습을『도쿄아사히신문』은 다음과 같이 전하고 있다.

연맹 26개국 황제 폐하 및 대통령 각하에서부터 특파대사, 특파사절 자격으로 어대례에 참열하는 독일대사 조르프 씨 등, 주일 대사 및 공사 25분(칠레공사는 제외)은 30일 오전 11시 반 궁중의 호오노마鳳凰間에서 천황 폐하를 알현하게 되었다. 그래서 대사 및 공사 일행은 각각 대례복 또는 연미복 차림을 하고 당일 하사한 일본 훈장을 패용佩用하고 오전 11시까지 궁중 니시타마리노마西溜間에 모였다. 천황 폐하께서는 육군식 정장을 하시고 (…중략…), 같은 시각 11시 30분에 호오노마鳳凰間로 나오실 예정이다. 독일대사 조르프 박사를 비롯한 각국 원수의 특파대사사절은 이토 다케시伊藤武 관장의 유도에 따라 순서대로 천황 폐하를 알현하고, 악수를 하며

—『東京朝日新聞』, 1928.10.30.

국제친선이라는 명목으로 훈장을 '수여'하거나 '알현'하고 '악수'를 청하
는 행위는 각국 대표를 '신하'로 취급함으로써 일본국 천황의 권위를 높이
려는 목적이 컸다고 할 수 있다. 이와 함께 외국인 기자의 '어대례' 찬미문구
도 자주 등장하였다. 11월 6일, 즉위식·대관제를 위해 천황이 교토京都로
행하는 이른바 '교토 행행行幸[12]의식'이 거행되었는데 이 광경을 본 『런던타
임스』, 『뉴욕타임스』 특파원은 다음과 같이 기록하고 있다.

이것은 전통적 일본식 행렬 그 이상이다. 현소賢所[13]의 붉은 금종, 천 년 전
의 각양각색의 아름다운 옷을 입고 수호하기 위해 따르는 사람들. 이는 유사
이전의 것, 모든 민족이 오랜 세월 행해왔던 것, 더 나아가 이스라엘의 아이
들이 홍해를 건널 때조차 손에서 놓지 않았던 노아의 방주를 연상케 한다.

—『東京朝日新聞』, 1928.11.7.

다음은 교토에 도착한 천황을 목격한 『데일리 메일』 특파원 헤지스의
글이다.

어대전御大典[14]을 통해 일본의 강인함을 확실히 목격하였다. 일본의 유식
有識계급 제군은 일본제국의 장래에 대해 너무나도 비관적이다. 그들은 모
든 것을 너무나도 유물적으로 보고 생각하는 경향이 있다. (…중략…) 그들은

---

12 천황이 황거皇居를 떠나 외출, 출행出行하는 것을 말함. '천황이 가는 곳마다 만민이 은
 혜를 입고 행복을 받는다는 의미에서 '幸'을 쓰며 방문하는 장소가 한 곳이 아닐 경우는
 '순행巡幸'이라고 함.
13 궁중에 '세 가지의 신기神器'의 하나인 '야타의 거울八咫の鏡'을 안치한 곳.
14 천황의 즉위의례. 어대례와 같은 의미.

일본이 세계열강 사이에서 높은 지위를 차지할 수 있었던 유일한 자원이 바로 일본국민성이라는 점을 잊고 있는 것은 아닐까? 몇 천만의 민중이 행렬 양쪽에 조용히 무릎을 꿇고 양 폐하를 맞이하는 모습을 보고 나는 세계 그 어느 나라도 일본처럼 아름다운 나라는 없을 것이라 생각하였다. 정숙은 단순한 정숙함이 아니었다. 서양국민이 갖고 있지 않은 웅장함과 존엄함으로 넘쳐 나고 있었다.

—『東京朝日新聞』, 1928.11.8.

외국인, 특히 영국이나 미국인의 눈을 통해 어대전을 찬미하는 것은 일본인이 찬미하는 것보다 천황의 권위를 더욱 높여 주는 효과가 있다. 또한, 권위 있는 천황의 존재는 일본국민으로 하여금 자긍심을 갖게 하는 데에도 유효했다. 일본인이 국제사회에 서열을 매겨 스스로를 '일등국민'으로 자처하기 시작한 것도 바로 이 무렵이다. 어대전을 통한 국제친선의 도모는 국민에 대한 천황제의 지배력을 강화시키는 동시에 일본국민의 오만불손함을 심어 주는 결과를 낳았던 것이다. 11월 10일 즉위식 당일에는 막 당선된 미국의 차기 대통령 후버, 그리스 노동당수 맥도널드, 전前 그리스 수상 로이드 조지 등으로부터 축사가 밀려들었다.

하이테크문화의 어머니·천황제

국제화에는 교통과 통신수단이 수반되어야 한다. 어대전은 그 도약대가 되었다. 교토에 교통신호가 처음으로 등장한 것은 어대전을 준비하면서였다. 그 가운데 특히 매스컴의 하이테크화가 눈부신 발전을 이루었다. 물론 하이테크화라고는 해도 지금으로 보면 아주 초보적 수준에 불과하지만 1925년 첫 방송을 시작한 라디오는 '어대전'을 맞이하여 도쿄東京, 교토京都, 이세伊勢 등 11곳에 마이크를 설치하고 11월 6일부터 도쿄로 귀향하는 27일까지 '교토 행행' 실황을 전국으로 중계했다.

첫 방송이다 보니 시행착오도 많았던 모양이다. 당시 도쿄 JOAK의 마쓰다松田 아나운서는 "전국 중계방송 방식이 지금과 달라 보도를 시작하겠다는 멘트가 나간 후 40초 이내에 전국 각 방송국이 일제히 스위치를 넣지 않으면 먼 거리에 있는 구마모토나 히로시마 지역은 10초 정도 방송 앞부분이 잘린 채 나갔다"고 회고했다(『東京朝日新聞』, 1928.11.6).

각 신문사는 '어대전' 보도를 위해 사진기술을 경쟁하듯 개발하였다. 최초로 성공한 것은 오사카마이니치大阪每日신문사였다. 이 신문사는 9월 9일 자 신문에서 "본사의 전송사진 드디어 허가받다. 7일 체신성遞信省 지령은 우리 통신사업의 일대혁명"이라는 기사와 함께 일본 최초의 전송사진이 지면을 장식하였다. 뒤이어 아사히신문사는 10월 21일 자 신문에 결혼 보고를 위해 이세를 참배한 후 교토로 향하는 지치부노미야 부부가 환영에 답하고 있는 대형사진을 게재하였다. "어즉위대례의 성스러운 의식은 이 우수한 전송사진을 통해 각 지역 신문을 장식했다. 이 성스러운 의식을 엄숙하고 아름다운 인상으로 남겨 그 감격의 깊이를 더할 수 있게 되어 감개무량하다"(『東京朝日新聞』, 1928.10.21)고 전하고 있다.

여기에 뉴스나 영화 매체도 큰 활약을 하였다. 도쿄 아사히신문사에서는 '교토 행행' 11월 6일 당일 '어대례영화근사회御大禮映畫謹寫會'를 본사강당과 히비야日比谷 음악당, 요코하마横浜 개항기념관 등 7곳에서 각 2회에 걸쳐 상영하였으며, 이후 일일 상영회를 통해 천황과 황후의 동향을 전했다.

필름은 비행기로 급송되었다. 11월 6일 아사히신문사의 프레게 35호기, 삼손 47호기 등 18대는 "나고야名古屋 오바타가하라小幡ヶ原, 교토 후카쿠사深草, 도쿄 다치가와立川 등을 중심으로 동서 간의 연락은 물론, 규슈九州, 시코쿠四国에서부터 도호쿠東北, 호쿠리쿠北陸, 멀리 조선까지 거미줄같이 연결되어 있는 비행로를 따라 사진원고, 활동사진 필름, 원고, 호외, 석간 등을 싣고 일제히 각 방면으로 활약하였다"(『東京朝日新聞』 1928.11.7)고 한다.

그로부터 6년 후인 1934년 10월 육군성이 간행한 『국방의 본의와 그 강화의 제창国防の本義と其の強化の提唱』(통칭 『육군 팸플릿陸軍パンフ』)은 일본의 군국주의화를 촉진시켰다. 그 첫머리에 "싸움은 창조의 아버지, 문화의 어머니"라는 문구를 달아 전쟁으로 촉진된 기술혁신을 상찬하였다. 그렇다면 전쟁과 마찬가지로 천황제 또한 '창조의 아버지, 문화의 어머니'라 칭해야 맞을 것이다.

지역과 학교로 침투하는 천황제

'어대례'는 국제화라든가 하이테크 영역만이 아니라 천황제를 뿌리 깊게 침투시키고 있었다.

가나가와神奈川현 다지바나橘군 이쿠다生田촌(현, 가와사키川崎시)에서는 11월 3일 촌장 다카하시 가로쿠高橋嘉六를 통해 다음과 같은 「봉축요항奉祝要項」을 각 마을에 전달하였다.

하나, 광고曠古한 성전盛典을 기리기 위해 각 가정에서는 가도마쓰門松를 세우고 금 줄注連을 치고 국기를 게양하여 숭엄한 봉축의 의미를 나타낼 것. 금줄은 오는 9일 마을사무소에서 수령해 갈 것.

하나, 즉위식 당일 11월 10일 오후 1시 정각, 봉축회장 이쿠타生田 소학교 교정에 집합 하여 봉하식을 거행할 것. 교정에 어진영御眞影 봉안소를 설치하고 어진영을 봉천奉遷하고 요배할 것.

식이 끝나면 이어서 마을 내 각 신사를 함께 참배하고, 교정에 제단을 설치하여 봉고제奉告祭를 실시하며, 마을주민, 학교 및 각 단체 대표자들은 이에 참석할 것. 이것이 끝나면 오후 3시를 기해 만세를 외치고 일동 퇴장.

하나, 양로養老 하사금 전달식

11월 10일 오전 10시부터 고령자에게 양로 하사금 전달식을 거행하며, 고령자에게는 홍백의 봉축 떡과 도시락을 전달할 것. 당일 소학교 학생들에게 홍백의 봉축 떡을 배포할 것.

하나, 11월 14일 대상제大嘗祭 당일, 마을 내 각 신사를 참배하고 이쿠다 소학교 교정에 제단을 마련하여 제식을 행하고 오후 한시 정각까지 마을주민들을 참석하게 할 것.

마을주민 대표의 다마구시玉串 봉정이 끝나면 일반에게 백주白酒, 흑주黑酒를 제공할 것. 또 각 마을은 청주 한통을 일반에게 제공할 것.

하나, 제식이 끝나면 어대전을 봉축하기 위해 각 마을 유지有志 연회를 개최하도록 하고, 이 를 유지 일반에게 권유하여 다수가 찬성하도록 할 것. 참석자 명단은 오는 10일까지 보고하도록 할 것. 회비는 1인당 금 1엔 50전이며 참석자 보고 시 미리 납부하도록 할 것.

여기에는 "한 가정에 한 명 이상 반드시 봉축회장에 참석하게 할 것"이라는 문구가 명시되어 있다. 11월 10일의 즉위식 당일과 14일의 대상제大嘗祭[15] 당일에는 한 가정 1인 이상의 촌민이 이쿠다 소학교에서 거행되는 봉하식에 참석하도록 하며, 노인과 아이들에게는 양로 하사금과 떡을 제공하고, 일반인에게는 술을 제공하여 축하 분위기를 고조시키도록 했다. 마을 유력자에게는 1엔 50전이라는 큰돈을 지불하고 축하연에 출석하도록 강제했다.

교육현장에서는 어대례를 계기로 천황숭배 열기가 더욱 고조되었다. 가나가와현 내 공립, 사립학교 가운데 지금까지 어진영御眞影[16]을 비치하지 않는 학교는 어진영 비치 희망서를 제출하게 했으며, 10월 2일에는 현 내 265개의 학교장을 현청에 불러 전달식을 거행했다. 이쿠타 소학교도 이날 학생들을 참석시킨 가운데 어진영을 전달받았다. 도쿄에서도 10월 2일 어진영전달식이 있었으니 아마도 전국에서 일제히 거행되었던 듯하다.

히노마루日の丸 게양도 어대례에 의해 철저히 강제되었다. 그뿐만 아니라 게양법도 제정되었다. 7월 2일 「경축일 소학교 국기게양법」이 제정되

---

15 천황이 즉위한 후 처음 행하는 의식. 1대代에 한번만 하는 대제大祭이며 실질적인 즉위 의식.
16 고귀한 사람의 초상화나 사진의 존칭. 일본의 경우는 특히 전전戰前의 천황 및 황후의 사진을 가리킴.

어, 기의 크기, 게양장소 및 '차렷'을 호령하고, '주목'으로 기를 주시하며, 기가 올라간 상태에서 '경례'를 한다는 등 매우 구체적인 행동지침을 규정하고 있다. 이러한 국기게양법은 지금도 같은 방식으로 행해지고 있다.

특히 12월 15일에 있었던 어대례 마지막 행사로 치러진 '제諸단체 어친열御親閲'[17]은 강제성이 다분하다. 이는 도쿄, 사이타마埼玉, 지바千葉, 가나가와神奈川, 야마나시山梨 등지에서 동원한 학생 8만 명을 황거皇居 앞으로 집결시켜 천황이 '친열親閲'하도록 하는 행사였다. 그날은 뼈가 시릴 정도로 차가운 비가 내리던 날이었다고 한다. 당시 가와사키川崎 고등여학교 4학년생이었던 오토모 요시에大友淑江는 그때의 감격을 이렇게 적고 있다.

차가운 비와 차가운 바람에 몸을 맡긴 채 길고 긴 시간을 기다린 끝에 앞으로 나아가라는 호령이 들렸다. 기쁨에 찬 우리는 기다리고 기다리던 그 때가 온 것이라 생각하며 앞으로 한발 한발 나아갔다. 지금까지는 소나무 숲이 시야를 가려 아무것도 보이지 않던 것이 잔디 밖으로 나오자 빗속에서 웅장한 오우치야마大內山의 숲이 눈앞에 펼쳐졌다. 비는 점차 그쳐 남쪽 하늘부터 조금씩 밝아오기 시작했다. 딸그락 딸그락 딸그락 발굽소리가 용맹스럽게 울리고 기병이 바쁜 듯 이리저리 뛰어 다녔다.

"우산 접어"라는 호령에 모두들 일제히 우산을 접었다. "천황 폐하의 은덕으로 천막을 걷었습니다"라는 한 장교의 외침이 울려 퍼지자 빗속에서 비를 맞던 젊은이들은 추위를 잊고 감격하였다. 옥좌는 어디 있을까 하며 까치발로 올려다봤지만 너무 멀어 잘 보이지 않았다.

하늘이 점점 개이고 비가 그쳤을 때, 갑자기 낭랑한 나팔 소리가 울려 퍼지

17　국왕, 국가원수 등이 직접 검열 또는 열병하는 것.

기 시작했다. 옥좌가 있는 니쥬바시二重橋[18] 오른편에서 선발대로 보이는 사람들이 나오기 시작했다. "저것 좀 봐! 손을 흔드셨어!"라는 친구의 외침에 눈을 돌리자 높은 단상 위에서 카키색 군복을 입으신 천황 폐하의 숭고하신 모습이 보였다. 이 차가운 날씨에 외투조차 입지 않으신 채로 (…중략…) 이 얼마나 감사한가, 얼마나 감격스러운 모습인가.

남학생들의 분열식分列式이 시작됐다. 폐하는 거침없이 거수경례를 하셨다. 붉은 바지를 갖춰 입은 음악대는 광장 중앙에 줄지어 장엄하게 연주를 시작하자, 빨강, 파랑, 노랑, 보라 등 다채로운 색의 깃발이 차가운 바람에 나부끼며 식장을 넘실거렸다.

이윽고 다시 호령이 울리고 천지에 단 한분이신 현신現神의 모습을 지켜보면서 발을 옮겼다. 그리고 "세 종류의 신기神器를 이어 받으사"라며 하늘에 닿을 정도로 우렁차게 노래하는 우리의 목소리가 지요다千代田 숲에 울려 퍼졌다. (…중략…) 경축하라, 경축하라 어서 경축하라 (…중략…) 마지막 노래가 끝나고 여운이 사라질 무렵, 폐하는 또 다시 우리를 향해 경례를 하셨다. 도쿄부지사의 제창으로 "천황 폐하만세!"를 외치는 학생들의 목소리는 점점 더 크게 오우치야마 숲을 울렸다.

아아! 얼음같이 차디찬 비가 내리는 옥외에서 천막을 걷으라는 천황님! 우리의 추위를 아시고는 차가운 바람이 부는 광장에 외투도 걸치지 않으시고 나오신 천황님! 너무나도 멋진 모습의 천황님! 우리 대일본의 천황님! 당신을 위해서라면 우리는 목숨도 아깝지 않습니다.

—『神奈川県教育』第253号.

---

[18] 도쿄의 황거 내에 있는 다리. 황궁 정문에서 궁전으로 향하는 연못 위에 놓인 정문철교를 말함.

현재 오토모 요시에 씨는 기타규슈北九州시에서 장애인 보호시설을 운영하고 있다. 62년 전 어친열을 위해 반복해서 연습했던 것, 혹독한 추위 탓에 화장실을 자주 드나들었던 것 등을 기억하고 있었다. 그러나 이보다 더 선명한 어친열의 기억은 이혼 후 양호시설을 만들어 운영하던 때에, 그 공을 치하하기 위해 황거에 초대받아 쇼와 천황 부부와 대면했던 것이었다. 천황의 존재는 여전히 그녀에게 정체성의 근원으로 자리하고 있었다.

출처 : 「『一等国民』万歳!? − 国際化のなかの即位の礼・大嘗祭」, 『インパクション』 66号, 1990.10.

특공 아주머니와 국모 폐하

쇼와 천황이 흡혈귀처럼 인민의 피를 빨아 연명하던 1988년 11월 말, 필자는 가고시마鹿児島현 지란知覧에 거주하고 있었다. 지란은 한때 육군 특공기지가 있었던 곳이기도 하다. 1945년 4월부터 1,300여 명의 젊은이들이 이곳에서 오키나와로 비행한 후 불귀의 객이 되었다.

지금 지란은 차밭이 넓게 펼쳐진 평화로운 마을이지만 역 옆에 세워진 특공자료관에 들어서는 순간 수많은 '죽음'과 마주하게 된다. 관내에는 패전 직전 죽음을 앞둔 젊은이들의 얼굴, 얼굴, 얼굴들로 가득하다. 그중에는 아직 십 대의 앳된 얼굴들도 많다. 그리고 유서의 홍수를 이룬다. 그 격식 차린 유서 가운데 가장 눈에 띄는 것은 '황국' '스메라기すめらぎ'[19] '능위御稜威'[20] '천황 폐하' 등의 문구다.

'천황 폐하'를 위해 17세 소년이 죽어갔다. 그런데도 천황은 87세인 지금까지도 인민의 피를 빨며 연명하고 있다.[21]

"부끄러움을 알라! 히로히토" 관내에 놓인 감상노트에 나도 모르게 그렇게 적고 있었다.

돌아온 특공병

그런데 돌이켜 보면 소년들을 죽음으로 몰아간 것은 천황뿐만은 아니다. 천황의 존재는 소년들에게 관념에 지나지 않았다. 그것도 위태로운 허구의 관념일 뿐이다. 교사들의 미사여구와 분위기에 휩쓸려 특공병으로 지원하기는 했지만 젊은 생명력으로 넘치는 그들의 육체는 항상 그 관념 저 너머에서 죽고 싶지 않다고 외친다. 그 육체의 진심을 어르고 달래 관념 안에 봉인하고 그들을 죽음으로 돌진하게 만들었던 이는 바로 여성들이다.

"아주머니, 저는 반드시 살아서 돌아올 거예요"라는 병사들의 말에 나는 그런 말 하지 말라고 했어요. 헌병이 듣기라도 하면 큰일 난다구요. 반딧불이 되어 돌아올 거라고 말해 달라 했어요. 그런데 정말로 돌아왔어요. 어느 날 저녁 화단에 지금까지 본 적 없는 큰 반딧불이 앉아서 반짝반짝 마치 숨

---

19 나라를 처음 세운 위대한 왕이라는 의미. 천황을 뜻함.
20 천황이나 신神의 위세, 위광威光.
21 쇼와 천황은 1989년 1월 7일 사망함.

쉬는 것처럼 빛나고 있는 거예요.

당시 기지 근처에서 특공병들을 보살폈던 한 여성의 글이다. 어머니의 마음으로 정성껏 돌본 덕분에 그들 사이에서 '특공 아주머니特功おばさん'로 통했다. 이렇게 그녀가 특공병들에게 애정을 쏟았던 것은 특공병이 죽으러 가는 자, 그것도 천황을 위해 스스로 죽음을 선택한 '아름다운 청년'이었기 때문이다.

그녀가 정성스럽게 보살펴 줄수록 특공병들은 육체의 진심을 봉인해 버리고 만다. 그녀가 반딧불에서 특공병들의 영혼을 본 것은 이 세상에 남긴 집착을 반딧불에 빗대어 표현할 수밖에 없었던 특공병들의 진의를 그녀가 간파했기 때문이리라.

당시 그녀와 같은 '특공 아주머니' 혹은 '병사 할머니兵士ばあさん'는 전국 각지에 존재했다. 매스컴이나 정부 역시 이들 여성을 적극적으로 추켜세웠다. 왜냐하면 그녀들의 애정은 젊은이들을 살리는 방향이 아니라, 그 반대로 전쟁에 대한 회의와 생에 대한 집착을 어르고 달래 죽음을 받아들이게 하는 역할을 했기 때문이다.

이보다 더 적극적으로 특공병들을 죽음으로 내몰았던 여성들도 있었다.

당시 여학생이었던 A씨는 근로정신대원으로 과자공장에 동원되었다. "욕심내지 않겠습니다, 승리하는 그날까지"라는 표어 아래 달콤한 것이 귀했던 그 시절 초콜릿을 대량으로 생산하고 있었다.

그 초콜릿은 특공대원들이 생의 마지막 순간에 먹게 될 것이라는 말을 듣고 A씨는 더욱 숙연한 마음으로 작업에 임했다. 하지만 어느 날 그곳에서 생산되는 초콜릿에 필로폰이 들어간다는 소문을 듣게 되었다. 각성제가 들어있는 초콜릿을 먹으면 두려움을 없애주고 용기를 발휘하게 된다는 말도 들었다.

분명 전쟁 막바지에 각지의 비행기지에서 초콜릿이 지급되었다. 그 안에 정말로 히로뽕이 들어 있었는지는 확인할 수 없지만 있을 법한 이야기다. 만일 그 말이 사실이라면 젊은이들은 히로뽕이 들어있는 초콜릿을 먹고 무리하게 용기를 내어 사지로 돌진한 것이 된다. 그리고 소녀들은 잔인한 노동에 동원되어 장차 자신의 배우자가 될지도 모르는 수많은 청년들을 죽음으로 내몬 꼴이 된다.

'히쓰기日嗣[22]의 황태자'의 탄생과 '총후의 여자'

이러한 참혹한 남녀의 역할구도는 전쟁 말기 특공작전에서만 수행된 것은 아니다. 쇼와 시대의 '15년 전쟁'은 처음부터 이러한 구도하에서 진행되었던 것이다.

남자들은 황군병사로 직접 전선으로 나갔으며, 여자들은 '총후銃後'에서 경제전·사상전을 담당했다. 이것이 총력전 15년 전쟁에서 남녀가 담당했던 역할이었다.

총력전이란 무력전·사상전·경제전을 종합한 것으로 알려져 있는데, 직접적인 전투행위인 무력전은 당연히 남자들의 역할이었으며, 무력전에서 싸우는 전선의 병사에게 무기, 탄약을 공급하거나(경제전), 전의를

22　황실을 계승한다는 의미의 높임말.

고양시키는 것은(사상전) 후방에서 여성들이 담당하였다. 예컨대 지란에서 특공대원을 보살펴 온 '특공 아주머니'는 사상전, 과자공장에서 일하던 A씨는 경제전의 전사에 해당할 것이다.

이러한 성별 역할분담을 바탕으로 여성들을 '총후의 여자銃後の女'로 총동원한 결과 쇼와 일본의 침략전쟁은 무려 15년이라는 긴 시간 동안 지속될 수 있었다. 그러나 그 결과는 처참한 패전이었다. 이 전쟁으로 일본 내 사망자만 310여 만 명, 일본의 침략으로 인한 아시아인들의 희생은 그 몇 배에 달했다.

전시 상황은 여성들에게도 커다란 희생을 강요했다. 여성들은 전쟁으로 인해 물자가 부족한 가운데에서도 "욕심내지 않겠습니다, 승리하는 그날까지" "부족하다, 부족하다 하지만 이는 방법이 부족한 것"이라며 인내와 절약을 강조했고, "낳아라, 길러라"라는 구호 아래 끝없는 고통을 견뎌내며 아이를 낳고 길러야 했다. 거기다 "군인들을 위하여"라며 경제전·사상전 역할까지 담당해야 했다. 쉽지 않은 일이었을 게다.

그럼에도 불구하고 여성들은 후방의 역할을 잘 수행하고 있었다. 15년 전쟁이 발발한 지 반년이 지난 1932년 3월, 오사카大阪 지역 주부들의 자발적인 움직임으로 탄생한 국방부인회가 그 대표적인 예다. 당시 국방부인회에서 활동한 여성들 중에는 출정병사들을 배웅하거나 상이용사들을 위문하고, 밤낮을 잊은 채 일하던 그 시절이 인생에서 가장 보람 있었던 '내 생애 최고의 날들'이었다고 기억하는 사람들도 꽤 많다. 왜일까?

그중에는 남편이나 자식을 전쟁으로 잃거나 집이 불타버린 사람도 있다. 그럼에도 불구하고 전시하 삶을 '내 생애 최고의 날들'로 가슴속에 간직하게 된 이유는 대체 무엇일까?

그것은 근대 천황제국가에 의한 여성차별, 특히 천황제 가족국가의 유지를 위해 정책적으로 만들어진 가족제도에 의한 여성억압에서 찾을 수 있다. 바로 이 때문에 여성들은 인간으로서의 존엄과 권리를 인정받지 못한 채, 집 안에 갇혀 오로지 남성들에게 봉사할 것을 강요당했던 것이다.

총력전으로 새롭게 부여된 사상전·경제전에서의 여성의 역할은 '이에家로부터의 해방'인 동시에 '한 사람의 국민으로서' 사회에 참여할 수 있게 된 기회이기도 했다.

그러나 사실 전쟁체제가 여성들에게 원한 것은 결코 '한 사람의 국민으로서'가 아니었다. 전시하의 일본은 전전戰前 천황제가 그 무엇보다 비열하고 폭력적인 모티브를 만들어낸 시기였다. 이때 여성들에게 기대되었던 것은 다름 아닌 '어머니'의 역할이었다.

과자공장에서 일하던 A씨와 같이 여학생들까지 경제전의 전사로 동원하게 된 것은 15년 전쟁 말이었다. 그때까지 전시체제가 여성들에게 원했던 것은 '어머니'를 전면으로 내세운 사상전 역할이었다. 즉 지란의 '특공 아주머니'와 같은 역할이었다.

그러한 정황이 명확하게 드러난 것은, 1934년 초 지금의 천황 아키히토明仁[23]가 탄생한 직후다. 다섯 번째 출산 끝에 대를 이를 황자 아키히토를 낳게 된 황후는 '국모 폐하'로서 확고한 지위를 확보했다. 애국부인회는 황후의 탄생일인 3월 6일을 '어머니의 날'로 제정하고 '보국운동'을 펼쳤으며, 각지에서 '어머니회母の会'가 만들어졌다.

1933년 말 아키히토의 탄생이 천황제의 안정, 더 나아가 15년 전쟁으로 확대되어 가게 되었다는 측면에서 그 의미는 매우 크다고 할 수 있다.

---

23 쇼와 천황의 장남으로 1933년 12월 23일에 태어남.

그러나 다른 한편으로는 '어머니'의 역할을 강조하는 것으로 여성들을 전쟁에 총동원하는 계기가 되었다.

물론 이에 대해 아키히토 개인에게 책임을 물을 수는 없다. 그러나 그의 존재가 갖는 객관적 범죄성은 이 포스트 쇼와 시대에 분명히 짚고 넘어갈 필요가 있다. 아울러 15년 전쟁 하에서 '어머니'들은 '자식'의 생명을 지켜주는 것은 고사하고 죽음으로 내몰았다는 사실을 분명히 기억해야 한다. 특히 남자들은 이 사실을 가슴 깊이 새겨두어야 할 것이다.

출처 : 『撃ちくずせ天皇制』, あずさ書房, 1989.2.

상징 천황제의 탄생—패전으로 인한 연속과 비연속

야자나무 그늘 아래에 울려 퍼지는 '기미가요'[24]

1964년, 42세가 된 스하에미 선생님은 인도네시아 자바의 한 초등학교에서 예술 과목을 가르치고 있다. 전교생이 불과 229명밖에 되지 않는 자그마한 학교다. 고등학생 아이를 둔 아줌마 선생님이지만 재미있게 수업을 이끌어 간다.

여기서 예술 과목은 일본으로 말하면 음악과 미술을 합친 과목이다.

---

24 1880년 국가로서 채택된 이후 1999년 「국기 및 국가에 관한 법률」로 정식으로 국가로 지정. 내용은 '천황의 치세治世가 천년, 만년 영원하라'는 뜻의 천황찬가.

이 유쾌한 선생님은 미술보다는 음악이 더 즐거운 모양이다.

음악수업이라고 하지만 교실에는 그 흔한 오르간조차 없다.

하나, 둘, 셋, 넷을 뜻하는 "사투, 두아, 티가, 운팟드"

크게 손을 흔들면서 온몸으로 지휘를 하는 선생님의 손끝에 맞춰 아이들이 노래한다.

스하에미 선생님의 손끝은 불가사의한 마법처럼 움직인다. 아이들의 노래에 맞춰 지휘를 하던 선생님의 몸짓은 어느새 춤추는 동작으로 바뀐다. "사투, 두아, 티가……"

선생님은 자연스럽게 움직이기 시작하면서 온몸으로 춤추기 시작한다. 아이들도 선생님의 몸짓에 맞춰 손과 발을 구르며 모두 함께 춤을 추기 시작한다. 교실은 순식간에 축제의 공간으로 바뀐다.

일본 학교에서는 볼 수 없는 즐거운 광경이다. 인도네시아 특유의 민족성과 오르간도 갖추지 못할 만큼 가난한 생활이 어우러져 연출된 광경이겠지만 무엇보다 스하에미 선생님의 밝은 성품이 한몫 하는 것 같다.

하지만 선생님의 지휘가 늘 활기차게 움직이는 것은 아니다. 때로는 장중하고 엄숙하게 "사투, 두아, 티가……"를 반복할 때도 있다. 인도네시아 국가國歌인 '인도네시아 라야'를 부를 때가 그렇다.

인도네시아 나의 조국
나의 고향 땅이여

창밖은 이제 곧 시작될 모내기 준비로 쟁기를 매단 소 두 마리가 느긋하게 물이 고인 논을 왔다 갔다 하고 있다. 그 수면에 잔물결을 일으키며 아이들의 노랫소리가 울려 퍼진다.

위대한 인도네시아 독립, 독립

위대한 인도네시아에 영광 있으라

아주 먼 저편 야자나무 숲까지 반짝반짝 빛나는 열대의 태양이 논 위를 가득 채우고 그 위로 울려 퍼지는 노랫소리를 들으며 필자는 기미가요와 다른 울림을 느꼈다.

인구 3만 정도의 이 작은 마을 사람들은 처음 만나는 필자를 너무도 따뜻하게 맞아 주었다. 아이의 손에 이끌려 찾아간 가정집에서는 막 따온 야자 우유를 대접해 주었고, 아이의 아빠는 일본 점령 시절 배웠다는 '애국행진곡'과 '기미가요'를 들려주었다.

니나의 아버지 스나르조 씨도 그랬다. 그는 초등학교 때 불렀던 애국행진곡을 2절까지 정확하게 부르고 나더니 엄숙한 표정으로 기미가요를 불렀다. 그리고는 "이 노래는 인도네시아 라야와 같은 것이죠"라는 말도 덧붙였다. 그러나 인도네시아 라야는 정식 국가國歌이지만 기미가요는 그렇지 않다. 설령 그렇다 하더라도 필자는 부르고 싶지도 듣고 싶지도 않다. 그러나 그 이유를 빈약한 나의 인도네시아어 실력으로는 도저히 전달할 길이 없었다. 더욱이 내게 친애를 표하고자 열심히 노래하는 스나르조 씨 앞에서 말을 꺼낼 엄두가 나지 않았다.

한때 일본의 침략으로 고통 받았던, 주름진 얼굴의 인도네시아인 입에서 장중하게 흘러나오는 기미가요를 듣고 있자니 감회가 새로웠다. 그가 특별히 기미가요를 불러 준 것은 이 노래가 일본인들에게 소중하리라 생각했기 때문일 것이다. 그에게 인도네시아 라야가 그런 것처럼 말이다.

그러나 인도네시아 라야와 기미가요는 근본적으로 다르다. 정식 국가인지 아닌지를 떠나 내용 면에서도 큰 차이가 있다. 3백 년 동안 이어졌던 식민지 지배에서 벗어나 공화제 국가를 이루어낸 인도네시아인이 국가國家를 찬양하는 노래를 소중히 여기는 것은 충분히 이해할 수 있다.

그런데 지금 정식 국가國歌 행세를 하며 학교현장에서 엄숙하게 불리고 있는 기미가요는 어떤가? 가사 내용은 자신들이 투쟁하여 만들어낸 국가國家를 찬미하는 것이 아니라 오로지 천황의 치세가 영원하라는 염원만 담겨 있다. 인도네시아 라야와 달라도 너무 다르다. 스하에미 선생님의 엄숙한 지휘를 바라보면서 필자는 다시금 마음속으로 되뇌었다. 그리고 생각은 자연스레 일본으로 옮겨 갔다. 주권재민을 주창한 헌법이 있으면서 천황을 찬미하는 기미가요를 국가國歌로 삼으려고 하는 일본. 단 한 번도 국민들로 하여금 자국의 국가國歌를 자랑스럽게 여기도록 해 본 적 없는 일본.

천황 중심의 통일국가, 부국강병의 염원을 담아『신고킨와카슈新古今和歌集』에 등장하는 천황 찬미 문구를 넣어 국가國歌로 삼은 것까지는 좋다고 하자. 천황의 치세가 영원해야 국가國家가 번영한다는 것은 천황제 국가 일본으로서는 안성맞춤이었을 테니 말이다. 하지만 1945년 패전과 함께 천황제 국가의 악행이 대내외적으로 명백하게 드러났다. 주권재민의 민주주의 국가로 다시 태어났음에도 불구하고 여전히 기미가요를 부르는 까닭은 무엇일까?

기미가요만이 아니다. 여권이나 재외공관에 찍혀 있는 국화문양菊印만해도 그렇다. 다른 나라의 경우 보통 국장國章이 찍혀 있다. 미국은 올리브 가지(평화)와 13개의 화살(13주의 단결)을 물고 있는 독수리 마크를 사용하며, 인도네시아의 경우는 전설의 새로 알려진 가루다 안에 판차시라(건국 5원칙), 즉 신에 대한 신앙, 인도주의, 민족주의, 민주주의, 사회복지를 도안화하여 사용하고 있다. 즉 국장에는 각 나라의 민족적 전통과 건국 이상이 나타나 있다.

그러나 일본의 국화문양은 국장이 아니다. 1871년(메이지 4)에 발표된 태정관太政官 포고에 기초하여, 다이쇼 천황의 서거가 임박한 1926년(다이쇼 15) 10월 21일, 황실의제령皇室儀制令 제12조에서 천황 및 천황가의 문장紋章으로 규정된 것이다. 패전까지 이 천황의 문장은 병영, 군함, 병기 등에 붙여졌고 아시아 민중들을 위협하는데 사용되었다. 일본은 말 그대로 천황의 나라이며, 군대는 그것을 지키는 천황의 신하였기 때문이다.

그 천황가 문장이 계속해서 대외적으로 일본국민과 일본을 상징하는 이유는 무엇 때문일까?

답은 간단하다. 일본이 여전히 전전과 마찬가지로 천황제 국가이기 때문이다.

매년 몇 십만의 일본국민이 해외여행을 하면서 일본이 여전히 천황제 국가임을 온 세계에 알리고 있는 꼴이다. 국화문양이 찍힌 여권을 들고 일본국민의 자격으로 입국한 필자에게 인도네시아 사람이 기미가요를 불러준 것은 어찌 보면 당연한 일이라 할 수 있다.

물론 일본 외에도 국왕을 찬미하는 국가國歌가 있고, 왕가의 문장을 그대로 국장으로 사용하고 있는 나라도 있다. 그리스, 덴마크 등 유럽 몇몇 군주국이 그렇다. 하지만 국왕의 이름으로 무모한 전쟁을 일으켜 나라 안팎에 막대한 손해를 끼친 뒤 패전으로 막을 내린 나라가 전전과 똑같이 왕을 찬미하는 국가를 부르고, 왕가의 문장을 국장으로 사용하는 예는 없다. 일본이 유일하다.

그 이유는 대체 무엇일까? 왜 유독 일본 천황만 그토록 처참한 결과를 낳았음에도 그 지위를 유지하고 여전히 대내외적으로 국가를 대표하는 것일까?

이러한 물음은 곧 일본인에게 국가國家는 무엇이며, 천황이란 존재가 무엇인가를 묻는 것과 일맥상통할 것이다.

천황제 －패전으로 인한 연속과 비연속

당신들은 비에 젖어, 당신들을 내모는 일본 천황을 떠올린다
당신들은 비에 젖어, 수염, 안경, 고양이 등 모양을 한 그를 떠올린다

나카노 시게하루中野重治는 「비 내리는 시나가와역雨の降る品川駅」이란 시에서 천황을 이렇게 노래했다. 당시 천황은 즉위한 지 3년밖에 안 되는 약관의 20대였다. 그런데도 벌써 "고양이 등"이라 불릴 정도로 등이 굽어 있었으며, 올해로 83세(1964년 당시 일본 나이)인 그의 등은 더욱 굽어 걷는 것은 물론 말하는 것조차 불편해 보인다. 보는 이로 하여금 부축하고 싶게 만드는 위엄 없는 모습을 하고 있다. 이런 힘없는 노인이 그 옛날 신성하고 침범할 수 없는 '현인신現人神'이자 '대원수폐하大元帥陛下'로 대일본제국의 육·해군을 호령했다는 사실을 전후 세대들은 믿기 어려울지 모르겠다.

그러나 이것은 분명한 사실이다. 그는 일본 최대의 지주이며, 자본가인 동시에 국내의 모든 권력과 권위의 근원이었다. 더 나아가 군사, 정치, 경제 모두 그에게 속해 있었다. 군대는 '천황의 신하'였으며, 정치가나 관료들은 '천황의 백료유사百僚有司'[25]였고, 국민은 모두 그의 '신민臣民'이며 '적자赤子'였다. 그는 또 나카노 시게하루가 "당신들"이라고 노래한 조선인들을 탄압하고 그들의 조국을 집어삼킨 원흉이다.

그는 '대일본제국'을 대표하며 국가의 모든 권력을 국내외로 마음껏 휘둘렀다. 따라서 '나라를 위한 일'이 곧 '천황 폐하를 위한 일'이며, 전장의 병사가 죽음을 맞으며 외쳤다는 '대일본제국 만세'와 '천황 폐하 만세'는 같은 말인 것이다. 그것이 바로 일본의 '국체國体'이며, 세계에 유일한 일본만의 미덕으로 삼아 왔다.

천황이 곧 국가라는 국체, 즉 천황제는 패전으로 인해 크게 변화한다. 우선 '천황의 신하'인 육·해군이 해체되었고, 황실 재산은 동결되었으며, 그를 보좌하던 중신들은 투옥되었다. 1945년 말까지 그의 권력기반이던 군사, 경제, 정치기구 대부분이 해체되었다.

그리고 그를 신격화함으로써 권위를 지탱해 주었던 '현인신' 신앙 역시 이듬해 1946년 1월 1일 이른바 '인간선언'을 통해 스스로 무너뜨렸다. 그의 권위와 한 쌍을 이루던 국가 신도神道와 그의 권위를 유지하는 데 필요했던 불경죄不敬罪, 교육칙어 봉독, 어진영 배례와 같은 의례도 그해에 모두 폐지되었다. 그리고 1946년 11월 3일 신헌법공포로 국가의 주권은 국민에게 있으며, 그는 단지 그 국민 통합의 '상징'으로만 자리하게 되었다. 그것도 국민의 '총의總意'를 바탕으로 할 경우로 한정했다.

---

[25] 고등관관료高等官官僚와 사법관.

그 덕에 우리는 "상관의 명령은 곧 천황의 명령"이라는 명분으로 잔혹한 구타를 일삼던 군 폭력을 감수하지 않아도 되며, 만원 전차 안에서 "결혼 60주년이라니, 부부가 건강하기도 하지. 적당히 살고 죽어 줘야 황태자 부부가 좀 편할 텐데 말이야"라는 말을 내뱉어도 불경죄로 잡혀갈 염려도 없어졌다. 이것은 커다란 변화이자 혁명이다.

그러나 천황은 아직도 건재하며 앞으로 얼마나 장수할지 모른다. 그는 전전과 변함없이 산 좋고 물 좋은 도심 일등지에 살고 있으며, 경치 좋은 땅에 별장만 몇 채씩 보유하고 있다. 그 일가족 수발에 동원되는 궁내청 직원만 해도 약 1천 2백 명이나 된다. 게다가 일본 최고의 의사와 요리사에 디자이너, 미용사, 기사까지 딸려 있다. 그의 주거지를 청소해 주기 위해 찾아드는 무료 봉사자 수만 매년 3만 명에 육박한다. 북쪽 홋카이도에서부터 남쪽 오키나와에 이르기까지 전국각지에서 도시락까지 싸들고 말이다.

'행행行幸'이라 하여 천황이 행차라도 하는 날이면 교통통제를 위해 어마어마한 경찰인력이 동원되기도 한다. 참고로 1974년 이와테岩手현에서 행해진 제25회 식목일 행사에는 천황, 황후가 4일 체재하는데 현 내 70퍼센트의 경찰이 동원되었고, 4천 2백만 엔의 경비가 소요되었다고 한다. 한 사람당 하루 5백만 엔이 넘는 경비가 지출된 것이다.

패전으로 천황제는 힘과 권위를 잃었음에도 천황 개인만은 여전히 전후를 관통하며 특별한 존재로 남아 있는 것이다. 그 이유는 무엇일까?

일반적으로는 맥아더 점령정책에 기인한 것으로 보고 있다.

일본이 패전한 후 천황 및 천황제를 어떻게 할 처리할 것인가를 두고 연합국 측에서는 이미 패전 2년 전부터 활발한 논의를 벌여왔다. 미국에서는 전前 주일대사 요셉 그루Joseph C. Grew로 대표되는 친일파의 천황 유지론과 오웬 라티모어Owen Lattimore 등 친중파의 천황 폐지론이 거론되었다. 미국 국무부 전후정책위원회는 1994년 5월, 천황제 유지를 기본으로 하는 '권고'를 작성하고 이듬해 5월에 이 안을 정식으로 채택했다. 일본 정부가 '국체보호' 즉, 천황제 유지에 집착해 종전선언을 지연시킨 것은 널리 알려진 사실이다. 이 사실을 일본 정부가 좀 더 빨리 알았다면 이런 불필요한 지연은 피할 수 있었을 것이다. 덕분에 일본 국토는 초토화되었다. 10만이 넘는 오키나와 주민들이 희생되었으며 히로시마広島, 나가사키長崎는 원폭 피해를 입었다. 백만 이상의 민중이 개죽음을 당한 것이다.

그러나 아직 천황 및 천황제 유지 안이 확고하게 결정된 것은 아니었다. 일본이 항복한 후 오스트레일리아는 천황의 전쟁책임 추궁과 천황제 폐지를 강력히 요구했으며, 미국 내에서도 천황을 전범으로 군사재판에 회부해 처형해야 한다는 여론이 일었다.

이러한 움직임에 대해 1946년 1월 25일 맥아더는 본국에 비밀 전보를 발송해 천황제를 유지할 것을 강력하게 주장했다.

그를 고발하는 것은 틀림없이 일본국민 사이에 커다란 동요를 안겨줄 것이며, 그 반향 또한 만만치 않을 것입니다. 천황은 모든 일본인을 통합하는 상징입니다. 그를 멸하는 것은 나라를 붕괴시키는 것입니다. (…중략…) 정부의 모든 기관은 붕괴할 것이며, 문명 활동은 멈추고 지하운동의 혼란이 가중될 것이며, 무질서는 산악지대를 기반으로 한 게릴라전으로 진행되리라는 것은 상상하기 어렵지 않습니다. (…중략…) 점령군을 크게 늘려야 할 것입니다. 적어도 백만 정도의 점령군이 무기한 주둔할 필요가 있습니다.

— 武田清子, 『天皇制の相剋』, 1978.

이처럼 협박에 가까운 과장된 표현을 써가면서까지 맥아더가 천황에게 면죄부를 주려 한 이유는 무엇이었을까? 『맥아더 회상록』에 의하면, 1945년 9월 28일 천황과의 회견에서 그에게 호감을 느끼게 되었기 때문이라고 한다. 그러나 그보다는 전후 미국과 소련의 냉전구조 속에서 점령정책을 수행하기 위해서는 일본의 천황제를 유지하는 것이 유리했기 때문일 터였다.

천황을 전범으로 단죄해야 한다는 확신을 가졌던 맥아더의 정치고문 존 아티슨 조차 "이 나라를 통치하고 개혁을 추진하기 위해서는 일본정부를 이용해야 하는데 이때 천황의 존재가 가장 유용하다는 사실은 의심의 여지가 없다"(트루먼 대통령에의 기밀보고서, 1946.1.4)고 보고하였다.

그렇다면 천황의 존재가 미국에 그토록 이용가치가 있었던 이유는 무엇이었을까? 그것은 천황이 승리국인 미국에 대해 매우 공손했으며 그런 천황에 대해 일본국민은 더없이 공손했기 때문이다.

천황에 대한 비판의 소리가 높아가던 1945년 가을, 맥아더 앞으로 천황의 구제를 바라는 탄원서가 속속 밀려들었다.

천황 폐하는 우리 일본신민에게는 생명과 같은 존재입니다. 일본에 천황이 사라진다는 것은 나라가 망하는 것과 같습니다. 부디 군부나 재벌가 등을 전범으로 삼더라도 폐하만은 범죄자로 취급하지 말아주십시오.

— 오이타(大分)현 Y·T.

각하, 평안하셨습니까? 오늘도 부탁드립니다. 부디 천황을 재판하지 말아주십시오. 부디 천황이 무사하시길 부탁드립니다.

— 니시 오기쿠보(西荻窪) I·T(글 안에는 혈장이 찍혀있음).

이처럼 이름 없는 민중들의 절절한 목소리는 맥아더로 하여금 천황을 연명하게 하는 쪽으로 결정하는 데 힘을 실어 주었을 것이다. 이렇게 보면 그토록 참혹한 전쟁을 일으킨 천황에게 면죄부를 부여하고 구명한 것은 다름 아닌 일본국민이라 할 수 있다.

패전 직후의 여론조사 결과만 보더라도 천황제 지지는 압도적이었다. 1945년 11월, 도쿄대東京大 학생들이 방공호 생활을 하는 도쿄 시민 천여 명을 대상으로 천황제에 대한 찬반 의견을 조사한 결과 78퍼센트가 지지를 표명했다고 한다(『朝日新聞』, 1945.12.4). 전쟁으로 집과 재산을 모두 잃고 불편한 방공호 생활을 감수하면서도 지지율이 이 정도였으니 그 외 사람들의 지지율이 얼마나 높았을지는 쉽게 짐작할 수 있을 것이다.

같은 해 12월 9일 자『요미우리讀賣신문』에 의하면, 11월 21일 방송된 천황제 좌담회를 둘러싼 찬반 의견을 조사한 결과, 답변자 3,348명 가운데 천황제 폐지론 측 패널인 도쿠다 규이치德田球一를 지지하는 사람은 146명(5퍼센트)에 불과했고 나머지 95퍼센트는 천황제 유지론 측에 손을 들어 주었다.

신문 투고란을 살펴보더라도 천황제 지지 열기가 얼마나 대단했는지 짐작할 수 있다. 『아사히朝日신문』은 "언론의 자유와 민주정치 확립이라는 시대의 요청에 따라" 11월부터 투고란 「목소리」를 개설한다고 밝히고 있다. 그리고 12월 12일 자 기사에 의하면, 11월에 총 2,889통의 투고가 들어 왔으며 그 가운데 174통이 천황제에 관한 것이었다고 한다. 내용별로는 천황제 유지론이 136통, 폐지론이 21통, 기타가 12통으로 대다수가 천황제 유지를 지지하고 있는 것으로 파악되었다.

천황제 유지론을 주장하는 대표적인 논조는, "천황제를 국민의 이익과

합치하기 때문에 유지하는 것은 너무 공리적인 사고다. (…중략…) 천황을 위해 나를 버려라. 일본인이 마음으로부터 일본인이라는 긍지를 느낄 수 있는 것은 이 길뿐이다. (…중략…) 천황제를 논한다는 것 자체가 선조에 대한 수치이며 일본인의 순수성을 잃은 것으로 탄식해 마지않는다"(岸本寿美子, 『朝日新聞』, 1945.11.23)는 식이었다.

이처럼 전시와 마찬가지로 천황제에 절대적인 지지를 보내는 자도 있었으나 대부분은 천황제보다는 천황 개인에 대한 경애와 친근감을 표하는 경우가 많았다.

1945년 11월 12일, 천황이 패전을 보고하기 위해 이세진구伊勢神宮로 행차하는 모습을 목격한 한 여성은 이렇게 말하고 있다.

소수의 경관과 경방단원警防團員만 동원되어 아무런 방해도 받지 않고 황송할 정도로 가까운 곳에서 폐하의 모습을 배알한 것은 실로 감개무량한 일이었다. 패전으로 인해 비로소 국민과 폐하 사이의 부자父子의 정을 되찾은 것이다.

—『朝日新聞』, 1945.11.13.

당시 일본국민들에게 천황제가 어떤 존재였는지를 알 수 있는 매우 흥미로운 글이다. '대원수 폐하' '현인신'으로서 권력과 권위의 상징이었던 천황이 지금까지와 전혀 다른 모습, 즉 처음으로 '대원수폐하'의 군복이 아니라 새로 제정된 '천황복'을 입고 국민 앞에 나섰다. 그리고 여론을 자극하지 않기 위해 천황이 탑승한 차량을 호위하는 사이드카도 없애고 경호원 수도 현격히 줄였다. 이러한 광경이 그 여성으로 하여금 "부자의 정"

을 느끼게 한 것이리라. 이는 비단 그 여성뿐만 아니라 당시 일본인 대부분이 공감하는 천황관이었다.

민중, 다시 말해 권력과 거리가 멀고 하루하루 먹고사는 것이 더 중요했던 일반 민중들에게 천황의 존재는 결코 두렵거나 초월적인 신이 아니었으며 지배자도 아니었다. 메이지의 천황제 국가는 바로 이러한 민중들의 소박한 공동체 의식과 조상숭배 정신을 이용하여 성립된 것이다. 천황과 국민 사이를 '군신지의君臣之義, 부자지정父子之情'이라는 미명으로 결합시키고, 천황은 아버지이자 더 나아가 자애로운 어머니의 존재로 민중들의 뇌리에 각인시켜간 것이다. 그러나 다른 한편으로는 자애로운 어머니와 같이 아이를 양육해야 할 천황이 지나치게 신격화되고 권력적으로 군림하여 민중들의 불만을 야기하기도 하였다. '기원 2600년'[26]을 기념하고 '만세일계'의 '현인신'으로 대대적으로 찬미 되던 1940년 이후, 특고경찰 자료에 불경언동不敬言動이 눈에 띄기 시작한다. 예컨대 공중화장실 벽에 다음과 같은 낙서들이 발견되었다.

낳아라, 길러라 폐하처럼, 형편없는 대포도 마구 쏘다보면 맞는다.

천황의 거시기는 일척오촌!

황후 폐하의 거시기는 어떻게 생겼을까!

이 밖에도 오랜 전쟁으로 궁핍해진 생활에 대한 불만도 보였다.

---

26 일본건국의 기원을 진무神武천황 즉위년(서기 660년)으로 삼은 일본의 기년법. 일본에서는 메이지 5년부터 서기가 아닌 황기皇紀를 사용했으며 기원 2600년에 해당하는 1940년에 대대적으로 축하행사를 벌임.

요즘은 술은커녕 밥도 제대로 먹지 못한다. 솥이라도 팔아 전쟁을 해야 할 판이니 일본도 참, (…중략…) 도대체 천황 폐하는 길을 걸을 때도 혼자 걷는 법이 없고 비가와도 우산도 남이 들게 하니 말이야. 이런 놈일수록 밥 먹을 가치도 없는 국적國賊이라고.

—『特高月報』, 1944. 2.

그러나 이상의 발언처럼 전시 생활에 대한 불만을 천황 비판으로 연결하는 사람은 극히 소수였다. 대개는 조합장이나 배급소 주인, 농산물 판매자와 같이 가까운 이웃이나 기껏해야 정부나 군인을 상대로 불만을 털어놓는 정도였다.

천황이 '현인신'으로서 절대 권력과 권위를 가진 것처럼 보였던 것은 그의 주변에 존재하는 정치가나 군인들 때문이었지 천황의 탓만은 아니었다. 그들이 사라지면 그 자리에 친근한 모습의 천황이 우리 앞에 모습을 드러낼 것이다.

그런데 패전 이후 그들이 자취를 감췄다. 그리고 지금의 천황은 친근한 모습으로 우리 앞에 나타났다. 대부분의 일본인들은 이렇게 생각할 것이다.

물론 패전을 거치며 변모한 천황의 모습을 배신으로 여겨 천황관을 180도 바꾼 사람들도 있다. 25세라는 한창 젊은 나이에 '천황 폐하를 위하여' 죽음을 불사할 것을 강요당했던 특공대 세대가 그 대표적인 경우다. 그들에게 천황은 그야말로 신이었으며 진선미의 가치를 초월한 존재였다. 그런데 천황은 패전과 동시에 자신은 인간에 불과하다고 선언해 버린 것이다. 이보다 더 한 배신이 어디 있단 말인가! "천황님이 인간이 되

어   버리시다니……."(三島由紀夫,「英霊の聲」,
1966)

　행군 소년병으로 전투에 참가하여 스무 살
이 되던 해 패전을 맞은 와타나베 아오키渡辺
青木도 마찬가지였다. 그는 전함 '무사시武蔵'
승무원으로 전투에 동원되었다가 동료들의
죽음을 뒤로하고 겨우 살아남았다. 그런 그에
게 1945년 9월 30일 신문지상에 맥아더와 나
란히 선 천황의 사진(〈사진 1〉)은 충격 그 자체
였다.

〈사진 1〉 맥아더와 나란히 선 천황

> 　(천황이) 방문한 상대가 바로 우리가 얼마 전까지 목숨을 걸고 싸웠던 적
> 의 사령관이라니. '나오라 맥아더'를 외치며 증오했던 맥아더였다. 그런 그
> 에게 머리를 숙이다니 천황은 수치도 모른단 말인가.
>
> 　　　　　　　　　　　　　　　　　　　　— 渡辺青木,『砕かれた神』, 2004.

　그날부로 와타나베 안의 '신神' 천황은 죽었다. 이후 천황의 전쟁책임
추궁에 집념을 불태우다 54세의 나이로 생을 마감했다.

　그러나 전쟁이라는 비일상을 일상화해 오던 총후의 민중들의 경우, 극
도의 배신감을 느끼며 천황관을 바꾼 이는 극히 소수에 불과하다. 우리가
조사한 설문(패전 당시 10살 이상 여성 약 1,200명)에 의하면 패전 이후 궁성참
배나 신사참배를 하지 않는다는 답변이 100퍼센트였으나 자택에 걸린 천
황의 사진을 떼어냈다는 사람은 12퍼센트에 불과했다. 그것도 "공습으로

불타버려서” “미국군이 몰수한다는 소문 때문”이라는 답변이 대부분으로 와타나베처럼 천황관이 바뀌었기 때문은 아니었다(加納実紀代, 「女にとって8・15は何であったか」, 『銃後史ノート』9号). 그 때문에 아직도 전사한 아들 사진과 나란히 천황의 사진을 걸어 놓는 말도 안 되는 상황이 벌어지고 있는 것이다.

패전까지 천황제가 제정일치의 국가기구로서 대내외적으로 위력을 떨치던 시대에도 그것을 ‘천황제’라고 인식하지는 못했을 것이다. 왜냐하면, 천황제라는 용어 자체가 민중들에게는 생소했기 때문이다. 쇼와 초기까지는 공산당이 주로 사용했으며 그 안에는 천황제에 대한 비판 의식이 내포되어 있었다. 따라서 ‘천황제’라는 말을 입에 올리는 것만으로도 탄압의 대상이 되었다. 1945년 10월 맥아더의 지령으로 천황에 대한 비판의 자유가 보장되었고 역시 맥아더의 지령으로 출옥한 공산당원이 ‘천황제 폐지’를 주장하기 전까지 국민의 대부분은 ‘천황제’라는 용어조차 잘 알지 못했다.

쇼와 초기 프롤레타리아 작가 고오리야마 요시에郡山吉江조차 패전 직후 재간된 『아카하타赤旗』 기사를 접하고 느낀 충격을 다음과 같이 기술하고 있다.

“천황, 천황제 타도”, 나는 지금까지 천황이라는 용어를 이렇게 안이하게 사용한 것은 본적도 들은 적도 없다. (…중략…) 아아, XX제, XX주의타도. 그 XX가 천황이었단 말인가.

— 郡山吉江, 「反天皇制運動への視点」, 『女性と天皇制』,

思想の科学社, 1979.

이어서 고오리야마는 이 용어를 통해 자신을 압박했던 정체를 비로소 깨닫게 된다.

> 내가 오랜 세월 염원했던 것이 천황제 타도이며, 오랜 세월 받았던 압박의 근원이 바로 천황제였단 말인가. 그것을 나는 아무런 주저 없이 아무런 이론 적 근거도 없이 나의 육체를 통해 감지했다.
>
> — 郡山吉江, 上同.

그러나 그렇게 느낀 일본인은 그리 많지 않았다. 앞에서 보았던 설문조사나 투서 내용처럼 타도의 대상이어야 할 '천황제'는 '옹호'와 '보호'의 대상이었으며 그것도 '천황제 옹호'가 아닌 '천황 옹호'의 느낌이 강했다.

천황제에 대한 무자각은 곧 민중의 '국가' 인식의 부족이기도 했다. 국가라는 것이 아무리 민중의 사상을 담은 민중에 의해 만들어진 것이라 할지라도 만들어진 순간부터 민중을 향해 본색을 드러내기 마련이다. 그러한 국가의 본질에 대응하는 일본인의 인식은 매우 안이했다. 일본인들은 국가에 주체적으로 대응하기보다 '운명 공동체'라는 인식하에 국가와 강하게 일체화하는 길을 택했다. 전쟁 중 유포되었던 '거국일치擧國一致' '일억일심一億一心' '일억옥쇄一億玉碎' 등의 말은 이러한 민중의 의식구조를 바탕으로 성립된 것이었다. 그리고 전후에는 '일억총참회一億総懺悔'[27]라는 말로 바뀌었다. 이러한 의식구조를 만들어낸 것은 다름 아닌 민중 속

27　태평양전쟁에 패한 전쟁책임을 국민이 모두 짊어지자는 표어. 일억총참회라는 말이 매스컴을 타며 "일본이 전쟁에 진 것은 국민의 노력이 부족했기 때문"이라는 의식이 국민들 사이에 파고들어 전쟁책임의 소재가 불분명해진 측면이 있음.

에 자리한 천황관이었다. 그리고 이것은 패전으로 인한 제도로서의 '천황제'의 비연속성과 민중의식 속에 자리한 '천황'의 연속성이라는 형태로 지금까지 계속되어 오고 있다.

'인간 천황'의 탄생

이처럼 민중의 천황에 대한 인식의 연속성을 바탕으로 한 것이 전후의 '상징 천황제'였으며, 천황 측에서도 이에 의존하여 연명을 꾀하였다.

1946년 1월 1일 '인간선언'에 이어, 2월 중순부터 시작된 '순행巡幸'을 통해 천황은 적극적으로 '인간 천황'을 선전해 갔다. '대원수폐하'가 군복을 벗고 신사참배 한 것에 무한한 감격을 표했던 한 여성의 투고내용처럼 당시 여론이 큰 힘이 되었을 것이다. 또한 1945년 12월, 교통사정이 좋지 않은 미야기宮城현 산골짜기에서부터 황궁청소봉사를 위해 한걸음에 달려온 청년남녀 60명과 가까이 접해본 경험도 천황으로 하여금 민심에 의존하여 연명을 꾀할 자신감을 가져다주었을 것이다.

지금까지 이어지고 있는 황궁 청소봉사의 초석이 된 이 '미쿠니 봉사단 みくに奉仕団'[28]의 리더 하세가와 다카시長谷川峻는 천황이 친히 말을 걸어준 감격을 이렇게 표현하고 있다.

---

28 미야기현 구리하라군栗原郡의 청년 60명과 단장 스즈키 도쿠이치鈴木德一와 부단장 하세가와 다카시長谷川峻로 이루어진 봉사단. 이후 이 봉사단의 주도로 황궁 내 잡초를 제거하는 등 청소를 담당.

천황이 이렇듯 일개 평범한 청년들과 함께 하신 적이 있었을까?아니 없었
을 것이다. 이제야 비로소 진정한 황실인 것이다. (…중략…) 아, 군민일체라
는 말은 바로 이런 것을 두고 하는 말이다. 양 폐하는 금시훈장金瑪勳章, 공일
급功一級, 훈일등勲一等의 군복, 프렌치 코트, 모닝코트, 혹은 고급 옷을 입은
명사 부인들 속에 계시지 않고 이렇게 누추하고 꾸밈없는 청년남녀와 함께
하고 계신다.

—『新世紀』, 1946年 4月 創刊号.

천황도 상당히 기뻤던지 '어제御製'를 통해 그 기쁨을 표하였다.

이곳저곳에서 백성이 와 주어 기쁘도다. 궁궐 안에서 오늘도 또 만나네.
전쟁에 패한 후 지금도 변함없이 백성이 와서 여기서 풀을 뽑고 있다네.

1946년 1월 1일에 발표된 '인간선언'은 학습원學習院대학의 강사였던
영국인 브라이스의 시사를 받아 시데하라幣原 수상[29]이 영문으로 작성했
다고 한다. 그리고 12월 하순 천황은 이에 바로 찬성 의사를 표하고 서두
에 메이지 천황의 「5개 조 어서문五箇条の御誓文」[30]을 덧붙여서 발표하도
록 지시했다고 한다.

"짐과 이들 국민과의 유대는 끊임없는 상호의 신뢰와 경애로 연결되어
있으며 단순한 신화나 전설로 생겨난 것이 아니다", 즉 신화가 아닌 "국민

---

29 시데하라 기주로(幣原喜重郎, 1872~1951) : 1945년 10월 제44대 총리대신에 취임. 천황
　　제 유지 및 신헌법 초안 작성 등을 둘러싸고 GHQ와 교섭을 벌임.
30 공의세론公議世論의 존중과 개국진취의 방침을 밝힌 다섯 항목으로 구성된 메이지 정부
　　의 기본 방침. 1868년 공포.

과의 유대"를 강조하는 것이 바로 자신이 연명할 수 있는 길이라는 점을 천황은 충분히 인지하고 있었던 것이다.

그럼에도 불구하고 그로부터 31년 후인 1977년 8월, 천황은 궁내청宮內廳 기자단과의 회견에서 인간선언의 가장 큰 목적은 '민주주의'의 표본인 「5개 조 어서문」을 국민에게 제시하는 것이었으며 '신격神格 부정'은 부차적인 것이었다고 언급했다. 패전으로 인해 자신의 신변에 위험을 느껴 변절한 것을 은폐하고 메이지 이래의 천황제의 일관성을 하필이면 '민주주의'라는 말로 포장하여 위조한 것이라고 할 수 있다.

이 '인간선언'에 이어 2월부터 시작된 '순행'은 매우 성공적이었다. 2월부터 3월에 걸쳐 가나가와神奈川, 도쿄東京, 군마群馬, 사이타마埼玉, 6월에는 지바千葉, 시즈오카静岡, 10월에는 아이치愛知, 기후岐阜, 11월에는 이바라키茨城를 방문하였다. 이듬해인 1947년에는 더욱 정력적으로 임하여 총 68일 동안 2부府 20현縣을 여행하였다. 말 그대로 '남선북마南船北馬[31]하고 즐풍목우櫛風沐雨[32]한 여행'이었던 것이다(大金益次郎, 『巡幸余芳』, 1955).

'인간 천황'을 민중 앞에 드러내기 위한 행사였던 만큼 지금처럼 경비도 삼엄하지 않았고 차에서 내려 걸어갈 때에도 원망의 소리를 한다거나 돌을 던지는 일은 없었다. 그러기는커녕 만세를 외치며 밀려드는 군중들로 난장판이 되었다. 마치 열광적인 팬에 둘러싸인 유명 스타 같았다.

천황도 처음에는 내심 겁을 먹었을 테지만 1946년 가을 무렵부터 자신의 인기를 실감했는지 "오늘은 인파에 휩쓸려 넘어질 뻔했지만 참으로 기

---

31 쉴 새 없이 여행함을 이르는 말. 북마남선.
32 바람으로 머리를 빗고 빗물로 목욕을 한다는 뜻으로, 객지를 방랑하며 온갖 고생을 겪음을 비유적으로 이르는 말.

뺐다"라며 국민들의 대대적인 환영에 기쁨을 감추지 못했다.

사랑하는 가족과 집을 잃고 그토록 전쟁에 시달렸음에도 불구하고, 아니 오히려 시달렸기 때문에 민중들은 엄마의 사랑에 목마른 어린아이처럼 천황을 환호한 것이리라.

"전쟁 기간 동안 수고했소."

"식량은 넉넉한가?"

"가족은 무사한가?"

이러한 천황의 물음에 한쪽 다리를 잃은 퇴역 군인, 외동아들을 잃은 노모, 모자원에서 생활하는 전쟁미망인들은 모두 그저 감격에 겨워 눈물만 흘릴 뿐이었다.

이들이 눈물을 흘렸던 것은 자신들이 아시아인에게는 가해의 책임이 있음을 자각하지 못하고 오로지 피해자라는 인식에 머물렀기 때문이다. 만약 자신이 피해자인 동시에 가해자라는 사실을 직시했다면 이러한 이율배반적 상황으로 치닫게 한 원흉이 누구인지에 생각이 미쳤을 것이다.

1945년 8월 30일, 히가시쿠니東久邇[33] 수상은 첫 기자회견에서, "일이 이렇게 된 데에는 물론 정부의 정책이 좋지 않았기 때문이기도 하지만, 한편으로는 국민의 도의가 무너진 것도 원인이라 생각합니다. 저는 군관 및 국민 전체가 철저하게 반성하고 참회해야 한다고 생각 합니다"라고 밝

---

[33] 히가시쿠니 나루히코(東久邇稔彦, 1887~1990) : 제2차 세계대전 후 전후처리 내각으로서 헌정사상 최초이자 최후로 황족내각 구성. 항복문서 조인, 육·해군 해체 및 일억 총참회를 부르짖으며 국내의 혼란을 수습하고자 했으나 GHQ의 내정간섭에 저항의 뜻을 표명하고자 54일 만에 총사퇴함.

했다. 이른바 '일억총참회一億総懺悔'론이다.

이에 대해서는 지배층이 책임을 회피하는 것이라고 반발하는 사람도 꽤 많았다. 우리가 조사한 설문에 의하면 과반수가 반발을 나타냈다.

그렇다면 과연 '일억총참회'란 무엇을, 누구에게 참회한다는 말인가? 참으로 모호한 말이 아닐 수 없다. 앞서 말한 설문조사에서는 "침략에 대해 중국 등 민중에게 사죄한다"라는 답변이 가장 많았지만 패전의 책임은 천황에게 묻고, 개전開戰 책임은 미국에게 물으라는 식의 인식도 상당수 있었다.

무엇보다 전쟁에 패한 것을 오히려 천황에게 참회하라는 당시 히가시쿠니의 발언은 상당히 문제적이다. 천황 폐하께 면목이 없다는 식의 발상은 일반 민중들 사이에서도 쉽게 찾아볼 수 있다. '종전'을 알리는 이른바 '옥음玉音방송'을 듣고, "천황 폐하가 가엾다"고 몸을 떨며 울던 여성들, 황거 앞에 엎드려 무력하게 전쟁에 패한 책임을 자신에게 돌리고 천황에게 사죄하는 사람들도 많았다.

천황의 순행은 바로 이러한 민중을 향한 '용서'의 여행이었다. 천황 폐하를 배알하고 용서받은 이상 전쟁책임(패전책임)은 면피되는 것이다. 천황 자신의 전쟁책임에 대한 면죄를 위한 순행은 민중에게도 역시 면죄부를 부여하는 것이었다. 나머지 전쟁 책임은 때마침 진행 중이던 도쿄재판 법정에 선 군인, 중신들에게 맡겨버리면 그만이었다. 천황과 민중은 피해자로서의 유대감을 형성하며 서로를 붙들고 위로하였던 것이다. 이 얼마나 '무책임'한 군민 일체란 말인가!

그러나 천황은 역시 교활했다. 민중이 열광하고 감격의 눈물을 흘리는 사이 재빠르게 다음 수를 두고 있었다. 전쟁미망인을 포함하여 전쟁 이후 일본으로 귀환한 자, 일본 재건의 초석이 되는 기간산업 경영자를 방문하거나 노동자와 노동조합 간부를 다독이며 노사 일체를 통한 고도성장의 포석을 착실히 깔아 두고 있었다.

그리고 1947년 가을, 천황은 가나자와金沢에서 개최된 국민체육대회와 도야마富山의 식수제에 참석했다. 지금까지 이어지고 있는 '상징 천황제'의 순행 행보는 바로 이 시기에 확립된 것이다.

이러한 행사는 전전의 화려한 부활이라고 할 수 있다. 일단 국민체육대회나 식수제 개최가 결정되면 관련 지방단체는 2년 전부터 준비를 시작해야 한다. 수차례의 검증 과정을 거치게 되며 관련 지방단체와 궁내청 관계자는 시시콜콜한 데까지 신경을 쓴다.

"(천황이) 홈에 내리시면 어느 쪽으로 안내하는 것이 좋을까요?"

"중앙 쪽으로 안내해 주세요."

"폐하께서 움직이기 시작하시면 신호를 오른쪽을 돌아보면서 할까요? 왼쪽을 향해 할까요?"

"그건 그때 분위기에 따라 결정하도록 하죠."

— 高橋紘, 「行幸啓の実態と戦後の地方巡幸」,

『地方自治職員研修』, 1977年 4月号.

또한, 개최 1년 전부터 우익·좌익·정신장애자 등을 요주의 인물로 분류하고 리스트를 작성해 감시에 들어갔다.

물에 빠진 사람 구했더니 보따리 내놓으란 격으로 '군민 일체' '부자의 정 회복' 따위의 말로 달콤하게 민중을 회유하고 뒤에서는 딴 모습을 하고 있었던 것이다. 다음에 또 어떤 배신을 할지 모를 일이다.

여하튼 1946년부터 시작된 전후 순행은 1948년 일시 중단되었다가 1950년 홋카이도를 마지막으로 종지부를 찍었다. 총 165일간, 3만 3천 킬로미터에 이르는 장대한 여행이었다.

그리고 홋카이도와 오키나와를 제외한 전국순행을 마친 1952년 5월, 천황은 황궁 앞 광장에서 거행된 강화조약성립기념식전에서 패전 이후 꼬리표처럼 붙어 다니던 퇴위설을 정식으로 부인하였다. 이것은 나카소네 야스히로中曽根康弘가 천황의 퇴위를 우려해 중원예산위원회에 질의한데 대한 최종 답변이라 할 수 있다.

이 자리에서 천황은 "나의 덕이 보잘것없지만 과거를 되돌아보고 세계의 여론을 살피어 심사숙고한 결과 무리해서라도 스스로를 격려하며 무거운 짐을 견뎌보도록 ……"이라며 마치 여론에 밀려 어쩔 수 없이 계속해서 맡게 되었다는 식으로 표현하고 있다.

2년 전 시작된 한국전쟁 덕에 일본은 전후 부흥을 타고 미소냉전 구조에도 일익을 담당하게 되었다. 같은 해 보안청 설치와 함께 본격적인 재군비 작업에 돌입하였으며 파괴활동방지법,[34] 공안조례[35] 제정 등을 통해 전후 민주주의 탄압에 나섰다.

천황이 자신의 퇴위설을 일축하기 이틀 전인 5월 1일에는 이러한 움직임에 반대하는 데모가 황궁 앞 광장(당시는 '인민광장')에서 있었고 시위를 진압하는 경찰에 의해 두 명의 사망자가 발생했다. 이른바 '피의 메이데

---

34 내란, 정치적 목적을 위한 소란, 살인 등 시민생활에 있어 위협이 되는 폭력적인 파괴활동을 규제하는 법.
35 지방자치단체가 각기 독립적으로 집회, 집단행진, 집단시위운동 등을 공안상의 견지에서 규제하기 위하여 제정한 조례.

이 사건'이다.

그러나 국민 대부분은 그해 가을 행해진 황태자 입태자 의식을 위해 연출된 황궁의 화려한 모습에 정신이 팔려 있었다.

이후 황궁 앞 광장에서 데모하는 모습은 더는 찾아볼 수 없게 되었다. 그리고 전후 지금까지 그곳이 '인민광장'이라 불리었던 사실조차 잊혀졌다.

출처 : 「民衆意識における天皇制·国家」, 『講座·現代と変革2 現代日本の支配構造』, 新地坪社, 1964.8.

더 이상 전후가 아니다—55년 체제[36]의 성립과 '사랑받는 천황제'

홋카이도 국체와 오키나와 국체

1954년 8월 6일, 쇼와 천황은 황후와 함께 홋카이도 여행을 떠났다. 『아사히신문』은 이에 대해 다음과 같이 보도하였다. "이번 여행은 천황 폐하가 종전 직후부터 염원하던 전국여행의 마지막 코스이며 천황 폐하는 18년 만이며 황후마마는 처음으로 홋카이도를 방문하시는 것이다."

즉 패전 직후인 1946년 2월부터 시작한 천황의 전후 순행의 최종 마무리로 홋카이도 여행을 기획하게 되었다는 것이다. 그런데 실제로는 전국 순행의 마무리는 아니었다. 천황의 전후 순행은 1951년까지 혼슈·시코

---

36 1955년 이후 1993년까지 40여 년 동안 여당인 자유민주당과 야당인 일본사회당의 양대 정당구조가 형성된 체제.

쿠·규슈 45개 도都·道·부府·현県 전반에 걸쳐 이루어졌지만, 여기에 유독 오키나와만 제외되었다. 그런데도 당시 일본의 미디어는 천황의 홋카이도 여행이 전후 순행의 최종 마무리라고 보도하고 있었던 것이다.

이것은 바꿔 말하면 당시 일본인의 시선에 1952년 4월 28일, 일본이 미국으로부터 '독립'하면서 내버린 오키나와는 전혀 포착되지 않았음을 의미한다. 더욱이 1947년 가을, 오키나와의 미군 기지화를 미국에 제안하며 오키나와 폐기에 혁혁한 공을 세운 천황에게 있어 오키나와는 완전히 시야 밖이었다. 당시로써는 30여 년이 지난 1987년, '마지막 마무리'의 마무리를 위해 오키나와를 방문하게 되리라고는 꿈에도 생각지 못했을 터였다.

어찌 되었든 1954년 천황의 홋카이도 여행은 '마지막' 전후 순행이라는 의미 외에 또 다른 커다란 목적을 내포하고 있었다. 바로 국민체육대회인 국체國體에 참석하는 일이었다.

제9회 국민체육대회는 1954년 8월 22일 홋카이도에서 개최되었다. 8월 6일, 나스那須에 있는 별장을 출발한 천황 부부는 7일 하코다테函館에 도착하여 무로란室蘭, 아사히카와旭川, 아바시리網走, 아칸호阿寒湖, 구시로釧路, 오비히로帶広 등을 돌고, 8월 21일 삿포로札幌에 도착, 22일 마루야마丸山에서 열린 국체 개회식에 출석했다.

1954년 홋카이도 국체와 1989년의 오키나와 국체. 이 둘은 30여 년이란 적지 않은 시간 차가 있고 지리적으로도 일본의 남과 북 양 끝단으로 떨어져 있다. 그렇지만 이 둘은 확실한 공통점이 있다. 하나는 강한 정치적 의도 하에 시행되었다는 점이며, 다른 하나는 이를 반영이라도 하듯 천황뿐 아니라 황족들이 총출동했다는 점이다.

1989년에 있을 오키나와 국체에는 9월 히로노미야浩宮,[37] 10월 천황(그런데 9월 하순, 췌장암 발병으로 천황의 오키나와 방문은 실현되지 못함), 11월 황태자의 출석으로 천황가 직계 3대가 총출동하게 될 것이며, 1954년 홋카이도 국체에는 천황, 황후 외에 지치부노미야秩父宮 비妃, 다카마쓰노미야高松宮,[38] 미카사노미야三笠宮[39] 등 천황의 남동생들이 총출동하였다. 거기다 결혼하지 얼마 되지 않은 천황의 삼녀 이케다 아쓰코池田厚子[40] 부부, 황후의 오라버니 구니 아사아키라久通朝融[41]까지 총동원되었다. 그야말로 '천황 일가' 전원이 홋카이도로 몰려들었다(『北海道新聞』, 1954.8.21).

55년 체제를 위한 사전준비

이 천황 일족의 움직임을 잘 살펴보면 비정치적이라고 일컬어지는 전후 상징 천황제의 정치성이 무엇보다 선명하게 부상한다.

우선 첫째로 천황의 홋카이도 방문은 이제 막 생겨난 '사생아'인 자위대를 국민에게 인지시키고 재군비에 대한 반대 의견을 묵살하는 역할을 했다.

1950년 8월 맥아더 지령에 기초하여 창설된 경찰예비대는 1952년 일

---

37 나루히토 친왕(德仁親王, 1960~) : 1989년 현 천황 아키히토가 즉위함에 따라 황태자가 됨. 궁호는 히로노미야. 1993년 오와다 마사코小和田雅子와 결혼식을 올렸으며 2001년 장녀 아이코愛子 출생.
38 다카마쓰노미야 노부히토 친왕(高松宮宣仁親王, 1905~1987) : 다이쇼 천황의 3남.
39 미카사노미야 다카히토 친왕(三笠宮崇仁親王, 1915~) : 다이쇼 천황의 4남. 현존 황족 중 최연장자.
40 이케다 아쓰코(池田厚子, 1931~) : 쇼와 천황의 4녀. 현 천황 아키히토의 여동생. 1952년 화족華族출신 실업가 이케다 씨와 결혼과 동시에 황족신분 박탈.
41 구니노미야 아사아키라오(久邇宮朝融王, 1901~1959) : 황족. 쇼와 천황비 나가코良子의 오빠.

본의 독립과 함께 성립된 안보조약에 따라 보안대保安隊라는 이름으로 바꾸면서 힘을 확대했다. 그 후 천황이 홋카이도로 건너가기 직전인 7월 1일, 육해공 삼군을 완비한 자위대가 발족되어 처음으로 외적 방위를 임무로 내걸었다. 그 가상 적국은 물론 소련이었다. 따라서 막 탄생한 자위대는 홋카이도에 중점 배치되었다. 천황 일족은 이 자위대의 홋카이도 배치를 위한 사전준비 작업을 수행하였다.

8월 7일 아오모리항青森港을 출항한 천황의 '어소선御召船'[42] 도야마루洞爺丸[43]는 해상보안청의 순시선 4척 외에, 막 건조된 해양 자위대의 프리깃함[44] 군함 12척, 소해정 12척, 헬리콥터 7기의 호위를 받으며 쓰가루津軽 해협을 건넜다. 게다가 해상 자위대는 마치 옛 제국 해군을 재현하듯 천황의 배에 예를 갖추었다. 그리고 천황이 상륙하자 군복 차림의 육상자위대가 받들어 총 자세로 맞이하였다.

이러한 천황의 '대원수폐하' 행위는 매스컴에서도 크게 다루어져 8월 20일 니세코ニセコ에서 열린 기자회견에서 이에 대한 기자의 질문이 쏟아졌다. 하지만 천황은 답변을 회피한 채 즉각 회견을 중지하고 자리를 떴다.

천황은 22일 국체 개회식에 참석한 후 23일 귀경했지만 지치부노미야 비, 미카사노미야는 26일까지, 다카마쓰노미야는 28일까지 홋카이도에 머물렀다. 후쿠시마, 미야기, 규슈 등의 육상자위대가 홋카이도 이주를 개시한 것은 다카마쓰노미야가 귀경한 28일이었다.

천황의 홋카이도 방문은 당시 고도성장을 목표로 강력히 추진되었던 산업

42　해군의 행사나 이동 시 사용하는 군함으로 천황 또는 황족이 승선하는 배.
43　이 배는 한 달 반 후인 9월 하순 침몰. 당시 사망·행방불명자 1,155명으로 일본 최대의 해난사고로 기록됨.
44　적의 잠수함을 상대하는 호위형의 소형구축함.

합리화를 가속화시키는 역할도 했다. 당시 합리화의 중심에 선 것은 석탄과 철광이었는데, 때마침 닛코 무로란 제작소日鋼室蘭製作所[45]는 9백여 명의 해고를 발표하였고 이에 반발하여 동자들은 7월 8일 해고 철회를 요구하며 동맹파업에 돌입했다.

이것이 노동운동사상 유명한 '닛코 무로란 2백 일 동맹파업'인데, 이 노동쟁의는 8월 9일 천황의 무로란 방문에 맞춰 휴전되었다. 이를 둘러싸고 조합 내부에서 분열이 일어났고 노동쟁의 와해 시도가 활발해졌다. 국체 종료 직후인 9월 23일, 제2조합이 성립되어 노동쟁의는 참패한다. 이 닛코 무로란 노동쟁의의 패배는 철광업의 산업합리화에 따른 고도성장을 촉진했을 뿐 아니라 노동운동사에 한 획을 긋는 역사적인 일이었다(大宮みゆき,「'ぐるみ'闘争と女たち」,『銃後史ノート戦後編 55年体制の成立と女たち』).

천황의 홋카이도 방문은 기술혁신과 정보화 시대의 개막을 알리는 것이기도 했다. 이때 최초로 '어소열차御召列車'[46]에 VHF(이동식 초단파 무선전화)가 설치되어 경비의 근대화가 이루어졌으며, 또 최초로 민간방송에서 천황의 홋카이도 소식과 국체 상황을 중계 방송했다고 한다. 후원자는 메이지 유업明治乳業이었다.

그리고 홋카이도에 집결한 천황 일족은 도쿄로 귀경하는 길에 처음으로 비행기를 이용했다고 한다. 이것은 당시로써는 큰 화제였다. 그 모습이 사진과 함께 보도되었고 일본항공日本航空 선전에 크게 공헌했다. 당시 일본항공은 영업을 개시한 지 3년이 지났지만 1952년 4월 목성호木星号[47]

---

45 주식회사 일본제강 무로란제작소日本製鋼所室蘭製作所의 약칭.
46 천황, 황후, 황태자가 타는 특별 열차.
47 목성호추락사고. 사고여객기의 운행은 일본항공이 했으나 당시 일본은 아직 평화조약 발효 전이었기 때문에 자주적 항공운영을 할 수 없어 일본항공은 영업만 담당하고 항공

가 이즈 오시마伊豆大島에 추락한 이후 안전성에 대한 불안 때문에 제대로 성장하지 못하고 있었다. 천황 일족의 일본 항공기 이용은 이러한 불안감을 불식시키기에 충분했다.

지금 천황 전용차에 나부끼는 주홍색 천황기가 처음 등장한 것도 이 홋카이도 여행에서였다. 그리고 1954년 홋카이도 국체와 천황의 홋카이도 방문은 명백한 정치적 의도로 몇 번이고 정밀하게 다듬어진 계획이며 그 정치적 목적이 충분히 달성되었다고 할 수 있다.

이듬해 2월에는 일본 생산성본부 설립, 7월에는 경제기획청이 발족하였다. 이해 일본 경제는 패전 이래 경기가 상한가를 보이며 마침내 전쟁 전 수준을 회복하게 된다. 이에 『경제백서經濟白書』(1956)는 '더 이상 전후가 아니다'[48]라며 소리 높여 선언했다. 그리고 전국노동조합 총평(日本労働組合総評議会의 약칭)은 1955년 처음으로 춘계투쟁[49] 방식을 도입하여 경제투쟁 중심주의로 노선을 전환한다. 이른바 다카노高野 노선[50]에서 오타太田 노선[51]으로의 전환이 이루어졌다. 같은 해 2월에는 민주당, 자유당은 당을 합쳐 자유민주당을 결성, 오늘날까지 이어지는 장기 보수안정정권이 탄생하게 되었다. 이 보수안정정권의 보호 아래 일본은 고도경제성장을 향한 이륙에 성공

기의 정비와 운용은 노스웨스트가 담당. '목성호'는 사고여객의 애칭.

48 일반적으로 '전전의 GDP수준을 회복했다' '이제 전쟁의 시대는 끝났다' '이제 어두운 상황은 벗어났다'라는 의미로 해석되고 있다. 하지만 당초 경제백서의 내용은 "지금까지는 전후 부흥을 통해 성장세가 뚜렷했지만 앞으로 이런 성장세가 얼마나 계속될 수 있을 것인가"라는 부정적 견해가 지배적이었다. 즉 경제백서가 제작된 1956년 당시에는 경제발전이 지속되리라는 희망적인 미래를 예측하지 못했지만, 실제 일본은 그 후 고도성장이 계속되었기 때문에 이 말은 긍정적인 의미로 오해한 채 사용되었다고 할 수 있다.

49 매년 봄春마다 열리는 임금 인상 투쟁.

50 다카노 미노루高野實 사무국장을 중심으로 한 노선으로 소련을 지지하는 좌파성향.

51 오타 가오루太田薫 의회의장을 중심으로 한 노선으로 일본공산당 영향을 배제하고 일본사회당을 중심으로 한 노동운동 강화에 분투.

하였고 세계에서 으뜸가는 경제 대국으로 비상하였다.

전후 역사의 큰 획을 그었던 이른바 '55년 체제'의 성립으로 장애물들을 제거하고 마지막 땅 고르기를 했던 것이 바로 1954년의 홋카이도 국체와 천황의 홋카이도 방문이라 할 수 있다.

'사랑받는 천황제'의 성립

천황의 홋카이도 방문이 가져온 '55년 체제'는 새로운 천황제를 탄생시켰다. 대중 천황제, 또는 마이홈 천황제, 주간지週刊誌 천황제라고 일컬어지는, 권위를 벗은 '사랑받는 천황제'다. 그 움직임은 1954년에 시작된 황궁 개방에서 시작되었다.

얼마 전까지는 살짝 엿 보는 것조차 허락되지 않았던 황궁을 배관할 수 있는 황송한 시대가 왔습니다.

만화가 하세가와 마치코長谷川町子는 주부용 잡지에서 자신의 인기 캐릭터 '사자에 상サザエさん'을 내세워 황궁이 일반인에게 개방되었음을 알리고 있다(「サザエさん皇居に入る」, 『主婦の友』, 1954年 1月号). 또한, 이 잡지에서는 「천황 폐하의 침실—처음으로 발표된 천황 폐하와 황후 폐하의 주거생활 관람기」라는 코너를 마련해 천황가의 사생활을 엿보기 시작한다. 기사 내용은 주로 폐허가 된 황궁 모습과 천황가의 검소한 모습을 그리고 있다.

이러한 분위기는 열린 '국화의 커튼菊のカーテン'[52] 캠페인에도 한몫 거들었다. 이러한 사전홍보 때문인지 1954년 신년 때 있었던 황궁일반참하 때는 38만 명의 사람들이 밀어닥쳐 사망자가 16명이나 발생하였다.[53] 사고를 방지하기 위해 6월 15일부터 10명 이상 단체로 신청 시 하루 1천 명 이내까지 황궁 참관을 허가하였다.

황궁 개방에 이어 1955년부터 여행, 회견, 회식, 견학, 참관 등을 명목으로 천황 일가의 외출이 눈에 띄게 늘어난다. 1월부터 5월 사이 천황의 외출은 11회였으며, 그중에는 천황의 첫 스모 구경도 포함되어 있었다. 황태자의 외출도 마찬가지로 11회. 히비야의 자동차 전시회나, 진구神宮구장의 야구, 데이비스컵 테니스, 음악회 등이다. 아직 10대였던 천황의 차남 요시노미야義宮[54]나 넷째 딸 스가노미야清宮[55]도 복싱, 야구, 음악회 등을 관람하기 위해 10회 정도 외출했다.

이 무렵부터 천황가는 '사랑받는 천황제' 만들기를 위한 국민과의 접촉에 온 일가가 몰두하기 시작했다. 이러한 흐름 속에서 1958년 11월, 황태자와 쇼다 미치코正田美智子와의 약혼이 발표되고 이른바 '밋치 붐'을 일으키며 비권위적인 '사랑받는 천황제'로 일본사회에 정착하게 되었다.

출처 :「カエルは水から煮られるか」,『インパクション』49号, 1987.10.

---

52 동서냉전의 긴장상태를 나타내는 말인 '철의 장막'을 모방한 말로, 궁내청이 황실의 정보를 컨트롤하고 있는 모습을 매스컴에서 야유한 표현.

53 참하参賀란 신년을 맞아 황궁에 가서 축하를 드리는 것. 1954년 1월 2일, 황궁의 일반참하에 참가한 사람들이 몰려들어 도미노처럼 우르르 쓰러진 사건으로 16명이 사망하고 65명이 중경상을 입는 사건이 발생함. 일명 '니쥬바시사건二重橋事件'.

54 히다치노미야 마사히토 친왕(常陸宮正仁親王, 1935~) : 쇼와 천황의 차남. 현 천황 아키히토의 동생.

55 시마즈 다카코(島津貴子, 1939~) : 쇼와 천황의 5녀. 1960년 당시 은행원이던 시마즈 씨와의 결혼과 동시에 황족신분 박탈.

밋치 붐—안방으로 침투하는 천황제

1959년 4월 10일, 금요일

일본 여성이 처음으로 선거권을 행사한 날을 기념하여 이날부터 제11회 여성주간婦人週間[56]이 시작되었다. 슬로건은 "개인의 자유와 책임이 집단을 양성한다"였다. 그러나 이 슬로건에 주목한 이들은 거의 없었을 것이다. 금요일이었지만 회사, 관청, 학교는 모두 휴일이었고 사람들의 눈은 '개인의 자유와 책임'과는 전혀 무관한, 도쿄의 중심에서 거행되고 있는 황태자의 결혼식을 향해 있었기 때문이다.

기상청 예보로는 이날 도쿄는 온종일 흐리고, 오후에 갑자기 비가 내릴지 모른다고 했으나 아침부터 구름 한 점 없이 맑게 갠 날이었다. 기온도 점차 올라가 최고기온 25.6도로 전형적인 6월 하순 날씨였다. 『아사히신문』은 석간 1면에 「일본 맑음 황태자님 결혼」이라는 제목을 크게 내걸었고, 『가나가와神奈川신문』은 「하늘은 밋치 맑음」이라는 제목의 호외를 뿌리며 한껏 들떠 있었다.

오전 6시 30분, '밋치' 즉 닛신제분日淸制粉사 사장 쇼다 히데사부로正田英三郎의 장녀 미치코는 궁내청에서 보낸 1930년형 메르세데스 벤츠에 올라타고, 황궁·구레타케요吳竹寮로 향했다. 거기서 그녀는 2시간 이상 공들여 치장한 쥬니히토에十二單[57]에 스베라카시[58] 모습을 하고 10시 정각

---

56 1949년 여성의 지위 향상을 위해 노동청에서 설치. 일본 여성이 처음으로 참정권을 행사한 1946년 4월 10일을 기념하여 매년 이날부터 시작되는 1주일간을 말함. 해마다 그 해 어울리는 테마를 선정해 전국 각지에서 강연회, 심포지엄 등을 개최함.
57 헤이안 시대의 화려한 궁중문화를 배경으로 발전된 일본 전통 복장으로 긴 옷 안에 같

에 현소賢所에서 있을 '결혼의식結婚の儀'[59]을 위해 출발했다.

오후 2시, 로브 데콜데[60]로 갈아입고 조현의식朝見の儀,[61] 2시 반부터 마차 퍼레이드로 동궁임시황궁에 가서, 4시 공선의식供膳の儀,[62] 그리고 저녁 9시 미카요노모치의식三箇夜餅の儀[63]으로 이어지는 긴 하루를 거쳐 '밋치'는 드디어 '황태자비'가 되었다.

텔레비전과 라디오는 '결혼의식'이 끝난 10시 30분부터 그때까지 '미치코 씨美智子さん'라 칭하던 호칭을 '미치코 님美智子さま'으로 바꾸어 부르기 시작했다. 그리고 30년 후인 1989년 마침내 그녀는 '황후 폐하'가 되었다.

화려한 궁정 에마키絵巻[64]의 정치성

문제는 이 길었던 하루 일정이 모두 국사國事로 치러졌다는 것이다. 13일부터 사흘 동안 각계 대표를 초청한 결혼피로연 '궁중 축연 의식' 역시 국사로 이루어졌다. 현소에서 개최된 의식은 신도神道 식으로 비밀리에 행해졌다고 한다.

매스컴은 여전히 '민주적 황실'론 틀 안에서 허우적대고 있었다. 예컨

은 재단의 옷을 몇 겹이나 겹쳐 입는 형태. 현재는 황실에서 결혼할 때 입는 경우를 제외하고 거의 볼 수 없음.

58 에도시대까지 있었던 여자의 머리 모양 중 하나. 앞머리를 옆으로 부풀리고 후두부에서 모아서 묶어 뒤로 길게 늘어뜨림.

59 황족 남자가 결혼할 때, 부부가 될 남녀가 궁중의 삼전(賢所·皇靈殿·神殿)에 참배하는 것.

60 등과 가슴이 깊게 패인 부인용 야회복.

61 황족 남자가 결혼한 후 비妃와 함께 부부로서 처음으로 천황·황후께 인사드리는 의식.

62 결혼한 황족 남자와 그 비가 귀가 후 집에서 처음으로 같이 식사를 하는 의식.

63 결혼한 황족 남자와 그 비가 침실에서 자손 번영을 기원하며 열리는 의식.

64 이야기·전설 등을 그림으로 그린 두루마리.

대 『아사히신문』은 원시적이라든가 비민주적이라는 비판에 대해 "황실가의 결혼이 공적인 행사이긴 하나 보다 근본적으로는 사적인 일이기 때문에 천황가 가풍에 따라 행하면 될 것"이라 주장하였다. 또 『가나가와신문』은 사설에서, "평민 신분의 황태자비가 탄생한 것은 일본 황실사상 최초로 새로운 시대의 기운"이며 "결혼이 양성의 합의만으로 가능하다는 것"을 보여준 신헌법 정신을 실천한 것이라며 상찬했다.

그러나 이러한 발상은 도무지 이해가 되지 않는다. '결혼의식'이 그들의 주장대로 천황가의 개인적인 일이라면 거액의 세금을 들여 국민 전체가 호들갑 떨 필요가 없었을 것이며, 황실회의를 거쳐 허가를 받아야 하는 그들의 결혼이 "양성의 합의"만으로 이루어진 결혼일 리 없기 때문이다.

당시 아사히신문사 황태자비 전담 기자였던 이토 마키오伊藤牧夫에 따르면, 기자회 측에서 국사이니만큼 모든 것을 국민들 앞에 공개해야 한다고 요구했지만 결국 기자 14명만 턱시도차림으로 식장 안에 들어갔다고 회고했다. 또한, 식장 안을 촬영하는 데에도 이것저것 제한이 많았다고 한다(「お妃記者の自己批判」, 『婦人公論』, 1959年 7月号).

그럼에도 불구하고 현소에 텔레비전 카메라가 들어간 것은 '열린 황실'을 상징하는 것으로 좋은 평가를 받은 모양이다.

교도통신共同通信의 황태자비 전담 기자 이누카이 야스히코大養康彦는 "하지만 과연 금단의 장소로 우리가 들어간 것인지 황실이 우리의 안방 안으로 침입한 것인지는 잘 생각해 봐야 할 것이다"라고 당시를 회고하고 있다(斎藤茂男, 『地下帝国へ』에서 인용).

분명 궁정 에마키에서나 볼 수 있던 쥬니히토에 차림과 반짝이는 다이아몬드 왕관, 마치 신데렐라를 방불케 하는 마차 행렬은 연출효과 만점이었다. 안방 텔레비전 속에서 펼쳐지는 동서양이 어우러진 화려한 궁정 모습에 시선을 빼앗긴 나머지 정교분리의 원칙이라든가 헌법에 위배되는 행위라는 것까지는 생각하지도 못했다. 더구나 화려한 궁정 에마키가 갖는 정치성, 천황제의 권위 강화 등은 더더욱 논외였다.

이로부터 30년 후인 1989년 1월, 드디어 아키히토의 황위 즉위에 맞추어 거행된 '조현의식'이 주권재민에 반한다는 목소리가 나오기 시작했다. 이에 대해 우익 측은 '결혼의식'에도 '조현의식'이 포함되어 있으므로 문제 될 것 없다고 대응했다. 분명 당시 신문잡지상에 '조현의식'에 대한 비판은 눈에 띄지 않았다.

당시 신문의 논조는 '조현의식'이 '결혼의식'에 참석하지 않았던 천황과 황후에게 이제 막 결혼한 신혼부부가 자신들의 결혼을 보고하고 축하받는 의식이라고 설명하고 있다. 이러한 설명은 마치 일반 가정의 부모와 아들부부의 대면인 것처럼 착각하게 만든다. 분명 사진상으로 볼 때 의자에 앉아 있는 두 쌍의 부부와 궁녀의 모습만 보인다. 아키히토 취임 시 '조현의식'에서 국민의 대표인 총리대신과 국회의원을 향해 '말씀'을 내리는 광경과는 명백하게 다르다.

그렇다고 문제가 없는 것은 아니다. 신혼부부와 그 부모 간의 대면이 천황가의 경우는 '조현의식'이라는 국사国事의 형태를 띤다는 사실 자체가 문제적이다. 거기다 이 의식이 '결혼의식'과 함께 황족 남자의 결혼의례로 정착한 것은 1910년 황실친족령皇室親族令에 따른 것이었으므로, 메이지 천황은 물론 다이쇼 천황도 '결혼의식'을 행한 적이 없다. 1924년에 들어서면서 쇼와 천황이 시작한 것이 황실의 전통으로 정착되어 전후 민주화를 앞세운 황실이 이어받은 셈이다. 전통이라는 측면에서 보면 그 기원은 남자

가 여자의 부모에게 결혼을 보고하는 기누기누노쓰카이後朝使[65]라고 할
수 있다. 이 풍속을 이토 히로부미伊藤博文가 천황의 권위 강화를 위해 그
반대로 남자의 부모, 즉 천황 앞에 알현하는 형태로 바꾼 것이다.

당시 매스컴은 이에 대한 아무런 비판 없이 안방으로 흘려보냈다. 사
이토 시게오斎藤茂男의 『지하제국으로地下帝国へ』에 의하면, 광고수입을
올리려는 매스컴의 상업주의와 함께 경직법警職法개악반대투쟁[66] 이후
내정에 고심하던 기시 노부스케岸信介[67] 자민당 정권과 자본가 측의 정치
적 요청이 있었기 때문이라고 한다.

즉 기시 내각은 안보개정을 향한 반대의 목소리를 잠재우기 위해 경찰
관 직무집행법 개악을 국회에 상정했지만 『주간명성週刊明星』을 비롯한
대중잡지까지 나서서 「데이트도 못하게 하는 경찰법」이라는 제목의 특
집호를 기획하는 등 반대여론이 거셌다. 그 결과 안은 폐기되었지만 이에
위기감을 느낀 정계와 재계는 "최근 들어 급진적인 사회개혁을 주장하는
학자, 노동자가 증가하고 있으며 저널리즘도 마찬가지"라고 비판하며 매
스컴에 대한 단속을 강화했다고 한다.

사이토에 따르면 '성혼'은 그야말로 경직법으로 눈뜨기 시작한 국민들
의 정치적 자각을 날려버리고 정치적 무관심을 유도하는 절호의 기회였기

---

65 헤이안 시대의 자유로운 성문화의 하나로, 남녀가 동침한 후 다음날 아침 남자가 여자
   집에 결혼할 마음이 있음을 알리는 편지를 보내는 것을 말함.
66 경찰관직무집행법警察官職務執行法. 1958년 10월 기시 내각이 국회에 경찰관직무집행
   법개정안을 제출하자 그에 반대한 광범한 국민운동이 벌어지고 개정안은 결국 수포로
   돌아감. 경직법의 개정취지는 제일선경찰관의 권한확대였음.
67 기시 노부스케(岸信介, 1896~1987) : 제56, 57대 내각총리대신 역임. 태평양전쟁 개전
   당시 상공대신商工大臣이었다는 이유로 전후 A급 전범 혐의로 구치소에 수감되기도 했
   으나 석방 후 정계에 복귀함. 총리대신 당시 미일안전보장조약(1960) 개정에 따른 소란
   으로 인해 사임.

때문에 축하 분위기에 찬물을 끼얹는 기사는 금기시되었다고 한다. 신문의 투고란에도 비판적인 내용은 거의 없었다. '성혼'은 황실의 사적인 일이므로 국사로 치르는 것은 헌법위반이라는 원고도 물론 채택되지 않았다.

길었던 텔레비전 방송시간

'성혼'이 텔레비전 보급의 도약대가 된 것은 잘 알려진 사실이다. 한 해 전 100만 대였던 텔레비전은 그해 4월, 마침내 200만 대를 돌파했다. 당시 흑백 텔레비전은 약 6만 엔이었는데 지금의 물가수준으로 따지면 100만 엔을 호가하는 고가의 물건이었다. 그럼에도 불구하고 '성혼' 전에 구입하려는 소비자들이 폭주하여 품절이 이어졌다. '성혼' 당일은 텔레비전이 설치된 전자상가나 식당, 대중목욕탕 앞으로 사람들이 몰려들었다, 약 1,500만 명에 이르는 일본인들이 텔레비전을 통해 '성혼' 장면을 지켜보았을 것으로 추정된다.

필자가 소속된 「여자들의 현재를 묻는 모임女たちの現在を問う会」에서 시행한 설문조사에 따르면,[68] '성혼'을 시청한 사람은 총 447명 가운데 331명으로 74퍼센트를 차지하였다. 그중 가정에서 시청한 사람은 198명(44퍼센트)이었다. 이 가운데 '성혼'을 보기 위해 일부러 텔레비전을 구입한 사람은 29명이었다(『銃後史ノート戦後編5 女たちの60年安保』). '성혼' 직

---

[68] 「여자들의 현재를 묻는 모임」에서는 「여자들의 60년 안보」라는 제목의 특집을 위해 1980년 전후의 상황을 묻는 설문조사를 실시함. 대상은 1959년 당시 15세 이상인 일본인 여성 1,122명(응답자 447인)이었고, 그중에는 '밋치 붐'과 관련된 문항도 포함되어 있음. (― 저자 주)

후 여성잡지 『부인공론』이 실시한 조사에 따르면 '성혼'을 텔레비전으로 시청한 사람은 65퍼센트였으며, 그중 자택에서 시청한 사람은 16퍼센트로 우리가 조사한 결과보다 매우 낮은 수치를 보였다(『婦人公論』, 1959年 7月号). 이러한 차이는 30년이라는 세월이 흘러 기억이 정확하지 않기 때문인 듯하다.

당시 가고시마 고시키지마甑島에서 산파 일을 하던 한 여성은 섬에 아직 텔레비전이 보급되지 않아 자위대 기지까지 보러 갔다고 회상했다.

이날은 방송국에 근무하는 사람들에게도 길었던 하루였다. 보통은 아침 7시에 시작해 밤 11시에 끝났지만, 이날은 아침 6시부터 쇼다가正田家 앞에 미치코의 출발을 담으려는 카메라 대열이 진을 치고 있었다. 민간방송의 경우 방송 종료 시간을 20분에서 50분이나 늦췄다. 게다가 퍼레이드 실황중계를 위해 각 방송사는 앞다투어 헬리콥터, 크레인 등 새로운 방법을 동원하였고 니혼테레비는 일본 사상 최초로 컬러 방송을 내보냈다. '성혼'은 그야말로 텔레비전의 하이테크화에도 중요한 도약대가 되었던 것이다.

이 하루 동안 동원된 탤런트와 문화인의 면면을 대략 열거하자면, 다카미네 히데코高峰秀子, 오카다 마리코岡田茉莉子, 이시하라 유지로石原裕次郎, 도쿠가와 무세이德川夢声, 에리 지에미江利チエミ, 유키무라 이즈미雪村いづみ, 미즈타니 요시에水谷良重, 콜롬비아 로즈コロンビア·ローズ 등으로 당대 최고 인기스타들이었다. 거기다 가부키, 호가쿠邦楽,[69] 로쿄쿠浪曲,[70] 만자이漫才[71]에서부터 클래식, 재즈, 대중가요까지 모든 예능이 총동원되었

---

69 일본의 전통적인 전통 음악, 고전음악. 대중음악과 구별을 위해 '純邦樂'이라고도 함.
70 대중 예능의 한 종류. 샤미센三味線 반주로 하며 주로 의리·인정을 노래함.

다. 비판적 성향의 작가 고다 아야幸田文도 이 대열에 합류하여 시인 사토 하치로サトーハチロー, 여배우 노조에 히토미野添ひとみ와 함께 니혼테레비에 등장하여 길거리 인터뷰에 나섰다.

이 길거리 인터뷰도 매우 수상쩍다. 당시 후쿠오카 시에 거주하던 모리베 사토코(森部聰子, 당시 22세)에 의하면 그녀는 '성혼' 당일 날 NHK의 길거리 다원 중계로 인터뷰에 응했다고 한다. 그런데 이미 그 전날 연출가의 의뢰가 있었고 당일 그가 지정한 장소에서 미리 짜준 대본대로 "황실이 국민과 가까운 존재가 되었으면 좋겠다"는 식으로 답했는데, 지금 생각해 보면 부끄러운 일이라고 회고했다.

당시 후쿠오카에서 학교에 다니던 와타나베 다카코渡辺多賀子 역시 '약혼 사진전'을 보러 갔다가 취재원의 요구대로 밋치 밴드를 한 모습으로 텔레비전 인터뷰에 응한 기억이 있다고 답했다.

그야말로 짜고 치는 고스톱이었던 것이다. 이것은 비단 후쿠오카에만 있었던 일은 아닐 것이다. 밋치 붐을 비롯해 '성혼'에 들뜬 시민들의 거리 인터뷰는 이런 식으로 조작된 부분도 상당히 많지 않았을까.

이날 미시마 유키오三島由紀夫가 작사하고 마유즈미 도시로黛敏郎[72]가 작곡한 〈축하 칸타타〉가 연주되고, NHK에 소노 아야코曽野綾子가 '앞으로의 황실'이라는 주제로 좌담회에 참석한 것은 그렇다 치더라도 이노우에 야스시井上靖가 「축 결혼」이라는 제목의 시를 발표하고, 기시다 에리코岸田衿子의 음악시音楽詩가 기시다 교코岸田今日子의 목소리를 통해 라디

---

71 두 사람이 익살스럽게 주고받는 재담. 만담.
72 마유즈미 도시로(黛敏郎, 1929~1997) : 작곡가. 20세기 일본의 클래식 음악, 현대음악
　　계를 대표하는 음악가.

오 전파를 탄 것은 조금 의외였다.

그런데 놀랍게도 이 원고를 한창 집필 중이던 1990년 4월 12일, "황후 폐하, 폐하의 아름다우신 미소가 ……"라고 읊조리는 기시다 교코의 목소리가 들려왔다. '헤이세이의 귀부인 미치코 황후'라는 니혼테레비日本テレビ 특집 프로그램에서 내레이션을 맡고 있었다. 31년 전 방송에서도 그녀는 이런 식으로 최고의 존칭어를 구사하며 낭독했을 것이다.

작가 노가미 야에코野上弥生子의 『일기日記』에 따르면, NHK는 그날 시마나카 마사코嶋中雅子와 대담에 출연해 달라고 여러 차례 설득했었다고 한다. 노가미는 4월 13일부터 개최되는 '궁중축하연'에 초대된 네 명의 여성 가운데 한 명이었기 때문이다. NHK뿐만 아니라 다른 방송사로부터도 출연 요청이 쇄도했다고 한다. 그러나 "하고 싶은 말을 숨기면서 무미건조한 대화를 나눠봤자 의미가 없을 것 같아 거절했다"고 기술하고 있다. 축하연 초대도 건강을 이유로 거절했다고 한다.

노가미 야에코와 함께 초대된 세 명의 여성은 여류문학자협회 대표 우노 지요宇野千代, 여성소년문제 대표 야마다카 시게리山高しげり, 신극계 대표 히가시야마 지에코東山千栄子이다. 노가미 야에코를 제외한 나머지 세 명은 초대에 응했다고 한다.

'밋치 붐'을 이용한 상술과 결혼 붐

지방자치단체는 물론 기업, 상점들도 이때를 노렸다는 듯 축하 분위기를 한껏 고조시켰다. 황궁이 위치한 지요다千代田구 구청은 3월 초부터 요쓰야四谷 부근에서 간다神田까지 연결되는 도로 양옆을 테니스 복장을 한 미치코와 황태자의 사진으로 장식하였고 히노마루와 오색테이프를 곁들인 결혼 축하용 장식도 빼놓지 않았다. 이외에도 주오中央, 미나토港, 오타大田 등 13개 구에서는 축하의식, 기념식수, 퍼레이드 등의 행사를 기획하였다.

도쿄시는 그날 총 다섯 대의 꽃전차를 운행했으며, 4월 16일에는 신궁외원神宮外苑에서 기시 수상을 비롯한 만여 명의 시민이 모인 가운데 '황태자 전하 결혼 축하식전'을 거행하였다.

백화점들은 연초부터 봄 기획 상품 판매에 열을 올리며, 미치코 씨가 호몬기訪問着[73] 차림으로 모교를 방문한 것을 계기로 단과대학 졸업식용 호몬기를 대대적으로 판매했는데 그 가운데에는 물가에 있는 백조에 왕관을 씌워놓은 것이나, 라켓을 늘어놓은 무늬를 넣은 것도 상품화하였다.

히나마쓰리雛祭り[74] 때에는 테니스복 차림의 '밋치 인형'을 판매하기도 하였다. 은행에서는 '성혼기념정기예금'을 모집했으며, 화과자 조합은 국화문양이 들어간 황족 차량을 본뜬 문양이나 커다란 부채모양의 정교한 화과자를 만들어 전시회를 열기도 하였다.

쇼다가가 위치한 고탄다五反田 상점가는 수은등을 새로 설치하고, 4월 6일에 풍선 퍼레이드, 8일부터 12일에 걸쳐 축하 예능대회를 개최하였다. 황태자와 미치코가 신접살림을 차린 곳과 가장 가까운 시부야도요코백화점渋谷東横百貨店은 마이니치신문사와 공동으로 '혼례풍속사전婚禮風俗史展'

---

73 메이지 시대 'visiting dress'의 일종으로 고안된 기모노. 정장 차림의 하나로 친족 이외의 결혼식, 다과회, 파티 등 화려한 행사에 주로 입음.
74 3월 3일 여자아이의 건강한 성장을 기원하는 연중행사. 인형, 떡, 복숭아 꽃 등으로 장식함.

을 개최하는 등 축하 분위기를 한껏 고조시켜 손님들을 끌어모았다.

인근의 가나가와神奈川에서도 다채로운 축하행사가 펼쳐졌다. 4월 10일 오후, 가나가와 현, 요코하마 시, 가나가와신문사 등이 공동으로 주최하는 축하음악 퍼레이드가 펼쳐졌으며 가와사키川崎 시 번화가에서도 유사한 행사가 이루어졌다.

가마쿠라鎌倉 시에는 역 앞에 높이 6미터짜리 축하 아치가 세워졌고, 쓰루가오카 하치만구鶴岡八幡宮에서는 축하제와 기념식수가 거행되었다.

이 기념식수는 전쟁 전부터 '어대전' '기원 2600년' 등 천황제의 굵직한 행사에는 빠지지 않았다. 설문 응답자 가운데 당시 야마구치山口현 중학생이던 도쿠나가 야스코德永靖子는 "같은 해 4월에 결혼한 커플 모두에게 쇼다가에서 기념수를 보냈다고 해요. 중학교 은사님도 받았다고 들었어요"라고 당시를 회고했다. 쇼다가 출신지인 군마群馬현이나 미치코 어머니의 본가인 사가佐賀현이라면 또 몰라도 야마구치 현에까지 기념수를 보냈다는 것은 전국적으로 보내졌다고 봐도 무방할 것이다.

또한 지금까지 결혼에 무관심하던 사람들이 미치코의 결혼에 자극 받아 한 때 결혼 붐이 일기도 했다. 앞서 말한 쓰루가오카 하치만구에서만 그날 총 아홉 쌍의 결혼식이 열렸는데, 4월 한 달 동안 전국에서 치러진 결혼식만 하더라도 어마어마할 것이다. 그들 모두에게 쇼다 가에서 기념수를 보냈다고 한다면 거기에 든 비용만 해도 엄청날 것이다. 숟가락 하나만 들고 오면 된다고 청혼했다던 황태자가 실제로는 트럭 3대, 2천 4백만 엔짜리 혼수를 받았다고 하니 할 말이 없다.

'방앗간 집 딸'이네 '평민'이네 하고 호들갑을 떨었지만 실제로는 평균 월급 2~3만 엔이던 당시 서민들에게 쇼다가의 재력은 그야말로 다른 세계의 이야기였던 것이다.

미치코 씨도 그랬으니 괜찮아

이러한 '밋치 붐'이나 결혼 소동을 여자들은 어떻게 받아들였을까? 필자의 경우는 그해 4월 교토에 있는 대학교에 입학했는데, 예년 같으면 4월 1일이 입학식이었을 텐데 '성혼'과 겹치는 바람에 하루 미뤄졌던 기억이 있다. 그 외에 다른 기억은 희미하지만 아마 교토 거리에서 하숙생활에 필요한 물건을 사며 보냈던 것 같다. 거리가 그토록 축하 분위기로 들떠 있었는지 딱히 기억나는 것도 없고 텔레비전을 시청한 기억도 없다. 황태자의 결혼식이라고 기뻐한 기억도 없거니와 분노를 느끼지도 않았던 것 같다. 한 마디로 무관심했다.

우리가 실시한 설문조사에서 '밋치 붐'에 대한 질문에 백지상태로 응답하지 않은 사람들도 아마 필자와 마찬가지였으리라고 생각한다. 그러나 앞서 몇 가지 사례를 소개했듯이 매우 구체적인 경험담이나 추억담을 적어서 보내 준 사람도 꽤 많았다. 그들의 기억에 기대어 여자에게 있어 '밋치 붐'의 의미를 생각해보고자 한다.

'성혼' 당일 가장 인상 깊었던 것으로 꼽은 것은 미치코 씨의 아름다운 자태였다. 그다음으로 많았던 것은 퍼레이드 도중 19세 예비교[75] 학생이 돌을 던지며 마차에 달려든 사건이었다. 그중에는 '폭한暴漢'이라는 단어

75　상급 학교(특히 대학교)의 입학시험 준비를 위한 교육 시설.

를 사용해 가며 비판한 사람도 있었다. 그런데 그녀들은 그 단어를 어디에서 듣고 기억하게 된 것일까? 그렇게 답한 여성들이 모두 『아사히신문』 구독자여서 그날 기사를 쭉 살펴보았지만 '폭한'이라는 표현은 그 어디에도 없었다. 『마이니치신문』이나 『요미우리신문』에도 없었다. 아마도 '폭한'이라든가 '흉폭'과 같은 단어를 자연스럽게 언급하게 된 데에는 1923년 12월 난바 다이스難波大助가 황태자(쇼와 천황)를 저격하려 한 사건을 떠올린 듯하다. 실제로 응답자 가운데 투석사건에서 "난바 다이스케 사건이 떠올랐습니다"라고 답한 사람도 있었다. 부정적인 의견으로는 그 소년이 신슈信州 출신인 점을 언급하며 "같은 현 출신으로서 부끄러웠다"라고 답한 여성도 있었지만, "체포하는 모습이 너무 과격해 가슴이 아팠다"라든가 "마음으로 응원을 보냈다" "소년의 장래가 걱정되었다"는 등 동정과 공감을 표한 사람이 더 많았다.

그 소년은 훗날 자신의 범행 이유를 이렇게 밝혔다. "고등학교 3학년 때, 모교가 화재로 전소되었다. 학교 재건 비용으로 4천만 엔이 필요했으나 좀처럼 모이지 않았다. 그런데 황태자와 미치코 두 사람을 위해 2억 3천만 엔이나 들여 신혼집을 신축한다는 말에 울화통이 터졌기 때문"이라고.

2억 3천만 엔이라는 거액의 세금을 들여 신축한 초호화 저택은 이듬해인 1960년에 완성되었다. 안보투쟁 데모가 격렬했던 6월 11일, 미치코와 황태자는 갓 태어난 히로노미야와 함께 그곳으로 이사했다. 그리고 소년은 정신분열자라는 낙인이 찍힌 채 2년간 보호관찰처분을 받는다. 그 후 소년은 트럭운전, 건설회사 용역, 술집, 고리대금업 등을 전전하며 녹록지 않은 삶을 이어오고 있다고 한다. 지금 50세쯤 되었을 그는 요즘 벌어지고 있는 아야노미야礼宮[76] · 기코紀子의 결혼 소동을 어떤 생각으로 지켜보고 있을까?

그러나 자신의 불우한 처지에 빗대어 불만을 표출했던 소년의 경우와 달리, 가난하기 때문에 오히려 '성혼'의 화려함에 몸을 맡겨버린 여성들도 적지 않았다.

당시 도요나카豊中 시에 거주하던 히라오카 히로코平岡弘子 씨는 당시 보모 자격증을 따기 위해 야간대학을 다녔는데 전기도 제대로 들어오지 않는 황량한 교실에서 여학생들이 '성혼' 분위기에 들떠 와자지껄 떠드는 모습을 접하고 현실과 많이 동떨어진 느낌이 들었다고 회고했다.

야마나시 현의 하시다 하마코橋田浜子 씨의 경우도 동창모임에 나갔더니 친구들이 하나같이 황태자의 결혼 이야기에 열을 올리는 모습을 보고 한심한 생각이 들었다고 한다.

그런데 문제는 가벼운 수다 정도로 끝나지 않았다는 것이다. 자신과 미치코를 동일시하여 "미치코 씨도 이러이러했잖아"라는 말을 입에 달고 사는 여성들도 생겨났다. 교토에 거주하던 당시 고등학교 1학년이었던 다카하시 사치코高橋幸子 씨는 동그란 얼굴을 가진 미치코 씨를 보며 안도감을 느꼈다고 한다. 그리고 초등학교 6학년 때 첫 생리를 했던 가와나 하쓰코川名初子 씨는 "미치코 님도 생리할 것"이라는 생각에 자기혐오감이 사라졌다고 고백했다. 이 밖에도 주위의 결혼압박에 "미치코 씨도 24세까지 결혼하지 않았잖아"라며 위안을 삼았다는 여성도 있었다. 그때만해도 여자 나이 24세면 결혼적령기를 넘긴 노처녀로 여겼기 때문이다. 황태자와 한 살밖에 차이 나지 않아 누나와 동생처럼 보인다는 말들도 많았다고 한다.

---

76 현 천황의 차남 아키시노노미야秋篠宮의 유소년기 칭호.

그중에는 미치코가 24세까지 독신으로 지낸 데에는 모종의 꿍꿍이가 있었기 때문이라는 답변도 보인다. 즉 황실과 연을 맺기 위해 일부러 혼기를 늦췄다는 것이다. 부정적인 견해는 이 정도였다.

마이니치신문사 황태자비 전담 기자였던 세키 지에코関千絵子에 의하면, 쇼다가는 황실과의 결혼에 매우 적극적이었다고 한다.

다른 한편에서는 결혼 후 미치코가 여윈 모습을 보고 "가엾다" "안됐다" 등 마치 미치코가 산제물이라도 된 양 동정을 표하는 사람들도 많았다.

'밋치 붐' 조성에 교사들도 한몫 거들었다. 당시 도쿄의 고등학생이던 사람은 선생님이 '성혼'은 역사적인 사건이니 시청 소감을 써오라는 숙제를 내주었다고 한다. 또 어떤 선생님은 "남동생도 남아 있으니 여러분도 아직 가능성 있어요"라고 말하기도 했다고 한다.

그러고 보니 필자에게도 떠오르는 장면이 있다. 1958년 11월 27일, 방과 후 상기된 모습으로 교실로 뛰어 들어온 담임선생님이 손에 높이 들고 있었던 것은 황태자의 약혼을 알리는 호외였다.

황실 중심 국가주의의 침투를 우려한 선생님들도 많았겠지만, 황실에 전혀 관심 없었는데 '미치코 씨'의 결혼으로 흥미를 갖게 했던 선생님들도 많았던 듯하다.

'황손 탄생' 축하 분위기와 안보반대 서명

황실 붐은 '성혼'에서 멈추지 않았다. 9월 초 '황태자비 회임' 소식이 알려지자 황태자비 전담 기자 대신 '출산 기자'가 대거 등장했다고 한다. 신문기자만 150명이었고 텔레비전과 라디오 기자를 더하면 400명에 가까운 기자가 동원되었다고 할 수 있다.

예정일은 1960년 3월 2일이었다. 이날을 위해 궁내청은 240만 엔을 들여 궁내청 병원 분만실을 개조했다. 심지어 분만대 상태를 점검하기 위해 젊은 산모를 동원해 출산실험을 했다고 한다.

조각가 아사쿠라 세쓰^{朝倉摂} 씨는 이 소식을 접하고 "남자와 여자가 결혼하여 여자가 아이를 낳는 것은 매우 자연스러운 일입니다. 그리고 몇 백만 엔을 들여 분만실을 개조했으니 출산에 따르는 위험은 없을 겁니다. 우리 주변에서 보는 생활고나 영양결핍으로 생사를 넘나드는 출산과는 차원이 다르겠죠"(『女性自身』, 1960.3.2)라며 국민을 안심시켰다고 한다.

이 여성지는 미치코의 출산 예정일인 3월 2일에 맞춰 특집호를 꾸몄다. 기사 내용 가운데는 "11월 27일(약혼)과 4월 10일(결혼), 3월 2일(출산)은 모두가 기억하는 기념일이 될 듯합니다. 하지만 세 번이나 계속되면 된다면 너무 심하지 않나요? (…중략…) 아무래도 3월 2일은 일본의 '반성의 날'로 삼아야겠어요"라는 성찰도 보인다.

여태껏 분위기를 선동하고 이제 와서 '반성의 날' 운운하는 것도 이상하다. 어찌 되었든 예정일보다 9일 이른 2월 23일에 출산하는 바람에 이 3월호는 '황손 탄생'으로 한껏 들뜬 분위기 속에서 발매하게 되었다. 지금 '기코 붐'을 주도하고 있는 『여성자신』에 비하면 그때가 그나마 나았다고 할 수 있다.

2월 22일 밤 11시 30분, 미치코는 준비된 분만실에 입실하였다. 다음날 조간신문은 일제히 주요기사로 일면에 보도하기 시작했다. 작가 다미야 도라히코^{田宮虎彦}는 텔레비전 방송사는 새벽 일찍부터 히로노미야가 태어날 때까지 텔레비전을 끄지 말 것을 당부하는 아나운서의 상기된 목소리가 계속되었다고 회고했다(田宮虎彦, 「皇孫誕生」, 『婦人公論』, 1960年 4月号).

당시 전국의 텔레비전 수가 '성혼'을 기점으로 200만 대에서 410만 대로 급증했으므로 몇 만이나 되는 사람이 그 장면을 시청했을 것이다.

히로노미야가 태어나기 전부터 황궁 앞에 여고생들이 운집했고 '황손' 탄생 발표와 동시에 만세 소리가 울러 퍼졌다고 한다.

출산 취재를 담당했던 이른바 '출산 기자'들은 일제히 히로노미야와 같은 시각에 태어난 다른 아기들을 취재하기 위해 병실 안을 분주히 움직였다. 교도통신 '출산 기자'였던 이타가키 마사루板垣まさる는 당시 출산 직후의 산모를 인터뷰했는데 지금 생각해 보니 당사자에게는 매우 실례되는 일이었다고 회고했다.

그날 저녁, 긴자銀座 거리에는 히노마루가 나부꼈고 백화점마다 '축 황손 탄생'이라는 현수막이 내걸렸다. 안보반대 서명이 진행되는 바로 옆에서 황손 탄생 축하 메시지를 남기도록 하는 등 시민을 동원한 다양한 행사가 전개되었다.

물론 이런 축하모드는 태어난 아이가 '아들'이었기 때문에 더욱 고조되었다. 미치코 씨의 모교인 세이신聖心여자대학 출신의 한 여성은 "프린세스 미치코가 프린스를 낳으셨다"며 미국인 학장이 상기된 얼굴로 외쳤던 장면을 떠올렸다. 만약 태어난 아이가 '프린세스'였다면 학장이 그렇게 흥분했을지 의문이다. 이 여성에 의하면 세이신여자대학은 '프린세스'를 배출했다는 것으로 화제가 되었으며 학교 측에서도 이를 매우 자랑스럽게 여겼다고 한다.

실제로 "첫째가 아들이어서 다행이다" "이제 미치코 씨도 안심이다"라며 마치 자기 일처럼 기뻐한 여성들도 많았다고 한다. 딸만 내리 넷을 낳고 다섯 번째에 겨우 아키히토를 낳은 당시 황후에 비하면 매우 운이 좋은 편이라고 기뻐한 여성도 있었다고 한다. 아마 아들을 낳아야 대접받을 수 있었던 당시 분위기에 여성들이 깊이 공감했기 때문일 것이다. 불행히도 이 가운데 여성을 단지 아들을 낳기 위한 도구로 치부하는 남녀차별을 지적하는 사람은 없었다.

또한, 자신의 아들을 직접 기르겠다는 미치코의 발언에 매스컴은 또 한 번 '새로운 황실' '황실의 민주화'라며 들썩였다. 한편 히로노미야의 명명식이 있던 2월 29일 NHK는 육해공 자위대의 군악대를 동원하여 명명식을 축하하는 행진곡을 연주했다고 한다. 노가미 야에코는 이를 두고 "이 작은 아기와 육해공을 연결하는 것은 바로 대원수의 이미지를 부활시키려고 하는 것이다. 참으로 무서운 일"(野上弥生子,『日記』, 1960.2.29)이라며 한탄하였다.

안보도 '밋치 붐' 앞에서는 무력했다

이때 국회에서는 신안 보조약의 비준을 둘러싸고 여야 간에 격렬한 논쟁이 펼쳐지고 있었다. 미이케三池에서는 1만 2천 명의 해고통지를 둘러싸고 정세는 긴박함을 더해가고 있었고, 3월에 들어서자 피로 얼룩진 투쟁이 전개되었다. 그리고 5월 19일부터 20일에 걸쳐 안보체결을 강행하여 안보 반대를 외치는 데모대의 소용돌이가 연일 국회를 떠들썩하게 하였다.

기시岸 수상이 중의원에서 안보체결을 강행한 것은 6월 19일 방일이 예정되어 있던 아이젠하워 미 대통령을 위한 선물이었으며, 또 하나의 선물로 기획한 것은 천황의 하네다 공항 마중이었다.

그러나 천황의 마중은 도쿄대생 간바 미치코樺美智子가 경찰과의 충돌로 인해 사망하는 6·15사건[77]으로 인해 실현되지 않았다. 그러나 필자는 만약 이때 천황이 국민들의 반대를 무릅쓰고 안보개정, 즉 미·일 군사동맹강화의 마지막 마무리를 위해 하네다 공항에 나가는 편이 오히려 비정치적이고 '평화와 민주주의' 분위기로 포장된 천황제가 얼마나 정치적이고 반평화적인 것인지 밝혀질 것이라 생각했다. 그래서 어리석게도 6·15 전학련全學連[78]의 국회 돌입은 잘못된 것이라고 판단하였다.

그러나 설문조사에서 필자가 생각지도 못했던 의견을 발견하였다. 물론 천황의 미 대통령 마중이 미국 중심의 세계전략에 편입된 것이라든가 전범을 면제시켜준 데 대한 감사의 표시라며 비판하는 의견도 있었지만, 그보다는 천황이 마중까지 해야 하는 굴욕을 겪고 있다며 동정하는 여론이 우세하였다.

안보도 천황제 앞에서는 통용되지 않았던 것이다. "평화를 수호하라" "민주주의를 수호하라"라는 안보투쟁의 슬로건은 '밋치 붐'으로 공고해진 '평화적, 민주적' 천황제와 아무런 모순 없이 공존할 수 있었던 것도 그 때문이다.

그렇게 보면 '밋치 붐'에 무관심했던 필자에게도 책임은 있을 것이다.

77　1960년 미일안전보장조약 개정을 둘러싸고 반대운동이 전국적으로 거세게 일어남. 6월 15일 반대운동의 선봉에 서있던 전학련全學連소속 도쿄대생 간바 미치코가 사망하는 등 크고 작은 부상자가 발생함.

78　전일본학생자치회총연합全日本學生自治會總連合의 약칭. 1948년 결성된 일본의 학생자치회의 연합조직.

'밋치 붐'은 전전 천황제에 대해 모든 국민에게 강제적으로 관심을 두도록 유도했으나, 지금은 오히려 관심을 두지 않아도 되는 새로운 천황제의 이미지를 정착시켜 가고 있다.

그런데 실은 '관심을 두지 않아도 되는 것'이 아니었음은 쇼와 천황의 서거를 계기로 드러났다. '밋치 붐' 따위는 유행을 쫓는 사람들이나 하는 짓이라 경멸하며 안보투쟁에 심취해 있던 필자도 어찌 보면 그러한 천황제를 지탱하는 사람 가운데 하나였을지 모른다.

당시 안보투쟁에 직접 참여하기도 한 중국사 연구자 이시다 요네코石田米子는, "황실 붐이 갖는 의미에 대해 별로 생각해보지 않았다. 한심하다며 혀를 차거나 중국인이나 한국인이 어떤 심정으로 이를 지켜보고 있을지 뜨겁게 치밀어 오르는 것이 있었지만, 일본의 정신사적 측면은 그다지 깊게 생각하지 않았다"고 말하고 있다.

그런데 '밋치 붐'을 중국인이나 한국인 문제와 연결해 생각한 일본인은 거의 없었을 것이다. 필자 역시 안보문제를 아시아 문제와 연관지어 생각한 일은 있어도 '밋치 붐'을 아시아의 시점에서 본 적은 없었다. 도요나카豐中에 거주하는 히라오카 히로코平岡弘子는, "천황제에 대해 친구들과 열심히 토론했던 것이 기억납니다. 저는 '상징'이라는 단어가 마음에 들지 않아 황실 사람들도 그저 국민의 한 사람일 뿐이라고 말하니 옆에 있던 재일조선인 친구가 "사형감이다"라고 하더군요. 그때는 조금 지나치다 싶었는데 지금 생각하니 그 친구의 말이 어떤 뜻이었는지 알 것 같다"고 회고했다.

당시 프리라이터였던 나쓰보리 히사오夏掘寿緒는 일본인의 개성 없는 집단적 속성을 양 떼보다 못하다고 비판하며 그때 황실을 없애고 대통령제로 바꿔야 했다고 아쉬워했다. 정말 그의 말대로 이제는 돌이킬 수 없는 것일까?

출처 :『銃後史ノート戰後編5 女たちの60年安保』, インパクト出版会, 1990.6.

개구리는 찬물에서 삶아질까? — 고도성장 이후와 가시화되는 천황제

보이지 않는 천황제

1950년대 후반, 이른바 고도성장의 시작과 함께 천황제는 새로운 모습으로 국민들 앞에 모습을 드러냈다.

고도성장으로 비약적인 발전을 이루게 되면서 젊은이들이 대거 도시로 몰려들었다. 이들은 결혼과 함께 새롭게 지어진 주택단지에서 신혼생활을 시작했다. 그곳에는 공동체 중심이던 농촌과 달리 '이에家'의 속박에서 자유로웠다. 시어머니 눈치를 살필 필요도 없으며 마음대로 나만의 공간을 디자인하고 1950~1960년대의 대표적인 3대 전자제품이라고 일컬어지는 텔레비전, 냉장고, 세탁기 등을 할부로 사들였다.

다른 한편으로는 정보화 시대의 도래로 텔레비전과 주간지 등을 통해 흘러나온 상품정보가 소비 욕구를 불러일으켰다. 또한, 대중매체가 전파하는 새로운 가정의 이미지를 통해 부부간의 사랑도 배가시켰다.

남편 입장에서도 아침부터 밤까지 농사일과 집안일에 쫓기며 며느리의 역할에 충실한 아내보다는 예쁘게 단장하고 식사를 준비하고 집에서 남편의 귀가를 기다리는 아내가 좋을 수밖에 없기 때문이다. "옆집도 샀다는데……"라는 아내의 말 한마디에 비싼 전자제품을 다소 무리해서라도 사주게 되는 것이다.

이렇게 해서 배출된 핵가족은 편리하고 깨끗하고 풍요로우며 사랑으로 가득한 마이홈을 지향하게 되었다.

마이홈주의는 자본가 측에서도 손해 볼 게 없는 장사였다. 회사에 대한 무조건적 충성이 줄어든 대신 사적인 공간에 충실하려는 경향이 강해졌으며 매달 지출되는 할부금을 갚기 위해서라도 노조를 지양하고 일에 더욱 몰두하게 되었기 때문이다. 이렇듯 핵가족의 물질적인 충만감은 대량생산과 정보시장의 확대로 이어졌으며, 가전제품의 보급으로 가사노동의 수고를 덜게 된 주부들이 값싼 파트타임으로 노동력을 제공하게 되었던 것도 자본시장의 활성화를 촉진했다.

마이홈주의는 대량생산·대량소비 문화와 정보화 사회가 결합한 형태로 자본의 주도하에 탄생한 것이다. 이러한 마이홈주의자들은 천황을 '현인신'이나 '대원수폐하'라고 경외하던 부모 세대와는 사고방식이 전혀 달랐다.

패전 직후, 부모 세대의 천황에 대한 경애심 덕에 살아남았던 천황제는 새로운 세대로 물갈이하는 1960년대에 이르자 새로운 옷을 갈아입고 그들 앞에 나섰다. 마이홈 천황제가 그것이다.

그 주역은 바로 황태자와 그 핵가족이었다. 1959년 4월, 황태자는 닛신제분 사장 쇼다 히데사부로의 장녀 쇼다 미치코와 결혼하였다. 그 화려한 결혼식 상황은 급속하게 보급된 텔레비전 전파를 타고 전국의 1,500만 국민에게 전달되었다. 이 결혼식을 계기로 텔레비전 보급이 활성화되었다고 해도 과언이 아니다. 무엇보다 황태자비가 된 쇼다 미치코에게 시선이 집중된 것은 그녀가 이제까지의 황실의 관례를 깬 평민 출신이라는 점과 연애결혼이었기 때문이다.

이들의 결혼은 해방, 사랑, 풍요로움을 내세운 마이홈주의를 가장 이상적인 형태로 실현한 것이었다. 이듬해인 1960년에는 안보투쟁의 열기가 고조되는 가운데 출생한 황손 히로노미야를 황실의 관례를 깨고 부모가 직접 키우겠다고 선언함으로써 황태자 일가의 마이홈 이미지를 완전히 정착시켰다. 이후 황태자 일가의 동향은 여성주간지의 붐을 타고 아니 오히려 그 붐을 주도해 가면서 국민들에게 세세하게 보도되었다.

여기서 천황은 황태자 일가를 따뜻한 시선으로 지켜보는 '자애로운 할아버지'의 이미지로 일선에서 물러나 있었다. 여론조사에 따르면 천황제는 전후에도 80퍼센트 이상을 유지하며 높은 지지율을 보였다. 그런데 1960년대 이후, 일가에도 가장이 필요한 것처럼 나라에도 중심이 되는 장長이 있어야 한다는 '이에제도家制度'[79]의 발상은 급격히 감소하고 천황은 있어도 되고 없어도 되는 존재라는 인식이 정착되어 갔다. 바야흐로 '보이지 않는 천황제'가 성립된 것이다.

그런데 이러한 부드러운 천황제의 이미지와는 반대로 다른 한편에서는 천황에 대한 새로운 권위화 움직임이 속속 진행되고 있었다.

정부는 쇼다 미치코가 '평민'이라는 점을 대대적으로 선전하였으나 황

---

79 1898년 제정된 민법에 의해 규정된 일본의 가족제도 호주에게 가정의 통솔권한을 부여한 제도로서 에도시대에 발달했던 무사계급의 가부장제 가족제도를 기초로 함. 그 후 여성참정권 시행과 헌법이 제정됨에 따라 1947년 민법이 대대적으로 개정됨에 따라 폐지됨.

태자비가 되자마자 훈일등보관장勳一等寶冠章을 선사했다. 황태자비가 되었으니 이제는 '평민'과 다르다는 의미에서였다.

아오모리青森시 후루카와古川 초등학교 6학년 학생들이 발행한 문집에는 이에 관한 아이들의 감상이 기록되어 있다. "무엇 때문에 훈장을 준 것일까? 단지 황태자님 부인이 되어서일까? 아무 공적도 없는데 훈장을 받다니. 나는 찬성하지 않는다"라는 비판적 의견도 보이지만 대부분의 아이들은 긍정적이다. 그 반응이 재미있다.

"멋진 훈일등. 나도 받고 싶다. 내가 황태자라면 좋을 텐데. 나도 어서 빨리 큰 부자가 되고 싶다."

"훈일등보관장은 얼마나 할까? 분명히 비싸겠지? 하지만 그런 물건을 받았다고 해도 그냥 보관해 둘 것 같아. 비싼 돈을 주고 살 거라면 좀 더 쓸모 있는 물건을 사는 게 낫지."

— 青森市古川小学校6-3文集, 「とびまる」.

전후 세대의 현실적인 사고가 드러나 있다. 이들은 황태자나 훈일등이 갖는 가치를 인정하지 않는다. 황태자가 되고 싶은 이유는 단순히 부자가 되기 위한 수단에 불과하다.

그러나 천황에 관한 현실적인 판단 역시 혼란스럽기만 하다. '상징'이라는 것은 '나라의 중심'이라는 의미일까? 아니면 단순한 '과시용'일까? 다음 두 개의 문장을 보자.

천황은 장식품이라고 생각한다. 일본이라는 나라는 탐욕스러우므로 천황이든 황태자든 치장하여 다른 나라에게 과시하려는 것이 아닐까.

결혼식 때 모든 국민들이 축하를 보내며 깃발행렬, 제등행렬 등을 한다. 사람들은 아침 일찍부터 텔레비전, 라디오, 영화 등을 통해 결혼식을 관람한다. 정부는 고가의 선물을 증정한다. 일반인의 결혼식은 이처럼 온 국민이 떠들어대지 않는다. 때문에 천황은 나라의 중심이라고 생각한다.

전자는 '과시용'이라는 주장이고, 후자는 '나라의 중심'이라는 주장이다. 이 두 가지 발언은 아이들에게 '권위'가 어떻게 만들어지는지 잘 보여준다. 천황은 '나라의 중심'이기 때문에 모두가 환호하는 것이 아니라 모두가 환호하기 때문에 '나라의 중심'이라는 역전된 회로로 천황의 '권위'를 인식하고 있는 것이다. 바꿔 말해 천황이 훌륭하기 때문에 모두 머리 숙여 인사하는 것이 아니라, 모두가 머리 숙여 인사하니까 천황은 훌륭한 것이다. 원래 '권위'라는 것은 그러한 경로를 통해 만들어지는 것이다. 전쟁 전의 천황제도 그러했다. 군관민 모두가 천황 앞에 바짝 엎드리는 것으로 천황의 권위를 한껏 드높였던 것이다.

그러나 '민주주의' 시대에는 그런 촌스러운 행보는 보이지 않는다. 고개 숙여 엎드리는 대신 많은 사람들의 입에 오르내리는 텔레비전 등의 대중매체를 통해 과장되게 어필한다. 텔레비전이나 신문에 등장하는 것만으로 이미 '권위'를 확보한 것이다. 물질만능주의에 침윤된 대중매체를 적절히 이용하고 거기에 풍요롭고 민주적이며 사랑이 가득한 마이홈 이데올로기를 포함함으로써 직접 나서지 않아도 천황은 자신의 권위를 높일 수 있었다. 앞서 언급한 아이들의 글에서 알 수 있듯이 황태자 결혼 관련 보도는 결국 천황의 권위를 높이는 것으로 이어졌다.

그런데 이러한 부드러운 천황의 이미지와 달리 1960년대에는 황실보

도 규제가 오히려 강화되었다. 황실 취재는 궁내청 기자단에 한하고 황실 관련 사진 또한 전쟁 전과 동일하게 '하사'하는 형태로 전달되었다. 그 사진들을 게재하는 데에도 세세한 요구사항이 덧붙여졌다. 그리고 '풍류몽담사건風流夢譚事件'[80] '사상의 과학사건思想の科學事件'[81] '미치코 님 연재중지 사건美智子さま連載中止事件'[82] 등과 같이 1960년대 초 잇달아 발생한 우익의 공세로 매스컴 규제가 강화되었다.

이처럼 '풍요로움'이라는 환영으로 포장한 1960년대의 '보이지 않는 천황제'의 권위는 환영의 매체인 대중매체를 통해 보다 넓고 깊게, 그리고 조용히 민중들 사이로 침투해 갔다.

이 영향으로 고도성장의 정점을 이룬 1960년대 말부터 1970년대 초에 걸쳐 이제껏 편리한 신제품 구입에 열중하던 주부들 사이에 『관혼상제입문冠婚喪祭入門』(塩月弥生子), 『시집갈 때 읽는 책おヨメに行くとき読む本』(酒井美意子), 『여자의 예의범절女の躾け方』(浜尾実)과 같은 교양서가 불티나게 팔려 나갔다.

이것은 마이홈을 이미 물건으로 가득 채운 민중들이 '풍요로움'의 이미지로 물질적인 것뿐만이 아니라 추상적인 '권위'를 욕망했음을 시사한다. "전통에 대한 애착과 의례 주의로의 경도와 상류사회의 동경"(井上輝子,「マ

---

80 『중앙공론』 1960년 12월호에 게재된 후카자와 시치로深澤七郎의 「풍류몽담」에 대해 황실을 모욕한 것이라며 우익 측이 거세게 항의함. 그 이듬해 1961년 2월 우익 소년이 중앙공론사 사장 자택을 습격하여 사장부인과 가정부에게 상해를 입히고 살해한 사건. (— 저자 주)
81 1961년 12월, 잡지 『사상의 과학』에서 '천황제' 특집호를 기획하였으나 당시 발매처였던 중앙공론사가 우익의 공격을 받아 발매 직전에 폐기처분한 사건을 이름. 언론사가 자체적으로 천황제 문제를 규제하였다는 점에서 의미가 있음. (— 저자 주)
82 1962년 『평범平凡』에 연재 중이었던 고야마 이토코小山いと子의 「미치코 님」이 궁내청의 요청으로 인해 연재가 중지된 사건. (— 저자 주)

イホーム主義のシンボルとしての皇室」,『女性と天皇』)이었던 것이다.

이런 책들은 전통과 의례 주의를 중시하는 내용을 담고 있으며 저자들이 상류층이라는 특징이 있다. 시오쓰키 야에코塩月弥生子는 다도로 유명한 우라센케裏千家[83]의 계보를 잇는 종가의 딸이었으며, 사카이 미이코酒井美意子는 전 후작 마에다 도시나리前田利為의 딸이자 전 백작 사카이 다다유키酒井忠之의 아내였다. 또 하마오 미노루浜尾実는 황태자 등의 교육을 맡았던 시종侍従으로 모두 상류층에 속한 자들이다. 일본의 상류층이란 결국 황실과 얼마나 가까운 사이인지에 따라 결정된다고 할 수 있다.

주부들이 상류층 마이홈을 지향하게 되면서 앞서 언급한 아이들의 문집에서 볼 수 있었던 고도성장 전의 현실적이고 어떤 의미에서는 건전한 황실 인식은 자취를 감추게 되었다. 황태자는 부자들과는 질적으로 다른 권위를 갖게 되었으며 '훈일등보관장'은 그 가치와 관계없이 권위 있는 존재로 자리하게 되었다.

나라 전체가 풍요로움으로 넘쳐흐르던 고도성장의 겉모습과 달리 추상적인 권위에 대한 동경이 민중들 사이에 싹트고 있었던 것이다.

가시화되는 새로운 천황제

1973년 오일쇼크 이후, 일본의 상황은 일변하여 불황과 저성장 시대로 접어들었다. 그와 함께 천황제도 변화하여 '보이지 않는 천황제'에서 '보

---

83 다도 유파 중 하나로 일본에서 가장 규모가 큼.

이는 천황제'로의 변신을 꾀하게 된다.

국제적 불황 속에서 자국의 이익만을 취하는 경제 대국 일본에 대한 비판이 고조되고, 국내에서도 지금까지처럼 어제보다는 오늘, 오늘보다는 내일이라는 '생활의 향상'을 목표로 국민을 동원했던 슬로건은 더 이상 통용되지 않았다. 이러한 국내외적 위기상황을 탈피하기 위해 지금까지 '보이지 않는 천황제'를 통해 축적해온 천황의 권위를 직접 어필해 나가기 시작했다.

우선 황실 외교를 활발하게 전개하였다. '이코노믹 애니멀Economic Animal'[84]이라는 비난으로 악화된 국제 감정을 누그러뜨리기 위해 천황을 이용해야 했으며, 국민들에게 천황의 권위를 인식시키기 위해서도 먼저 대외적으로 천황을 일본을 대표하는 국가원수로 내세워 그 국제적 성과를 선전하는 것이 상책이라고 여겼다.

1971년 천황의 유럽 방문 소식에 유럽 각지에서 천황 히로히토를 성토하는 반대집회가 열렸지만, 미디어에서는 이를 전혀 보도하지 않았다. 덴마크에서는 일본 청년들이 국제연대하에 천황에게 오물을 투척하는 작전을 전개하였으나 정작 일본 국내에서는 이를 알지 못했다.

분뇨를 콘돔에 넣어 천황에게 투척한다는 계획이었다. 비록 현지 경찰의 단속으로 성공하지는 못했지만 천황은 살해할 가치도 없으며 더럽기 짝이 없는 오물이라는 급진적인 사상을 전개하였다(「コペンハーゲン天尿組始末」, 『天皇アンソロジー 1 パルチザン伝説 コペンハーゲン天尿組始末他』).

이후 1974년 가을 미국 포드 대통령 방일, 75년 봄, 영국의 엘리자베스

---

84 국제사회에서 일본인이 경제적 이익만 추구하는 모습을 비꼬아 부르는 말. 1965년 당시 파키스탄의 부토 외상이 '아시아아프리카회의' 석상에서 처음 사용한 말이라고 하며, 처음에는 경제 대국 일본을 칭송하는 의미였지만 점차 마이너스적인 의미로 사용하게 됨.

여왕 방일, 그리고 그해 가을 미국을 방문하는 등 황실외교가 속속 전개되었다. 그때마다 호화찬란한 만찬회 모습이 텔레비전에 방영되며 천황에게 '친선외교'의 공을 돌리며 상찬하였다.

1975년 방미 후, 『아사히신문』 칼럼 코너 「덴세이진고天声人語」(1975.10.15)에 다음과 같은 내용의 글이 게재되었다.

> 방미의 하이라이트가 과연 백악관 도착 장면과 만찬회인 걸까? 텔레비전 시청률이 30퍼센트에 달했고 이 때문에 가을 개편 프로그램들이 무색해졌다는 말도 나왔다. 역시 천황은 일본 최고의 배우시다. 저 소박하고 때로는 보는 이로 하여금 조마조마하게 만드는 어색함의 극치가 오히려 자신의 선의를 정직하게 전달하도록 한다. 그 성실함이 곧 일본인 전체의 의지를 말 그대로 '상징'적으로 표현해 낸다. 확실히 거짓 없는 명배우라고 말씀드리고 싶다.

다소 '불경'스럽게 보이는 이 글은 천황의 국내외적 이용가치를 매우 정확하게 꼬집고 있다.

황실외교와 함께 매스컴의 천황에 대한 경어 사용 빈도도 점차 늘어갔다. 가장 상징적인 것은 외국 원수와 천황에 대한 '차별 경어'이다.

예컨대 엘리자베스 여왕과 천황의 궁중만찬회를 다룬 다음 기사를 보자.

> 눈썹을 조금 치켜 올린 것을 보니 여왕이 농담을 했나 보다. 그리고 방긋 웃는다. 뒤이어 천황을 향해 무언가 말을 건넨다. 천황도 유쾌한 듯 크게 웃으셨다.
>
> —『朝日新聞』, 1975.5.8.

또한, 사진을 설명하는 장면에서는 "백악관의 만찬회에서 착석하신 황후와 에스코트하는 포드 대통령"(『東京朝日新聞』, 1975.10.3)이라는 표현도 눈에 띈다.

보통 자신과 가까운 사람에게는 경어를 붙이지 않는 것이 올바른 일본어 표현이다. 그런데 일본 내 신문들은 천황에게는 경어를 붙이고 외국 원수에게는 붙이지 않는 비상식적인 수사법을 사용하고 있다. 매스컴에서 사용하는 외국 원수에 대한 경어법은, 우선 군주제인가 민주제인가로 차별하고(국왕에게는 경어를 사용하고 대통령에게는 사용하지 않는다), 군주제 중에서도 대국, 소국, 유럽 왕실, 아시아 왕실의 여하에 따라 다시 구분했다. 그리고 최고의 위치에 일본 황실을 배치하는 방식이 대부분이다(清水英夫, 「マスコミと天皇制」, 『天皇制の法社会学』 所收).

이러한 방식으로 국민들에게 직접적인 방식으로 천황의 권위 세우기에 분투하기 시작했다. 서훈敍勳, 원유회園遊會 등 다양한 식전에 천황이 출석하였고, 1975년 11월에는 '천황재위 50년 기념식전'을 대대적으로 거행하는 등 천황의 권위화를 위한 제도가 급속도로 전개되었다.

1977년 7월, 문부성은 새로운 학습지도요령을 발표해 '기미가요君が代'를 '국가國歌'로 규정하고 국경일 등에는 "국기를 게양하여 국가를 제창하게 하는 것이 바람직"하다고 천명하였다. 1979년 6월에는 '연호법元号法'을 제정하였고 1980년대에 들어서 문부성 교과서검정에서 "아동과 학생의 천황에 대한 경애심을 높이는 것이 중요"하다는 방침에 따라 천황의 '죽음'을 '몰沒'이라고 표현하도록 규제를 강화하였다.

개구리는 찬물에서 삶아질까?

그런데 여론조사를 보면 70~80년대 국민들은 천황제가 특별히 권위적이라고 인식하고 있지 않았던 듯하다. 그러기는커녕 젊은이들 사이에서는 천황에 대한 '무관심'이 더욱 고조되었다(「風化の内側に漂う柔らかい『支持』」, 『朝日ジャーナル』, 1984.5.4).

이러한 현상은 "끓는 물에 갑자기 개구리를 넣으면 개구리가 놀라서 튀어나오게 되어 있다. 그런데 찬물에 넣어 서서히 열을 가하면 개구리는 얌전하게 삶 진다"는 표현에 비유할 수 있을 것이다.

이것은 핵 공포에 익숙해져 가는 국민들에게 캐나다 물리학자가 경고한 말인데, 천황제에도 적용되는 말이라고 생각된다. 객관적으로 볼 때 분명 천황제가 강화되었는데도 불구하고 이것이 무자각, 무관심한 반응으로 나타난다면 찬물에서 삶아지는 개구리처럼 일본국민들 역시 천황제라는 구조에 너무나 익숙해져 버렸기 때문일 것이다.

그것은 1986년과 1987년의 히로노미야의 행보를 보도하는 매스컴의 변화를 통해 엿볼 수 있다.

바야흐로 히로노미야가 부쩍 늙은 천황과 미모가 퇴색한 미치코 비를 대신하여 매스컴의 새로운 황실 스타로 부상하고 있다. 특히 1986년에는 옥스퍼드 유학을 마치고 금의환향한 그가 마침내 '황태자비 간택'에 나섰다는 소식에 매스컴은 그의 일거수일투족에 눈을 떼지 못하고 하나하나 침소봉대하며 다루었다.

이를테면 가시와바라 요시에柏原芳恵 콘서트를 방문해 장미꽃을 주었다는 둥, 전람회에 갔다는 둥, 등산을 갔다는 둥, 내친 김에 차남 아야노미야

礼宮가 수염을 길렀다는 둥, 딸 노리노미야紀宮[85]가 운동회에서 춤을 췄다는 것까지 뉴스거리가 되었지만 이러한 행보는 '55년 체제' 당시 활발했던 젊은 황태자나 요시노미야義宮, 스가노미야清宮 등의 외출 패턴과 동일한 것이었다.

다른 점이라면 행보 하나하나가 기삿거리가 되지 않았던 지극히 '개인적인 일'이 지금은 매우 큰 뉴스거리로 취급되고 있으며, 거기다 과도한 경칭을 사용하여 보도되는 점이다. 이러한 '개인적인 일'에 소비되는 비용만 해도 어마어마할 것이다.

시간과 돈이 넘쳐나는 한 젊은이가 취미로 등산하는 것을 대대적으로 보도할 필요가 있을까? 그런데 황태자 히로노미야의 경우가 그러했다. 그의 취미에 과도한 경비警備를 동원했으며 민중의 자유를 제한하였다. 또한, 막대한 세금을 낭비하였다.

히로노미야의 등산 일정이 잡히면 경비를 위해 전날부터 현지 경찰인력 10여 명이 정상까지 올라가 그곳에서 대기한다. 당일은 히로노미야의 진로를 방해하지 않을 정도의 거리에서 황궁경찰 호위관 2∼3명이 대동했다. 총 20여 명의 경찰인력이 동원되었으며 40여 명의 기자들이 그 뒤를 따랐다. 또한 국유림이기 때문에 임야청林野庁 직원 및 현지 공무원도 수행했으며, 후위에는 12명의 구조대원이 뒤따랐다. 현지 경찰들은 세 차례에 걸쳐 사전에 현지답사를 한다고 한다(高橋紘,『象徵天皇制』).

이것은 작년(1986) 10월 니가타新潟현에서 등산했을 때를 예로 든 것인데 그의 취미활동에 이처럼 대대적인 인력이 동원된 것이다. 국민의 세금

---

85 구로다 사야코(黒田清子, 1969∼) : 현 천황 아키히토의 2남 1녀 중 막내딸. 2005년 도청 공무원 구로다 씨와 결혼과 동시에 황족신분 박탈.

이 도대체 얼마나 사용되었을까? 세금 낭비는 생각지도 않고 히로노미야는 일본 100개의 명산을 답파해보고 싶다고 한다. 그리고 1987년 현재 이미 30여 곳의 명산을 답파했다고 한다.

히로노미야 뿐만 아니라 사진과 함께 보도된 천황 일족의 다양한 취미 도락활동의 배후에는 이러한 과잉 경비로 인한 많은 세금이 헛되게 낭비되고 있다. 교통을 통제하여 국민들의 자유를 제한하고 과잉 경비로 인한 인권침해가 버젓이 행해지고 있는 것이다.

그럼에도 불구하고 매스컴은 극도의 경어를 사용해 보도하고 대부분의 국민들은 아무런 위화감도 없이 대충 넘어가고 있다. 이러한 일련의 일들은 천황가의 사적인 행보인 것처럼 보이지만 실은 천황가의 위상을 높여주는 꼴이 되고 있다. 그리고 민중들은 찬물에서 서서히 삶아지는 개구리처럼 세뇌당하고 있다.

평범한 젊은이들과 달리 히로노미야나 아야노미야의 사적인 행동 하나하나가 빠짐없이 뉴스가 되고 있는 것은 그들이 천황의 자손이기 때문이다. 전람회에 갔다거나, 수염을 기른다거나 하는 지극히 개인적인 일을 대대적으로 보도하는 것은 대중매체가 천황의 권위에 굴복한 좋은 예다. 그리고 거기서 끝나지 않고 그것을 국민들에게 강제하고 있는 것이다.

그런데 최근 히로노미야에 대한 보도는 이미 그 도를 넘어섰다. 1987년 신문에 보도된 히로노미야 관련 기사를 정리하면 다음과 같다.

2월 19일 : 나가노 현에서 열린 동계국체스키대회 개회식 출석

3월 6일 : 네팔·부탄·인도 삼국방문을 앞두고 기자회견

3월 10일 : 삼국방문여행 출발. 도중 11일 태국에 들러 태국 황족 방문.

25일까지 삼국순방

4월 29일 : 니혼바시日本橋 다카시마야高島屋에서 네팔 등 삼국방문 사진전 개최

5월 24일 : 유카이俊友會 관현악단 정기연주회에서 비올라 솔로연주(황족 최초)

7월 8일 : 미카사노미야 다카히토三笠宮寬仁와 함께 일본산악회 회원으로

　　　　　추대됨(황족 최초)

7월 9일 : 라파엘전과 옥스퍼드전 참관 (신주쿠 이세탄미술관)

7월 11일 : 비행청소년 갱생을 위한 BBS 운동대회[86]에 출석(일본청년관)

7월 25일 : 〈국제 청년촌 87〉 개촌식 출석 (오사카 국제호텔)

8월 4일 : 일본학술회의 수자원 심포지엄에서 학술 강연

8월 10일 : 남 알프스 등산, 13일 귀경

9월 19일 : 오키나와에서 개최된 가이호海邦국체하계대회 개회식 출석

11월 중 : 서독 방문

이상의 히로노미야의 행보를 통해 알 수 있는 것은 '국제친선'을 위한 공식행사, 즉 황실외교가 눈에 띄게 증가한 것과 사적인 일에 과도하게 권위를 부여하고 있는 점이다. 특히 후자는 천황제 강화 움직임이 새로운 단계로 돌입했음을 시사한다.

등산, 사진, 비올라와 같이 개인적인 취미가 일본산악회 회원, 독주회, 사진전 등을 통해 매우 권위적인 행사로 연출되고 있다.

이것은 '문화'에 의한 천황제의 권위부여가 노골적으로 이루어지기 시작했다는 것을 의미한다. 거꾸로 말하면 천황제에 의한 문화 지배 혹은 수탈이 개시되었음을 의미한다.

---

86 20세기 초 미국에서 시작된 청소년 선도운동.

실제로 히로노미야의 아버지는 학습원學習院대학 재학 중이던 1953년, 영국의 엘리자베스여왕 대관식에 참석하는 등 잦은 결석으로 진급하지 못했던 사례가 있다. 이것은 지극히 당연한 일이다. 어떤 의미에서는 당시 학습원 교수들이 지금보다 훨씬 건전했다고 할 수 있을 것이다.

예술적으로 뛰어나다거나 학문적 가치가 있는 것과 별개로 단지 황족이기 때문에 쉽게 사진전을 개최하고 연주회, 강연회를 열 수 있다는 것은 분명히 천황제에 의한 '문화' 수탈이다.

천황제의 정치력이라는 것은 곧 문화지배력이다. 일본 역사에서 천황이 직접 정치에 관여하던 시절은 극히 짧았으나, 그럼에도 불구하고 정치적인 영향력을 계속해서 발휘할 수 있었던 것은 바로 이 문화지배력 때문이었다.

천황제가 일본문화를 지배했다는 것은 곧 일본국민의 정신과 감성이 천황에 의해 통합·지배되었음을 의미한다. 무엇이 바른 것이며 무엇이 아름다운 것인지 진선미의 기준이 천황에 의해 좌우된다는 것이다. 이렇게 천황제는 '문화'라는 가면을 쓰고 막대한 정치력을 국민들에게 휘둘렀던 것이다.

현재 히로노미야의 이와 같은 행보는 더욱 가속화되고 있다.

출처:「民衆意識における天皇制·国家」と「カエルは水から煮られるか」.

천황 재위 60년[87] — 10만 엔짜리 금화와 황태자의 팬티

여성과 천왕성天王星?

얼마 전 간사이關西 지방에 사는 친구에게서 재미있는 이야기를 들었다. 그는 우연히 어느 도서목록에서 필자의 책『여성과 천황제』(『女性と天皇制』, 思想の科學社, 1979)를 발견하고 오사카에 있는 서점에 재고가 있는지 문의하자 서점 측 직원이 "별자리 운세에 관한 책인가요?"라고 되묻더라는 것이다. 재미있는 일이 아닐 수 없다. 혹시 그녀는 물병자리가 아닐까? 천황제天皇制와 천왕성天王星은 일본어로 읽으면 둘 다 '덴노세이'로 발음되니 별생각 없이 별자리에 관한 책이라 단정한 모양이다. 마침 필자가 여성지에 게재된 황실보도를 주의 깊게 살펴보던 중이어서 그 에피소드가 더 와 닿았는지 모르겠다. 각종 여성지에 빠짐없이 등장하는 것이 바로 이 별자리 운세와 혈액형에 따른 성격유형이다. 예컨대『여성자신』의 이번 주 별자리 운세에 의하면, 물병자리(1월 21일 ~2월 18일생)의 주성主星은 천왕성인 모양이다. "사고가 잦은 화성, 사랑의 금성도 어둡다. 주성의 천왕성이나 희망의 태양, 수성이 길조. 즐거운 일이 사라지고 두뇌를 쓰는 일은 빛을 발하는 운. 연상과의 애정운은 별로"라는 내용이 기

---

87 1986년은 1926년 12월 25일 쇼와 천황의 즉위로 쇼와 시대가 시작된 지 60년 되는 해다. 이를 기념하여 '재위60년 기념식전'이 기획되었는데, 그 일정을 천황이 즉위한 12월도 아니고 1928년 즉위대례가 이루어진 11월도 아닌 천황이 태어난 4월 29일에 맞추었던 것은 정치적 의도가 다분함. 이는 당시 1986년 7월 참의원선거에 맞춰 중의원을 해산하고 중의원참의원 동시 선거를 꾀하고 철저히 준비된 나카소네 야스히로 내각의 정치적 쇼라 할 수 있음.

술되어 있다. 이렇게 보니 별자리 운세도 꽤나 복잡하다.

그 밖에 금주의 별자리 운세를 내용으로 하는 「운세 극화運勢劇畫」이라는 연재만화도 게재하고 있었다. 젊은 여성들이라면 환호할만한 내용이다. 여성잡지뿐만 아니라 요즘은 샐러리맨들을 겨냥한 신문사계열 주간지에도 운세를 보는 코너가 마련되어 있다. 일억이 넘는 일본인들이 모두 점을 좋아하는 것일까?

여성 주간지의 황실보도—어제와 오늘

어찌 되었든 이들 여성잡지의 발행 부수는 어마어마하다. 『non-no』 120만 부, 『여성자신』 90만 부, 뒤를 이어 70만 부, 60만 부, 40만 부를 넘나드는 여성지들이 줄을 잇는다. 이처럼 어마어마한 양의 여성지가 매주 발행되고 있는 것이다. 이외에도 격주, 보름, 월 단위로 나오는 잡지까지 합산하면 매달 2천에서 3천만 부가 발매되고 있다는 계산이 나온다. 더구나 이들 여성지는 은행이나 미용실 등 여성들의 출입이 빈번한 곳에 반드시 비치되어 있으니 독자 수는 그보다 훨씬 많을 것이다. 이들은 천왕성은 알고 있어도 천황제는 알지 못할 것이다. 그러나 '천황님'이나 '천황폐하'라면 알 것이다. '히로노미야 님'이라면 더더욱 잘 알고 있을 것이다. 왜냐하면, 여성지에 늘 그들의 동정이 보고되고 있으니 말이다.

흥미로운 것은 『SAY』, 『LEE』, 『Can Can』, 『ViVi』 등과 같이 영문으로 표기된 잡지보다 『여성자신』이나 『주간여성』과 같이 나이 든 느낌의 잡지에 황실기사가 집중되어 있다는 점이다. 특히 『여성자신』에는 「황실

연재」라는 별도의 코너가 마련되어 있을 정도다. 작년 1986년에는 쇼와 60년을 기념하여 1월부터「맨 얼굴의 황후님」,「미치코 님의 아름다움의 비밀」이라는 제목의 기사가 실렸고 이어서 금년(1987) 2월부터는「히로노미야 님의 결혼의 길」이라는 제목의 글이 오랫동안 연재되었다. 올해는 특히 천황 재위 60년 기념, 황태자의 장남 히로노미야의 결혼문제, 다이애나비의 방일을 계기로 황실외교가 활성화되면서 황실보도는 더욱 확대되어 갔다.

『여성자신』이나『주간여성』의 경우, 50년대 말 '밋치 붐'과 함께 탄생해 이에 힘입어 성장을 거듭하고 있으니 황실보도를 멈추지 않을 것이라고 안이하게 생각해서는 안 된다.

최근 이 두 잡지의 히로노미야 신붓감 찾기에 대한 과열된 보도 양상은 이미 그 도를 넘어서고 있기 때문이다. 필자는 이에 착안하여 과거에는 어떠했는지 비교해 보기로 했다. 그 결과 20여 년이 흐른 지금의 천황제가 예전에 비해 훨씬 과열된 양상을 보이고 있는 정황을 포착했다. 지금에 비하면 당시 황실보도는 매우 미미했다. '밋치 붐'이 일었다고 하지만 지금과 비교하면 붐이라는 단어를 사용하기도 무색할 정도다.

우선 보도 횟수가 압도적으로 적었다.『주간여성』이 창간되던 1957년 2월은 황태자의 약혼발표(1958.2.27)를 앞두고 있었던 시기이므로 그야말로 황태자의 신붓감 찾기가 한창일 때였다. 그럼에도 지금처럼 매주 등장하는 것이 아니라 기껏해야 한 달에 한 번 나올까 말까했다. 시기적으로 황태자비에 대한 보도규제(1958.7)가 있었기 때문에 당연한 일이겠지만 규제가 있기 전에도 지금처럼 과열된 양상은 찾아볼 수 없었다.『여성자신』은 1958년 12월호가 창간호이므로 실질적으로는 황태자비가 결정된 직후

'밋치 붐'과 함께 태동했다고 할 수 있다. 1959년 4월 10일 결혼식이 있기까지 황실 관련 기사는 9건밖에 없다.

이러한 양적인 부분과 함께 눈에 띄는 것은 질적인 부분이다. 특히 지금과 확연히 다른 경어법이 문제다.

기상벨은 아침 7시 30분에 울린다. 아침에 취약한 그에게 7시 30분은 아직 졸리운 시간이지만 눈을 비비며 일어났다. (…중략…) 술은 대학 때부터 마셔 왔으므로 조금 하는 편이다. 그는 아무렇지 않게 잔을 비웠다.

처음 맡게 되신 공직이라 조금은 긴장한 미야 님, "조류연구보호를 위해 조금이나마 도움이 된다면"이라고 포부를 밝히시기도. 이어지는 파티에서는 긴장을 놓으시고 술을 드시는 모습도.

첫 번째 글은 1954년 4월 10일호 『여성자신』에 실린 「요시노미야義宮, 즐거운 프린스」라는 제목의 기사 가운데 일부이다. 여기서 '그'라고 칭한 사람은 물론 천황(쇼와 천황)의 차남 요시노미야이다. 당시 그는 23세로 황태자에 이은 두 번째 황위 계승자였지만 '그' '요시노미야'라고 부르는 등 경어 사용은 전혀 보이지 않았다.

두 번째 글은 1986년 6월 24일호 『여성자신』에 황태자의 차남인 아야노미야礼宮가 야마시나조류연구소山階鳥類研究所 총재로 취임하게 되었음을 보도하는 문구다. 황위 계승 순위는 황태자, 히로노미야浩宮에 이어 세 번째 순위이지만 매우 공손한 경어를 사용하고 있다.

천황, 황후, 황태자에 대해서는 예전부터 경어를 사용해 왔다. 그런데 그 내용은 지금 시선에서 보면 매우 '불경'하다.

팬티는 밑단 부분을 고무밴드로 고정하도록 했으나 이것은 고도의 기술을 요하는 것으로 주문받은 어떤 가게는 반년이 지나도록 (황태자의) 마음에 드시는 것을 만들지 못하였고

초콜릿을 매우 좋아하는 천황님은 상점에서 판매하는 가장 커다란 초콜릿을 포장을 벗기자마자 와작와작 집어 삼키는데

위의 두 문장은 『주간여성』(1958.1.5)에 실린 「올해 신수가 훤해진 일본 최고의 신랑―황태자의 모든 것」이라는 타이틀의 기사다. 팬티 이야기는 황태자가 팬티까지 특별 주문하는 멋쟁이라고 말하고 있으나, 밑단을 고무밴드로 여민 팬티라니 취향이 독특하다. 당시는 지금처럼 편한 팬티가 없었을 것이라며 키득거릴 여성독자들의 모습을 상상하기 어렵지 않을 것이다. 물론 요즘은 팬티는 물론이고 황실가의 속옷 이야기를 다룬 기사는 찾아보기 어렵다. 천황이 커다란 초콜릿을 와작와작 집어삼킨다는 표현도 마찬가지다. 천황을 비롯한 황실가 모든 이에게 경어를 사용한다. 그런데 유독 영국 황실에 대해서는 예전과 마찬가지로 경어법을 무시한 표현을 종종 구사한다. 다이애나비의 아름다움을 찬양하는 한편, 스커트가 바람에 날려 속옷이 보인다거나 찰스 황태자가 다이애나비의 깊게 패인 옷 사이로 가슴골을 들여다보는 사진을 싣는다거나 하여 주로 홍미 위주의 기사를 제공하고 있다. 영국 황실에 대한 보도는 이렇듯 일본 황실에 비해 매우 저급했다.

성황리에 마친 '천황 재위 60년'－10만 엔 금화와 황태자의 팬티

황족은 항상 단정하고 아름다운 모습을 갖춰야 하며 배려심이 있어야 한다. 게다가 요즘은 팬티도 입지 않으며 배설도 하지 않는 것처럼 보도한다. 본질적으로는 전전의 '현인신'으로 추앙하던 시절과 매우 유사하다. 실제로 쇼와 10년대 아이들 중에는 '천황 폐하'는 화장실도 가지 않으며, 화장실을 간다 하더라도 금으로 된 용변을 본다고 믿었다고 한다. 아마도 아이들에게 천황은 평범한 사람이 아닌 매우 특별한 사람이라는 인식을 심어 주었기 때문일 것이다.

이처럼 황실보도가 전전으로 회귀하는 현상은 비단 오늘날만의 문제는 아니다. 매스컴의 황실 보도에 관한 자주적인 규제는 '밋치 붐' 직후부터 시작되었다. 그렇지만 전전과 같이 맹목적으로 천황을 숭배하고 신성시하는 것과는 차원이 다르다. 여성지에 실린 황실기사 역시 연예인의 결혼기사나 임신, 출산 기사와 같이 한 번 읽고 버려지는 다분히 흥미 위주의 기사이기 때문이다.

1986년에는 '천황 재위 60년' 행사가 관민을 동원해 거행되었다. '일본을 지키는 국민회의日本を守る国民会議'[88] 등 민간단체가 주도하는 봉축행사가 이미 1년 전부터 행해졌으며, 정부가 주관하는 봉축식전은 4월 29일의 천황탄생일에 맞춰 6천 명이 모인 가운데 거행되었다. 이와 별도로 같은 날 8만 1천여 명이 황궁 참하를 위해 몰려들었다. 또한 11월 10일에는 히로히토 즉위를 기념하는 봉축 퍼레이드가 예정되어 있었다. 이 밖에

---

[88] 1981년 발족. 보수성향의 문화인, 각종 단체 및 구 일본군관계자 등을 중심으로 구성된 보수주의계통의 정치언론단체.

도 교토를 비롯한 전국 각 지방자치단체에서는 별도로 봉축행사를 하도록 하였다.

이것은 일본 역사상 처음 있는 일이었다. 단명하였던 아버지와 달리 현 천황은 장수하고 있으며, 천황의 자리에 오른 이래 적극적인 형태로든 소극적인 형태로든 국민들은 천황의 권위를 인정하고 그 권위를 더욱 강화하려는 정치적 움직임을 보이고 있다. 이러한 모든 것들이 맞물려 '천황 재위 60년' 축하 이벤트가 가능했을 것이다. 이를 기념하여 10만 엔 기념금화를 발행한 것도 역사상 처음 있는 일이었다.

10월 하순에 있었던 기념 금화 추첨일은 예상대로 커다란 혼잡을 이뤘다. 필자가 사는 곳 주변 은행이나 우체국에서도 아침 8시 무렵부터 추첨권을 받으려는 사람들로 북새통을 이루었다.

어쩐지 이들은 '천황 재위 60년'보다는 '금화'에 더 관심이 있는 듯 보였다. 마찬가지로 '천황 재위 60년' 봉축행사를 통해 천황에 대한 국민들의 인식이 크게 변한 것 같지도 않다. 그렇다면 이러한 행사들은 주최 측의 의도와 달리 실패로 끝난 것일까? 그렇지는 않다. 매우 성공리에 마쳤다고 할 수 있다. 이러한 일련의 행사들이 천황제를 강화하기 위한 도약대였음은 분명하지만, 전전과 같이 천황을 신성시한다거나 천황제를 부활시키려는 정치적인 의도가 전제가 되었던 것은 아니기 때문이다.

그보다는 천황의 '권위'를 무의식중에 받아들이는 것, 그리고 특별히 의식하지 않아도 그 권위 강화를 지탱해 주는 것이 목적이었다.

흥미 위주의 황실보도나 기념 금화 발매 등은 이러한 목적에 정확히 부합하는 것들이었다. 『여성자신』이나 『주간여성』을 구독하는 독자들이 매호 극도의 경어를 사용하여 화려하게 포장한 황실보도를 보고도 아무런 위화감을 느끼지 않는다면 이것은 이미 천황의 권위에 세뇌된 것이리라. 연일 매스컴에서 크게 다뤄지고 있는 것만으로도 일반 사람들에게는 '권위'이자 '영웅'인 것이다.

범죄나 사건 연루자가 아닌 다음에야 보통사람의 경우에는 매스컴에 출연하는 것만으로도 화제가 된다. 얼마 전 필자의 고등학교 동창 중 하나가 요리 프로그램에 출연한 일로 동창생들 사이에서 큰 박수갈채를 받았던 일이 있었다. 학창시절에는 비록 주목을 받지 못했지만 어려운 수행 과정을 이겨내고 요리사가 되기까지는 실력이나 인간적인 면모를 인정받았기 때문일 것이다. 그러나 매스컴에 등장하는 황실가 사람들은 그런 개인적인 매력이나 능력과는 상관이 없다.

그들은 개인적으로 볼 때 특별히 내세울 것 없는 젊은이다. 등산을 한다거나 전람회에 간다거나 운동회에서 장기자랑 한 일까지 하나하나가 보도되는 것은 단지 그들이 천황의 손자, 손녀이기 때문이다. 천황의 손자, 친족이라는 이유로 별 흥미로울 것도 없는 사람들의 일상이 대대적으로 보도되고 있는 것이다. 게다가 최고의 경어까지 사용해가면서 말이다. 그런 것을 독자가 당연하게 받아들이면 그것은 천황의 권위를 무의식으로 받아들이고 있기 때문이다.

황실 관련 기사들이 인기 연예인들의 가십성 기사처럼 가볍게 읽고 지나친다 해도 상관없다. 황실을 화제로 삼을 때 무의식중에 경어가 입에서 나오게 된다면 천황의 권위는 확대재생산 하게 되는 것이다.

'천황 재위 60년' 기념 금화 열풍도 마찬가지다. 이는 매우 신중하게 계획한 성과라고 할 수 있다. 기념 금화 금액 결정에서부터 디자인, 발매 방법 등을 신중하게 검토하는 것은 물론, 디자인 면에서도 심의회를 결성하

여 수차례의 회의 끝에 히라야마 이쿠오平山郁夫 화백이 제작하기로 결정되었다. 물과 비둘기를 그려 넣은 다소 추상적인 디자인이다. 애초 천황의 얼굴을 새기자는 대장성大蔵省의 발안에 궁내청宮内庁과 '일본을 지키는 국민회의日本を守る国民会議' 측이 제동을 걸어 반대한 이유는 천황의 얼굴이 국민의 손때로 더럽혀지거나 굴러다니거나 하면 송구스럽다는 이유에서였다. 이러한 사태를 피하고자 10만 엔이라는 고가의 금액으로 결정한 것이다. 그래도 여전히 걱정이 많았나 보다.

천만이라는 발매 수와 추첨이라는 번거로운 절차 역시 혹시라도 팔고 남으면 송구스럽기 때문이라는 배려에서였다. 원래 발매처였던 대장성 역시 지난해 여름 G5[89] 이후 엔고 현상, 무역흑자를 감소시키고 재정적자를 보충하기 위한 절호의 기회였기 때문에 더 많이 발행하고 싶었겠지만, 희소가치를 높여 천황의 권위를 강화하는 쪽으로 가닥을 잡은 것이다. 그리고 예상대로 국민들의 폭발적인 관심을 불러일으켰다. 추첨권을 구하러 몰려든 사람들의 관심은 온통 10만 엔짜리 금화 쪽에 있었다고 해도 과언이 아니었다. 예상대로 '천황 재위 60년'은 찬란한 황금빛을 발하며 '황금만능주의 일본'의 품 안으로 파고들었던 것이다. 물론 1억 2천만 국민 가운데 이 행사에 관심이 없거나 반대하는 사람들도 있었다. 전쟁 시기에 청년기를 보낸 사람들 가운데는 천황 재위 60년 가운데 전쟁 전 20년을 비판하는 사람도 있었으며, 재위 60년을 한결같이 비판하는 사람들도 많다. 그러나 매스컴은 비판의 소리를 반영하지 않았다. 금화 열풍 앞에서 그러한 말을 꺼내는 것조차 부담스러운 상황이었다. 천황의 전쟁책

---

89 선진 5개국 재무장관 및 중앙은행총재회의. 1975년 주요국정상회담 발족 당시 참가국
   가운데 미국, 영국, 독일, 프랑스, 일본이 참가.

임을 묻는다거나 상징 천황제 반대의 움직임을 보이는 것은 더더구나 안
될 일이었다.

물론 지금은 전쟁 전과 달리 이러한 말을 했다고 해서 불경죄로 연행되
지는 않는다. 그러나 천황제를 반대하는 집회나 대모 등의 규제가 강화되
는 등, 보이지 않는 압박은 더욱 거세졌다.

전쟁 전 망령이 스멀스멀 땅 속에서 이끌려 나온 것도 '천황 재위 60년'의 결과
이리라. 1985년 11월 '일본을 지키는 국민회의'가 주최하는 '천황 폐하 재
위 60년 축하 국민모임'에서 사이타마埼玉대학 조교수 하세가와 마치코長
谷川三千子는, 전국의 여성을 대표하여 다음과 같은 천황 찬미를 노래했다.

어머니라는 존재는 늘 아이를 걱정하는 존재입니다. (…중략…) 이러한 어
머니의 존재와 같이 헤아릴 수 없이 깊은 마음으로 우리 국민 한 사람 한 사람
을 진심으로 걱정해 주시는 분이 계십니다. 그분은 바로 천황 폐하이십니다.

천황이 국민을 생각하는 마음인 '대어심大御心'을 모성에 빗대어 표현
한 천황찬가이다. 이 책의 첫 부분 「여성과 천황제」에서 문제로 삼았던
것은 '어머니 천황제'였다. 그것이 지금 1946년에 태어나 전쟁체험이 없
는 여성에 의해 재현되고 있는 것이다.

이와 유사한 맥락에서 생각해 봐야 할 또 다른 문제가 있다. 1986년 10
월 24일, 메이지기념관에서 '만주철도 창업 80주년'이 대대적으로 거행되
었다. 남만주철도주식회사南滿洲鐵道株式會社,[90] 통칭 만철滿鐵이 사업을 개

---

[90] 러일전쟁 후인 1906년 설립되어 1945년 종전終戰까지 만주국에 존재한 주식회사. 철도
　　사업을 중심으로 했으나 광범위하게 사업을 확장하여 만주경영의 중핵을 담당함.

시한 것은 1906년 11월로 1986년 현재 80주년이 되었다. 그런데 이 회사는 지금 존속하지 않는다. 보통 창업기념이라 함은 어떠한 모습이든 그 회사가 존속할 경우에 해당하는 것이 아닌가? 이 만철은 이미 41년 전 일본의 패전과 함께 사라졌음에도 불구하고 '창업 80주년'을 기념하고 기록영화 「만철」까지 제작되었다. 이 영화는 오로지 만철의 위업을 찬양하며 대륙개발에 진력한 만철 직원의 노고를 치하한다. 게다가 제작 책임자인 만철회滿鐵會 사무국장에 의하면, 영화제작의 의도는 단순히 과거 만철의 영광을 기록으로 남기는 목적 외에도 그 대외경영의 노하우를 전수하기 위해서라고 한다. 이들 망령의 부활은 침략정책의 대외적인 부활인 것이다.

천황제나 천왕성이나

'천황 재위 60년'은 천황숭배를 국민들에게 널리 인식시키는 결정적인 계기가 되었다고는 할 수 없으나, 천황의 권위를 보이지 않는 공기처럼 전파시키는 데에는 성공했다고 할 수 있다.

천황제에 관심이 없다던 사람들도 주간지를 펼쳐 황실기사에 시선을 고정하고 또 다른 페이지를 넘겨 오늘의 운세를 재미삼아 보는 사람들, 그리고 사상 초유의 기념 금화를 발행한다고 소식에 일단 줄을 서고 보자는 식의 행동들이 그것이다. 이렇듯 두루뭉술한 국민들의 인식 덕분에 천황제는 착실히 점수를 따고 있다. 아마도 점보기 좋아하는 1억 인구와 천황제의 강화는 불가분의 관계일 듯하다. 타인을 관계성 안에서 이해하기보다 혈액형이나 별자리 운세로 간단하게 판단해 버리고 자신의 행동에 관한 책임 또한 천왕성이나 수성 등 별자리 운세 탓으로 돌려 버린다. 이러한 사고방식을 가진 자들이나 드러내 놓고 '천황폐하 만세'를 외치는 사람들이나 종이 한 장 차이에 불과하다.

출처 :「フワフワとした意識」,『思想の科学』, 1986.12.

'쇼와'의 종언―천황 폐하님도 기뻐하시리라

우산을 받쳐 든 사람들의 행렬이 다시 이어졌다.

1989년 2월 24일 쇼와 천황이 세상을 떠난 날, 거리에는 57만 명이 운집했다고 한다. 그 차가운 빗속에 57만 명이나 모였음에도 불구하고 예상한 인원의 반밖에 안 된다고 한다.

1927년 다이쇼 천황의 장례식에 모인 인파가 무려 150만이었다고 하니 그에 비하면 턱없이 부족하긴 하다. 그런데 텔레비전 각 방송국이 천황의 장례식에 맞춰 특별 편성한 프로그램 시청률이 60퍼센트 이상이라는 점을 상기하면 더 많은 사람들이 쇼와 천황의 장례식을 지켜봤을 터이다. 차가운 빗속을 뚫고 신주쿠교엔新宿御苑에 운집한 164여 개국 대표들을 텔레비전으로 보고 있자니 '경제 대국' 일본의 '위엄'을 실감케 한다. 마치 50년 전 슬로건 '팔굉일우八紘一宇'[91]가 눈앞에 펼쳐지는 듯했다. 이

---

91 온 세상이 하나의 집안이라는 뜻으로, 일본이 침략 전쟁을 합리화하기 위하여 내건 구호

에 대해 나치의 전쟁책임을 준엄하게 심판 중인 독일의 신문은 다음과 같이 비판했다.

이 지적에서 더 나아가면 돈으로 매수하는데 국민도 일조한 공범자라고 할 수 있다. 이날을 위해서 98억이라는 어마어마한 세금이 사용되었지만 이를 비판하는 목소리는 없었다. 98억이라는 돈은 연평균 수입이 4백만 엔인 일본국민이 2천 5백 년을 부지런히 일해야 벌 수 있는 돈이다. 이에 흥분한 필자의 모습이 무색하게 신주쿠 고급주택 주변에 위치한 도에이都營아파트에 거주하는 86세 독신 할머니는 이렇게 가볍게 응대한다. "98억은 푼돈에 불과해. 이 근처는 모두 억 단위 맨션이라우. 몇천억이 아니면 국민들은 눈 하나 꿈쩍 안 할걸. 하여튼 일본 좌익들은 간이 작아 못쓴다니까"라고.

'황금만능주의'라는 병에 걸려버린 경제 대국 일본국민들에게는 이 정도의 비용으로 금세기 최대의 이벤트를 개최하는 것쯤이야 아무것도 아니라는 식이다.

어찌 되었든 그날은 정말 추웠다.

그날은 천황의 장례식으로 우리 집에서는 천황의 장례식으로 주유소가 문을 열지 않은 바람에 난로에 등유를 넣지 못해 가족 모두가 덜덜 떨며 보냈다. 그 일을 생각하니 히로히토에 대한 증오가 더욱 골수에 사무친다.

그런데 등유를 구하러 이리저리 다니다 우연히 '자숙' 풍경을 목격하게 되었다.

상점가는 모두 셔터가 내려져 있었고 사람의 그림자는 찾아볼 수 없었다. 1월 7일 사망 당일에는 알록달록 화려한 색의 꽃이 즐비하던 꽃집도, 싱싱한 갖가지 과일로 손님을 유혹하던 과일가게도, 빵집도 차가운 회색 셔터가 내려져 있었다. 거리는 온통 검은색과 회색으로 도배되어 있는 듯했다. 그런데 과연 셔터를 내리고 장사를 접었던 것이 모두 애도하는 마음에서였을까? 저녁 무렵이 되어 간신히 반쯤 셔터를 올린 술집에서 등유를 얻어 올 수 있었다.

술집 여주인은 "우리 집에 천황 폐하와 같은 연배의 할머니가 계세요. 오늘도 가게 문을 열면 안 된다고 하셨는데 정오 묵도가 끝났으니 이제 열어도 된다고, 천황 폐하도 그편을 기뻐하신다고 간신히 설득했네요"라고 웃으며 말했다.

조기를 게양한 지방 자치단체의 시설에서 노래와 춤을 즐기는 사람들도 있었다. 도쿄 세타가야世田谷에 위치한 노인복지센터에서는 당일 휴관하기로 했으나 주민들의 항의로 급히 개관을 결정했다고 한다. 여느 때처럼 문을 열자 남녀 노인들이 하나 둘 찾았다. 이날은 개관과 함께 선창하는 '세타가야 노래'도 자숙하는 차원에서 부르지 않기로 했다. 그런데 인기가 높았던 노래방 시설은 '가무음곡자숙歌舞音曲自肅'이라는 경고에도 불구하고 평소대로 마이크 쟁탈전이 벌어졌다고 한다. 자숙은커녕 평소보다 열기가 한층 고조되었다고 한다. "천황 폐하도 그편을 더 기뻐하실 것이다"
라는 것이 노래를 즐기던 이들의 변명 아닌 변명이었다.

그러고 보니 작년 가을 무렵부터 이 "천황 폐하도 기뻐하실 것이다" 혹
은 "천황 폐하가 기뻐하지 않으실 것이다"라는 말을 심심치 않게 접했던 것
같다. 장례식 당일 텔레비전 방송에서는 스키장을 찾은 리포터가 인터뷰
하는 장면이 방영되었다. 이 때 한 젊은 여성이 "천황 폐하가 돌아가신 것
은 슬프지만, 그래도 스키 일정을 포기하는 것은 천황 폐하도 기뻐하지 않
으실 거예요"라고 답하는 것을 보았다. 그녀의 발언이 어디까지 진심인지
는 아무도 모른다. 그러나 왠지 놀러 온 것을 그런 식으로 둘러대는 것 같
았다. "천황 폐하도 기뻐하지 않으실 것이다"라는 말은 '자숙'을 원치 않은
국민들에게 좋은 명분이 되었던 것만은 분명하다.

일단 이렇게 말하면 쏟아지는 비난으로부터 자유로울 수 있었다. 바꿔
말해 자숙하는 것이 천황 폐하 때문이라면 자숙하지 않는 것도 천황 폐하
를 위한 것이 된다. 이 장면을 보면서 떠오른 것이 있다. 일제강점기 식민
지 조선인이 차별하는 일본인을 향해 "조선인을 무시하지 말라, 조선인도
같은 천황 폐하의 적자赤子다"라고 주장한 것이 그것이다. 여기서 일시동
인一視同仁이라든가 천황의 적자라는 말은 천황제 국가가 평등이라는 말
로 위장한 것에 불과하지만, 이것이 거꾸로 차별을 타파하기 위한 식민지
조선인의 무기로 사용되었다. "적의 무기가 우리의 무기다"라는 말은 그
야말로 모든 것을 빼앗긴 자들에게 통용되는 진리인 것이다.

그렇다면 "천황 폐하도 기뻐하지 않으실 것이다"라는 말로 위장한 자
숙 거부행위는 어떻게 설명할 것인가?

일본국민은 주권재민이라는 말이 헌법에 명시되어 있으며 일본이라는

나라의 '주인'이라고 말하나 상황은 여전히 천황의 지배하에 놓여 있다. 이러한 상황은 과거 피식민지 조선인의 상황과 어떻게 다르다고 말할 수 있을 것인가?

일본의 '주인'이 자기 돈으로 스키를 타러 가고 노래를 부르는데 왜 일일이 명분을 찾아야 하고 '천황 폐하'를 거론해야 하느냐 말이다.

얼마 후 "천황 폐하도 기뻐하지 않으신다"라는 말에서 과잉 자숙이 문제가 되었다. 이것은 아키히토 황태자(당시)나 정부 소식통이 내놓은 안이 아닌가 생각된다. "과도한 자숙은 천황 폐하가 원치 않으실 것이다"라는 식으로 말이다.

매스컴에서도 과잉 자숙이 지적될 때마다 이 말을 거론하였다. 자숙을 원치 않는 국민들의 방패막이가 된 것은 그 이후의 일이다. 적의 무기를 내 것으로 삼기는커녕 거꾸로 적의 손아귀에 쥐여준 꼴이 되었다.

여기서 그들이 동원한 것은 '상냥한 천황 폐하'의 이미지다. 천황이란 전쟁 전에는 '인자하기 그지없는 너그러우신 마음'으로 오로지 '민초民草'의 행복만을 바라는 존재로 이미지화되었다. 그런 천황이 과도한 '자숙'으로 국민들이 고통받는 것을 기뻐할 리 없다는 것이다. 거짓말도 거듭하다 보면 어느덧 진실인 것처럼 느껴질 때가 있다. 이 모든 것이 새빨간 거짓임을 알지만 입 밖으로 내지 못할 뿐이다. "천황 폐하를 위하여"라든가 "황공하옵게도"라는 식의 표현도 마찬가지다. 이러한 말들로 포장하며 국민들은 자기 편의대로 행동한 것이다. 그럼에도 불구하고 이 '헛된 명분'으로 인해 몇 천만 아시아인이 희생되었고 몇 백이 넘는 일본인들이 희생되었던 것이다.

적어도 새로운 천황 아키히토는 이러한 명분을 앞세우진 않았다. '민주

적' 존재로 어필하려고 애쓰고 있으며 어느 정도 성공을 거둔 것처럼 보인다. 특히 '조현 의식'에서 "여러분"이라는 단어를 사용해 가며 헌법을 준수하겠다고 선언한 것을 두고 '민주적 천황제'의 출발이라고 환영했다. 헌법학자들 사이에서도 천황의 '말씀'이 평판이 좋았던 모양이다. 이를테면 사토 이사오佐藤功는, "일본국 헌법 및 황실전범皇室典範에 따라 황위를 계승하였습니다"라고 발언한 데 대해 '황조황종皇朝皇宗의 위령'에 의한 것이 아니라 '국민의 총의'에 따라 황위를 계승하였다는 것은 일본 헌법에 명시된 상징 천황제가 비로소 탄생한 것이라고 높이 평가하였다(「座談会・象徴天皇制の四二年と今後の課題」, 『ジュリスト』 No.933).

우익 측 인사 가운데 '일본을 지키는 국민회의'의 일원인 가세 도시카즈加瀬俊一는, 천황제는 "스타일이 중요"하다며, 새로운 천황의 "여러분"이라는 발언은 새로운 천황제를 어필하는 "참신한 스타일"이라고 평가하였다(「新天皇・明仁陛下の帝王学」, 『諸君!』, 1989年 3月号).

한편 니시베 스스무西部邁는 부정적으로 평가했다. 그는 새로운 천황의 평화주의, 민주주의적 스타일이 마음에 들지 않으며, 헌법학자가 말하는 '국민의 총의'라는 말도 적합하지 않다고 말한다. 그가 생각하는 '국민의 총의'란 "오랜 역사 속에서 일관적으로 잠재해 있는 국민의 공통의사인 것"이라고 말한다. 따라서 "천황이 말하는 '여러분' 안에는 지금 살고있는 국민만이 아닐 것이다. 이미 사망한 자, 그리고 아직 태어나지 않은 수많은 자손들"도 포함시켜 생각해야 하며, 스타일 역시 '황조황종의 위령에 따른' 전쟁 전 천황제 스타일이어야 한다는 것이다(「皇室を開き放しにしてはいけない」, 『Voice』, 1989年 3月号).

그런데 니시베의 의견과 달리 아키히토는 더욱 더 '민주적' 스타일을 어필하였다. 여기서 중요한 역할을 하게 되는 것은 새로운 황후 미치코의 존재였다. 이해 4월 10일은 '성혼 30주년'이기도 하여 여성지를 비롯한 각종 잡지는 미치코의 신데렐라 이야기를 재조명하는데 열을 올렸다.

분명 새로운 황후 미치코의 탄생은 신데렐라 이야기다. 책대로라면 '방앗간 집 딸'이 왕자와 결혼하는 것으로 해피엔딩이 되어야 하는데 왕이 너무 오래 사는 바람에 이야기의 수정이 불가피해졌다. 심술궂은 여왕과 못된 시녀들의 모함을 견뎌내고 좋은 아내, 좋은 어머니, 좋은 며느리의 역할을 다한 끝에 드디어 오늘날의 영광을 안게 된 것이다. 그런데 "미치코 씨가 옛날에 그렇게 예뻤다면서요?"라며 의심의 눈초리를 보내는 젊은 세대들이 늘어나면서 신데렐라로서의 매력이 약화되고 있다. 그럼에도 불구하고 '민주적' 스타일로 나아가기 위해서는 이 신데렐라의 존재는 꼭 필요하였다.

니시베의 지적처럼 "어느 정도 초월적이고 숭고하며 성적聖的"인 스타일로 전환함으로써 리크루트 사건[92] 등으로 인한 정치적 불신을 불식시키려는 전략이기도 할 것이다. 특히 내년 가을에 개최될 '어대전御大典'에서는 아이들에게 어필할 가능성이 농후하다. 아이들은 장례식보다는 떠들썩하고 즐거운 축제 분위기를 좋아하기 때문이다. 실제로 1928년 11월 쇼와 천황 '어대전'에서는 10월부터 11월에 걸쳐 행해지는 학교 운동회, 전람회 등에서 일제히 '어대전 봉축'이라는 문구가 장식되었으며, 11월 10일 '어대전' 당일에는 아동과 학생들을 퍼레이드에 참가시켰다. 11월 3일 메이지 천황의 생일을 기념하는 '메이지의 날明治節'[93]이 학교행사가 된 것도 이해

---

92 신흥 정보 산업체인 일본의 리크루트사가 관련 회사의 미공개 주식을 정 · 관 · 새계에 뿌린 사건.

부터다. 가나가와神奈川현에서는 각 공립학교에 천황, 황후의 사진인 '어진영' 현황을 조사하여 보유하지 않은 학교에 대해서는 '하사'하도록 지시하였다고 한다.

얼마 전 발표된 새로운 지도요령 히노마루와 기미가요 문제와 관련지어 생각해 볼 때, 내년에 있을 '어대전'이 학교현장에서 천황제 강화의 수단으로 기능하리라는 것은 상상하기 어렵지 않다. '녹색의 날みどりの日'[94]을 기하여 자연보호와 생태운동에 공헌한 사람들에게 천황의 이름으로 상을 수여하는 사태가 벌어지는 것은 아닐지. 메이지 천황의 탄생일을 기념하는 '문화의 날文化の日'에 문화훈장이 수여되는 것처럼 말이다.

출처 : 「天皇ヘーカさんもお喜びになる」, 『検証昭和の思想Ⅱ 転向と翼賛の思想史』,

社會評論社, 1989年 8月刊.

---

93 메이지 천황의 생일인 11월 3일을 기념하여 제정한 쇼와 초기의 경축일. 1948년 폐지되었지만 11월 3일은 지금도 '문화의 날文化の日'로 계승되고 있음.

94 쇼와 천황의 생일인 4월 29일을 기념하여 공휴일로 지정됨. 2007년부터는 5월 4일을 '녹색의 날'로 지정하고 기존의 4월 29일은 '쇼와의 날'이라고 함.

제2장

모성과 천황제

모성의 탄생과 천황제

『고지엔広辞苑』(제3판, 1983)에 따르면, 모성은 "여성이 어머니로서 갖는 성질, 또는 어머니다운 것"이며, 모성애는 "어머니가 자식에게 갖는 선천적·본능적인 애정"이라고 설명되어 있다. 삼성당三省堂 출판 『국어사전』의 경우는 '모성'의 두 번째 의미로 "어머니로서의 기능"을 들고 있긴 하지만 다른 사전의 정의도 이와 유사하다. 모성은 여자가 어머니가 되면 당연히 갖게 되는 성질이고, 모성애는 선천적이고 본능적이라고 설명한다. 다시 말해 자연스러운 것이자 초역사적이라는 뜻이다. 모성과 모성애에 대한 일반적인 인식은 대체로 이 정도다.

그런데 이 같은 사전적 정의는 적어도 일본 상황에는 들어맞지 않는다. 일본에서 모성이라는 말이 처음 사용된 것은 1910년대 후반 모성보호논쟁

이후로, 기껏해야 70년밖에 안 된다. 모성이라는 말이 없었으니 당연히 모성애, 모성본능이라는 말도 없었을 것이다. 말이 존재하지 않았으니 그러한 관념이나 사실도 없었다고 하겠다. 모성보호논쟁에 참여했던 야마다 와카山田わか에 따르면, 모성보호라는 말은 스웨덴의 엘렌 케이의 영향을 받아 1904년 독일에서 모성보호동맹이 성립되면서 생겼고, 일본의 「모성보호를 중심으로 한 부인론母性保護を重心とした婦人論」은 그녀의 남편 야마다 가키치山田嘉吉가 독일의 모성보호동맹을 소개한 것이 계기가 되었다고 한다(山田わか, 「母性保護法の過去及び現在」, 1929).

잡지 『여왕女王』(1916.8)에 실린 야마다의 「모성보호동맹에 대하여母性保護同盟に就いて」를 보면 제목이나 소제목에 모성이라는 말을 사용하고 있지만, 글 안에서는 모성이 아니라 '모母' '모태母態'라는 용어를 사용하고 있다. 제목의 '모성보호동맹Bund fur Mutterschaft'이라는 말도 글 속에서는 '모母의 보호동맹'이라고 표현하고 있다.

지금은 일반적으로 모성이라 번역하는 독일어 'Mutterschaft', 영어 'motherhood'도 모성보호논쟁 예전에는 모태, 모권이라 번역되었다. 야마다 와카가 엘렌 케이의 『아동의 세기児童の世紀』를 번역하여 잡지 『세이토青鞜』(1911.9)에 게재했을 때는 '모태'라는 표현을 썼고, 히라쓰카 라이초平塚らいてう와 야마카와 기쿠에山川菊榮는 엘렌 케이의 'The Renaissance of Motherhood'를 '모권의 부활'이라 표현하였다.

모성이라는 말은 요사노 아키코与謝野晶子의 「모성편중을 배격한다母性編重を排す」(『太陽』, 1916.2)에서 처음 사용되었다. 최초인지는 모르겠지만 적어도 보급의 계기가 된 것은 분명하다. 이에 대해 히라쓰카가 「모성 주장에 대해 요사노 아키코 씨에게母性の主張について与謝野晶子氏に与ふ」를

통해 반론하는 등 모성보호논쟁의 시작을 알렸다. 그로부터 2년 후 본격화된 모성보호논쟁에서 모태, 모권이라는 말 대신 모성이라는 말을 사용하게 된다.

모성편중을 배격하고 모성보호에 반대했던 요사노 아키코가 모성이라는 말을 보급한 당사자라는 사실은 매우 역설적이다. 그런데 문제는 이것이 단순한 아이러니로 끝나지 않고 후세에 상당한 영향을 미치게 되었다는 점이다.

모권은 여권이나 인권과 마찬가지로 어머니의 구체적인 권리를 지칭한다. 이토 노에伊藤野枝가 아나키스트인 엠마 골드만의 『부인해방의 비극婦人解放の悲劇』을 인용하여 「자유모권으로自由母権の方へ」(『解放』, 1920.4)를 주장한 것도 결혼제도와 상관없이 자유로이 어머니가 될 권리를 찾자는 것이었다. 다시 말해 국가가 여성에게 요구하는 현모양처를 거부한다는 의미이기도 했다.

모태라는 말 안에는 어머니로서 해야 할 역할도 포함되어 있었다. 즉 여자가 어머니로서의 역할을 수행할 때 사회적으로 불이익을 받지 않으려면 어떻게 해야 할까? 이것이 바로 모성보호논쟁의 주제였다. 요사노 아키코가 「모성편중을 배격한다」에서 주장한 것도 그러한 의미에서였다. 요컨대 '모성중심, 우성友性중심, 처성妻性중심, 노동성중심' 등 여성과 관련된 다양한 논점은 간과한 채 여성의 정체성을 모성에서만 구하려고 하는 태도를 비판한 것이었다.

그후 모성이라는 용어는 구체적인 권리를 주장하기 위한 것이 아닌 추상적인 개념으로 정착되어 갔다. 다카무레 이쓰에高群逸枝는 1926년 『연애창세戀愛創世』라는 글에서 모성보호논쟁을 정리하는 가운데, 모성이란 "어머니로서 갖는 성질"이며 모성애는 "본능이자 자연스러운 것"이라 정의하였다.

결과적으로 모성은 현모양처 이상으로 여자의 정체성을 위협하는 이데올로기로 작용하게 되었다. 현모양처가 외부에서 강제하는 규범인데 반해 모성은 여자라면 누구나 당연히 갖는 것, 즉 여자라는 존재 자체를 의미했기 때문이다. 게다가 모성이 내포하고 있는 것은 자기희생과 무한한 포용력이다. 일반적으로 '어머니답다'라는 말은 자식을 위해서라면 자신을 희생하고 한없이 용서하고 지켜주는 것을 의미한다. 물론 이러한 관념 자체는 모성이라는 말이 등장하고 나서 생긴 것은 아니다. 서민들 사이에는 이미 자비의 화신이라 할 수 있는 관음신앙이 뿌리내려 있었다. 모성이라는 말은 그러한 서민의 신앙을 수면 위로 끌어내어 근대적인 자아를 정면에서 부정하고, 여자에게 무아無我와 헌신을 요구하게 되었다.

그리하여 모성은 쇼와 시대 '15년 전쟁' 내내 천황제와 유착하여 일본과 아시아의 젊은이를 죽음으로 내몰았고, 당시 일본사회에는 자기희생과 무한한 포용력을 담은 모성 찬가로 흘러넘쳤다. 왜냐하면 전쟁으로 소모되는 인적자원을 늘리기 위해 여성들에게 더 많은 아이를 낳게 하고 다기른 자식을 천황 폐하를 위해 죽음으로 내몰아야 하는 아픔에도 견디낼 수 있게 해야 했기 때문이다.

하지만 그보다 더 큰 이유는 모성 찬가를 천황제 찬가와 결부시켜 국민 통합력을 강화시키고 나아가 거국적으로 침략전쟁을 수행할 수 있는 역할을 부여하기 위함이었다.

일본 근대는 가부장적 천황제와 가족제도를 만들어 내었으나 일본의 가부장제는 유럽처럼 홀로 서기 한 것이 아니었다. 즉 가부장의 권위는 어머니의 협력이 있어야 가능했다. 천황의 권위는 풍요의 신 아마테라스에 의해 유지되었고 아버지의 권위는 어머니가 떠받들어 주었기에 성립할 수 있었다.

가부장제 천황제에 동반되었던 모성 천황제가 전황이 불리해지자 모성 찬가와 더불어 국민은 천황의 적자赤子라는 일시동인一視同仁 논리를 대대적으로 유포시켜 나갔다.

페미니스트들도 이에 적극 협력하였다. 특히 다카무레 이쓰에는 모성은 '신神의 길'이라 상찬하고 천황제와 결부시켜 이것이 "일본 국체國體의 원리이자 세계를 구제하는 복음"이라 주장하고 나아가 침략의 논리인 '팔굉위우'를 정당화하였다(高群逸枝,「たをやめ」,『日本婦人』, 1944年 11月号).

미조우에 야스코溝上泰子 역시 니시다西田철학[1]과 독일관념론에 입각하여 절대적 봉사와 헌신을 내용으로 한 국가적 모성의 구조를 명확히 하고, 일본의 어머니는 "만백성을 사랑으로 감싸는 대어심에 온몸을 바치는 유구한 국가전통의 유지자"라고 주장하였다(森泰子,『国家的母性の構造』, 同文館, 1945).

이렇듯 무아와 헌신을 바탕으로 한 모성은 여성들에게 희생을 강요했을 뿐만 아니라 천황제의 가해성을 지탱하는 존재가 되었으며, 전후 일본 국민들의 전쟁책임의식 부족에도 한몫하였다. 무한한 포용력을 가진 어머니의 품에 안주해 있는 한 자타 인식에 입각한 책임의식을 갖기는 어려울 것이다. 이렇게 볼 때 일본인의 경우 모성이라는 말이 사전에서 사라져 버려야 비로소 책임 있는 자립형 인간으로 거듭날 수 있을 듯하다.

출처 :『母性から次世代育成力へ－産み育てる社会のために』, 新曜社, 1991.

---

1   니시다 이쿠타로西田幾多郎가 주장한 사상. 참선체험과 근대철학을 기초로 불교사상, 서양철학을 보다 근본적인 지점에서 융합시키고자 한 철학체계를 말함.

대어심과 모심—야스쿠니 어머니의 탄생

야스쿠니의 노모들

야스쿠니 신사에 들어서 비둘기가 노니는 자갈밭을 지나 배전 오른쪽으로 돌아가면 고풍스러운 야스쿠니 회관이 나온다. 입구에 들어서자마자 인간어뢰 '회천回天'[2]이 녹슨 채로 놓여 있고, 높은 천정의 석조 건물 내부는 서늘하고 어두컴컴하다. 회천 옆 입구를 통해 내다보이는 한여름의 바깥 세계는 현실과 동떨어진 것처럼 느껴졌다. 2층 보물유품관에는 러일전쟁에서 죽은 병사가 간직하고 있었다는 회중시계가 전시되어 있다. 가슴 부위를 관통한 총탄 자국이 갈색으로 변한 군복, 여러 명이 작은 글씨로 빼곡히 적어 넣은 너덜너덜해진 히노마루, 한 자 한 자 심혈을 기울여 쓴 듯한 유서 등이 보인다. 이곳은 1945년 8월 15일 자로 시간이 멈춘 죽은 자들의 세계다.

1987년 7월, 야스쿠니 신사 제례일. 이 죽은 자들의 세계에 80세가량의 노부인이 아들 부부와 함께 걸어 들어왔다. 남쪽 바다에서 죽은 아들의 공양을 위해 멀리 간사이關西에서 찾아온 것이다. 담당자가 아들의 유품이 있는 곳으로 안내하자 그녀는 아들의 유품상자를 끌어안고 오열하기 시작했다.

17세의 어린 나이에 남쪽 바다에 가라앉은 아들, 아직 소년티도 벗지

2　구 일본해군의 특공무기 중 하나. 사람이 타서 조종할 수 있도록 만든 인간어뢰. '회천'이란 하늘을 돌려 전국戰局을 역전시킨다는 의미.

못한 생때같은 아들을 잃은 노부인의 애끓는 심정이 전해져 온다. 차가운 유품상자가 아니라 따뜻한 피가 흐르는 아들을 안을 수 있다면 얼마나 좋았을까.

자식을 앞세운 상실감은 바로 지난해 물놀이를 갔다 불어난 물에 아이들을 잃을 뻔했던 필자에게도 고스란히 전해져 왔다. 바로 옆에서 낚시를 하던 청년이 재빨리 달려와 구해 주었기에 망정이지 하마터면 자식을 잃을 뻔했다.

만약 그 자리에 그 청년이 없었다면 어떻게 되었을까? 나는 물고기와 쓰레기가 떠 있는 물 위로, 놀라서 눈을 부릅뜬 채 가라앉았다 떠오르기를 반복하던 아이들의 머리가 두 번 다시 떠오르지 않고, 두 아이의 머리를 집어삼킨 물이 원을 그리며 마치 아무 일도 없었다는 듯 다시 유유히 흐르는 장면을 떠올렸다. 물속에서 고통스럽게 죽어가는 아이들을 상상하는 것만으로도 숨이 막힌다. 강바닥에서 끌어올린 아이들의 차갑게 식어버린 몸은 지금도 어제 일처럼 생생하게 느껴진다. 다행히 아이들은 긁힌 상처 하나 없이 무사했다. 이제는 에피소드가 되었지만 자식을 잃은 상실감만큼은 묘하게 아직도 내 가슴에 생생하게 남아있다. 그런데 일찍이 일본에는 자식을 잃은 어머니를 대량으로 생산해내던 시절이 있었다. 그리고 그들은 30여 년이 지난 지금까지 저 노모처럼 통곡을 되풀이하고 있다. 어머니의 절절한 심정을 다음과 같이 노래로 표현하기도 한다(山崎せき, 『走馬燈』).

남쪽 바다에 가라앉은 시신은 지금쯤 어찌 되었을까, 끌어올리지도 못하고 단 한 번이라도 내 앞에 나타나다오, 마음껏 안아 보고 싶구나

내가 어리숙하여 온전히 자식을 생각하는 마음이 부족했구나

어리석은 어머니로다

전후 한때 시끄럽게 전쟁책임이 대두되던 시절엔 그나마 어머니들도 이렇게 자문하곤 했다. 하지만 그 통곡은 마음 속 깊이 뿌리내리지 못했다. 어느새 전쟁 체험은 퇴색되고 그런 분위기 속에서 노모들은 죽은 자식과의 대화에만 열중하게 되었다.

야스쿠니 신사 안쪽 배전拜殿에 단정히 앉아 잠시 눈을 감고

죽은 아이에게 말을 걸어 보았다

문제는 이 어머니들이 살아갈 날이 그리 길지 않다는 점이다. 자신마저 세상을 떠나면 앞으로 누가 아들의 죽음을 애도할 것인가. 생각이 여기에 미치자 노모들은 야스쿠니 신사에 3만 엔을 지불하고 죽은 아들의 영혼을 위로해 줄 것을 부탁하기 시작한다. 야스쿠니신사 사보社報에 마련되어 있는 '영대신락제永代神樂祭'[3] 코너에는 매 호마다 마키노, 쓰마, 고나오, 이사, 시카, 가메요 등 자식을 앞세운 노모들의 이름이 나열되고 있다.

그건 그렇다 하더라도 왜 이들은 분노하지 않는 걸까? 아들을 빼앗아 간 자들과 시키는 대로 아들을 떠나보낸 스스로에게 왜 분노하지 않는 걸까? 유골이나 영정사진을 끌어안고 통곡할 것이 아니라 아들을 앗아간

---

3 '영대신락제永代神樂祭'는 유족들의 신청에 의해 이루어지며 기일 등에 신락(神樂, 진혼을 하는 의례)을 봉진하여 신령을 위로하는 제례.

자들에 맞서 저항했어야 한다. 무엇이 그녀들로 하여금 아들의 죽음을 나서서 막지 못하게 한 걸까?

모성 찬가의 범람

아직 끝나지 않은 어머니들의 통곡은 15년 전쟁에서 비롯되었다. 그리고 어찌 되었든 일본 역사에서 이 시기만큼 모성을 찬미하고 중시한 시기는 없었다. 그 본질을 조금 더 구체적으로 들여다보자.

야마무라 요시아키山村賢明는 『일본인과 어머니日本人と母』라는 제목의 책에서 일본인에게 어머니란 존재는 매우 상징적인 가치를 지닌다고 지적하였다. 전시하, 특히 중일전쟁을 기점으로 패전에 이르는 시기에 절정을 이루었다. 이 시기에는 정치가, 군인, 관료, 학자, 작가 할 것 없이 모든 이들이 모성 찬가를 읊어댔다. 몇몇 모성 찬가의 예를 들어보면 다음과 같다.

아즈미 도쿠야安積得也는, 우리 일본의 어머니는 자식을 위해서라면 자기 자신을 희생하는 '무아애無我愛의 태양'이며, 개인주의가 만연한 서구의 어머니에게선 찾아볼 수 없는 일본 고유의 미풍이라고 주장한다(安積得也, 「大東亜戦争下の母」, 1942. 4, 全國放送).

미야모토 조이치宮本常一는 "자식을 향한 어머니의 사랑은 사랑하는 마음에 그치지 않고 자식을 통해 발전하는 것"(宮本常一, 「母親の心」, 『家郷の訓』)이며, 이 같은 모심은 세계 유일의 일본 가족국가의 결합원리이자 도덕의 근본이라고 말한다.

다카무레 이쓰에는 "부도婦道는 곧 모심母心이다. 이 모심은 (…중략…) 신의 마음"이라고 목청을 높인다(高群逸枝, 「神ごころ」, 『日本婦人』, 1944年 8 月号).

또한 이 신의 마음을 체화시켜 신이 뜻하는 길을 따라 나라를 통치하고 국민을 다스리는 것(『臣民の道』)이 천황이므로, 황공하게도 대어심이 곧 모심이며 모심은 곧 대어심이다. 그런 대어심과 모심을 일본뿐만 아니라 아시아, 더 나아가 온 세계인에까지 미치고자 한 것이 팔굉일우의 성업聖業이다. 적어도 일본의 어머니는 이 같은 대어심을 깊이 새겨 자식을 천황(국가)의 보물로 여겨 소중히 양육하고 필요하면 언제든 천황에게 바칠 각오가 되어 있어야 한다는 논리를 폈다.

이 시기는 모성 찬가의 범람과 함께 모자母子보호대책이 구체적이고 정책적으로 수립된 시기이기도 했다. 1937년 이래 모자보호법, 보건소법, 사회사업법 등이 잇달아 수립되었으며, 1938년 1월에는 이를 총괄하는 후생성厚生省이 설치되었다. 후생성에서 다룬 문제는 다음과 같다.

> 一, 임산부 및 영유아 보호에 관한 사항
>
> 一, 보호시설에 관한 사항
>
> 一, 모자보호법의 시행에 관한 사항
>
> 一, 허약아동 및 비정상 아동의 보호에 관한 사항
>
> 一, 결혼 및 출산 장려에 관한 사항(이하 생략)
>
> — 市川房枝編, 『婦人界の動向』, 1944.

이들 문제가 국정으로 다루어진 것은 처음이었다. 무엇보다 이 모든 일을 주관한 곳이 후생성의 인구국人口局이었다는 사실은 침략전쟁에 필요한 인적자원 확보가 정책의 주요 목표였음을 시사한다.

그럼에도 불구하고 이러한 움직임에 대해 여성들은 아무런 목소리도 내지 않았다. 물론 전혀 없지는 않았다. 예컨대「전시하 부인 문제를 논하는 좌담회戦時下の婦人問題を語る座談会」(『文芸春秋』, 1938年 11月号)에서 히라쓰카 라이초와 야마카와 기쿠에가 비판적인 목소리를 내기도 하였다.

히라쓰카의 경우 "여성이, 아니 그보다 어머니가 이 사변(중일전쟁) 이래 떠받들어지고 있는 듯합니다. 그리고 여성들 스스로도 이전의 자유주의 시대와 또 다른 시선에서 가정이나 모성문제를 재검토하려는 경향을 보이고 있습니다. 국가는 국가대로 우수한 제2의 국민을 만드는 것이 국운을 위한 가장 중요한 일이 될 것이며, 이를 위해서는 아이를 낳아 기르는 어머니와 아이를 낳아 기르는 곳인 가정을 존중해야 한다는 결론에 이르게 된 것"이라며 당시 갑자기 고조된 분위기를 다소 애매하게 얼버무렸다.

야마카와는 "여성문제만 하더라도 지금까지 추켜세우며 이리저리 이용하다 이제와서 다시 여자는 가만히 들어앉아 있으라고 하질 않나, 생활개선 운운하며 얌전히 있으라고 하는데"라며 신중한 태도를 보였다.

하지만 7명(岡田禎子, 片山哲, 辰野隆, 帶刀貞代, 谷川徹三, 平塚明子, 山川菊榮)이 참석한 좌담회에서 가장 날카로운 비판을 가한 이는 프랑스 문학자 다쓰노 유타카辰野隆였다. 그는 "정치 쪽에서 모성애를 정책에 이용하려 것을 분명히 알 수 있습니다. 그 점은 경계해야 할 것"이라며 모성애가 배타적, 독선적 애국심에 이용될 위험이 있음을 지적하였다.

이 같은 다쓰노의 발언에 대해 다테와키 사다요帶刀貞代가 현실에서 고통받는 어머니들의 요구를 국가가 마침내 받아들인 것이라며 오히려 반

기는 태도를 보인 점은 인상적이다. 그런데 히라쓰카, 야마카와의 비판도 당시로써는 매우 드문 일이었다. 여성들 역시 동시대 남성들의 모성 찬가에 동조하여 '어머니의 자각'을 일깨웠기 때문이다. 고우라 도미高良とみ의 다음 주장을 보자.[4]

> 어머니여! 어머니여! 조국은 지금 일본의 어머니를 필요로 하고 있습니다. 고이 길러 온 사랑하는 자식을 나라에 바치고 또 내 땀과 마음과 생명을 다 바쳐 나라를 지키고 국민을 드높여 조국을 반석 위에 올려놓겠다고 각오를 다지는 어머니를 필요로 하고 있습니다.
>
> —高良とみ, 『これからの母・新しい母』, 1942.

또한 여성사 연구가로 잘 알려진 다카무레 이쓰에도 모성찬미를 부르짖으며 전쟁 수행에 다대한 영향을 미쳤음은 새삼 강조할 필요도 없을 것이다.

모심과 대어심

여기서는 천황제로 인한 광기로 뭉친 폭력의 시대, 전시하 넘쳐나던 모성 찬가, 그리고 그 모성 찬가는 바로 '모심'과 '대어심'이 결합되어 더욱 고조되었던 정황을 살펴보고자 한다. 모심을 대어심으로, 대어심을 모심으

---

4   고우라 도미(高良とみ, 1896~1993): 부인운동가, 평화운동가, 정치가. 콜롬비아대학, 존스홉킨즈대학에서 심리학 전공, 일본여성 최초로 박사학위 취득.

로 규정하는 상호작용에 의해 서로 무한의 가치부여를 함으로써 극단적 천황제가 탄생하게 되고 '야스쿠니의 어머니'를 대량생산하게 된다.

왜 대어심과 모심이 서로에게 가치부여를 하게 되었을까? 천황을 아버지로 하는 가족국가와 메이지기 이래 '군신지의君臣之義, 부자지정父子之情'을 기반으로 한 천황제국가 규정과 달리, 그리고 가부장적 천황제국가라는 전후 규정과 달리, 민중들의 마음 깊은 곳에 '어머니다움'에 대한 공동환상을 심어준 것이 천황이며, 그것을 지배원리로 삼은 것이 바로 천황제다. 그렇다면 왜 그토록 민중 마음 속 깊은 곳에 '어머니다움'에 대한 공동환상이 파고든 것일까?

이시다 에이치로石田英一郎의 말처럼 농경 사회에 으레 뒤따르기 마련인 모자신母子神 숭배 때문인지 아니면 다카무레 이쓰에의 말처럼 일본에서는 원시 모계제가 유독 오래 유지되었기 때문인지, 그도 아니면 야나기다 구니오柳田國男[5]의 말처럼 여성이 지닌 신령과의 교류의 힘을 두려워했기 때문인지 정확히 알 수는 없다.

하지만 일본 민중들에게 그런 환상이 있다는 것을 누구 보다 잘 알고 있었기 때문에 메이지 국가 창립자들은 통일된 상징 천황을 진무神武천황[6]이 아닌 아마테라스 오미카미天照大神[7]에서 찾았다. 천황을 어머니로 제시해놓고 나중에 아버지로 바꿔치기한 것은 다름 아닌 지배층 남성들이다. 그러나 아버지로 바꿔치기 한 이후에도 민중들에게는 어머니의 이미지로 계속해서 어필되어 가는데 이는 천황의 적자赤子라는 문구를 통해

5 　야나기다 구니오(柳田國男, 1875~1962) : 일본 민속학의 개척자.
6 　일본신화에 등장하는 초대천황.
7 　태양신, 여신女神이며 황실의 조상신으로 이세신궁伊勢神宮에 모셔짐.

서도 잘 나타나 있다. 즉 민중들은 천황을 통해 자애로운 어머니를 연상했던 것이다. 그리고 천황 스스로도 이 점을 제대로 간파하고 있었다.

> 이 한 몸 어찌되든 전쟁을 멈추었다
> 오로지 쓰러져 가는 국민을 생각해서

이 시는 쇼와 천황이 패전을 맞아 직접 지은 것이다. 이 부분은 아쿠다가와 류노스케芥川龍之介의 『도시杜子春』[8]에 등장하는 주인공의 어머니 모습과 겹쳐진다. 선인仙人이 되기 위해 지옥에 떨어진 뒤에도 무언의 수행을 계속하는 도시 앞에 말로 변한 어머니가 채찍질 당하며 피눈물을 흘리면서도 아들을 향해 "우리야 어찌 되든 걱정할 것 없다. 너만 행복해질 수 있다면 그보다 좋은 일은 없다"며 아들을 위로하는 장면이 그것이다. 이는 작가 아쿠다가와의 어머니에 대한 이미지이자 대다수 일본인이 갖고 있는 어머니상像을 집약적으로 표현한 것이기도 하다. 또한 천황이 자신에게 주어진 역할을 멋지게 연출하고 있음을 알 수 있다.

어머니를 향한 민중의 공동 환상을 부추긴다면 어떤 상황에서도 천황은 무사할 수 있을 것이다. 어머니는 자식에게 유일하고 절대적 존재이자 모든 논리를 초월한다. 야마무라 요시아키山村賢明는 『일본인과 어머니日本人と母』라는 책에서, "일본문화 안에서 어머니는 종교적인 기능도 수행할 수 있는 존재다. 웨버의 말을 빌자면 어머니는 일본인의 에토스의 일부이며 어머니의 행동에는 많은 의미가 담겨 있다"고 지적했다.

---

8 중국의 고전 정환고鄭還古의 『두자춘전杜子春伝』을 동화화한 아쿠다가와 류노스케의
   단편소설.

이렇게 '대어심은 곧 모심'이라고 규정하면서 모심은 무한한 가치를 획득해 나갔다. 그렇다면 모심은 왜 그토록 대어심에 의해 규정되고 가치를 부여받는 것일까? 그것은 바로 모심이 민중의 공동환상에 불과했기 때문이다. 바꿔 말해 민중(특히 남성)이 희구하는 모심 따위는 세상 어디에도 존재하지 않는 그야말로 '환상'에 불과하기 때문이다.

그 사실을 누구보다 잘 간파한 이들은 바로 어머니 자신이었다. 그 때문에 어머니들은 자신의 마음을 대어심에 기대어 그 권위를 부여받고자 했다. 즉 자신의 마음이 모성으로 채워지지 않는다는 것을 알면서도 그것을 인정하고 싶지 않았기에 다른 외부의 힘에 의지하려 한 것이다. 그때 가장 강력한 힘을 발휘한 존재는 바로 천황이었다.

물론 어머니들이 의식적으로 그렇게 행동한 것은 아니었다. 핵가족화가 급속하게 진행되면서 도시 중산계급의 고등교육을 받은 어머니들은 막연한 불안감에 휩싸였고, 그 불안감이 '대어심=모심'이라는 환상에 교묘하게 이용당할 틈을 내주었던 것이다.

중일전쟁 발발 직전 구보카와 이네코窪川(佐多)稻子는 당시 모성론의 유행에 대해, "뭔가가 계속해서 무너져 가는 느낌, 이를 대신할 만한 것이 나오지 않은 채, 추구해야 할 것은 많고, 뭔가가 무너져 가고 있다. 바로 어머니의 생활이 복잡한 의미에서 무너져 가고 있다"(「母の自覚と混乱」, 『女性の言葉』, 1937.4)라는 말에 빗대어 표현하였다.

모든 어머니가 어머니다움을 갖추고 있을 리 만무하다. 그렇기 때문에 공동환상이 생겨난 것이기도 하겠지만, 어머니들의 생활이 공동체 속에서 안정된 지위를 유지하고 있는 한 그것은 크게 문제 되지 않을 것이다. 그런데 만약 어머니의 생활이 위기에 빠진다면 어떻게 될까?

어머니의 생활을 위험에 빠지게 한 것은 다름 아닌 일본의 근대화였다. 구보카와는 "근대화가 진행되면서 어머니들은 매우 불안한 마음으로 자식을 대하고 있다"며 그런 이유로 모성론이 유행하게 되었다고 말한다. 바야흐로 모성은 천황의 권위에 기댄 국가적 모성론으로 탈바꿈하였고 여성들은 '야스쿠니의 어머니' 콤플렉스에 빠지게 되었다.

날조된 모심

그런데 어머니들뿐만 아니라 남자들도 틀림없이 모심의 변화를 감지하고 있었을 터였다. 그 덕에 남녀 모두가 대어심에 더욱 전념하여 극단적인 천황제가 탄생할 수 있었던 것이다.

1942년 6월 국책협력을 내세운 대일본문학보국회大日本文學報國會[9]에 문학자들이 대거 결집했다. 그들의 첫 번째 임무는 『일본의 어머니日本の母』(1943.4)를 편찬하는 일이었다. 당시는 관념적 모성론이 유행하는 한편 후방에 남아있는 어머니들에 대한 미담으로 넘쳐났다. 왜냐하면 보다 구체적인 형태로 일본의 모심을 여성들에게 제시할 필요가 있었기 때문이다. 『일본의 어머니』는 바로 그러한 모심의 구체적인 사례를 집대성한 것이다.

이 책에는 가와바타 야스나리川端康成, 사토 하루오佐藤春夫, 다카무라 고

---

9   제2차 세계대전 중 만들어진 문학자의 전시조직. 회장은 도쿠토미 소호德富蘇峰. 1942년 5월 결성, 6월에 발회식 거행. 처음에는 가입을 주저하던 문학자들도 작품 발표의 장을 잃게 될 것을 우려하여 가입하였으며 3,000명 이상의 회원이 각 전문 부분에서 활동함.

타로高村光太郎, 오자키 가즈오尾崎一雄, 사이조 야소西條八十, 후나하시 세이치船橋聖一, 기쿠치 간菊池寬 등과 여성작가로 쓰보이 사카에壺井栄, 모리타 다마森田たま, 오카다 데이코岡田禎子, 오니와 사치코大庭さち子, 마스기 시즈에眞杉靜枝 등이 집필자로 참여하였다.

목차에 나열된 100명이 넘는 문학자의 이름을 바라보며 필자는 착잡한 기분을 떨칠 수 없었다. 첫 페이지에는 사토 하루오의 시 「일본의 어머니를 기리며日本の母を頌ふ」가 악보와 함께 실려 있다.

주군과 나라에 바치고자

아이들을 기르고 격려하는 사이

늙어가는 줄도 모른다

일본의 어머니여 장하도다

이 책에 열거된 어머니들은 주로 구스노키 마사쓰라楠木正行[10]의 어머니, 나카에 토쥬中江藤樹[11]의 어머니처럼 수신修身교과서에나 나올 법한 현모가 아니라 전국 각지에서 묵묵하게 땅을 일구며 생활하는 이름 없는 촌부들이었다. '천황－어머니－땅'이라는 세 가지 코드는 전쟁 기간 내내 관통하는 정신적 기반이었으므로 농촌의 어머니들을 대상으로 한 것은 당연했다. 그녀들은 남편이 죽은 뒤에도 줄곧 일하며 아들을 키워내고 그

---

10 구스노키 마사쓰라(楠木正行, 1323~1348) : 구스노키 마사시게楠木正成의 장남. '미나토가와 전투湊川の戰い'에서 아시카가군足利軍에 맞서 조정군朝廷軍을 이끌던 마사시게의 참수된 머리가 도착하자 자살하려고 했으나 그의 어머니久子의 만류로 정신을 차리고 이후 문무에 정진함.

11 나카에 토쥬(中江藤樹, 1608~1648) : 에도江戶시대 초기의 유학자. 일본 양명학의 시조. 27세에 어머니에게 효도하기 위해 귀향한 뒤 학문에 전념. 효행의 상징으로 알려짐.

아들을 다시 나라에 바치며, 그 후에도 식량증산을 위해 쉴 새 없이 쟁기질을 해야 했다.

그런데 재미있는 것은 정작 대부분의 어머니들은 고명한 작가에 의해 '일본의 어머니'로 상찬 되는데 무척이나 당혹스러워하며 어떻게든 감동적인 말을 끌어내려는 작가들의 질문에 말을 아끼는 모습이 역력했다는 것이다. 아들의 죽음을 마음껏 슬퍼하지 못했던 것은 당시로는 당연한 일이었다. 하지만 그녀들을 보고 있자면 "슬픔으로 찢어질 듯한 가슴을 억누르고" 등의 표현으로 대변되는 '국가적 모성론'과는 어딘지 모르게 다르다.

작가들은 이러한 어머니들의 반응에 당황하면서도 그녀들의 담담한 모습을 일본의 모심을 온몸으로 받아들였기 때문이라며 칭송했다. 하지만 필자는 작가들이 느낀 당혹감 속에서 공동체의 붕괴와 모심의 허구성을 발견할 수 있었다.

신문에서 떠들어대는 후방의 모성찬미가 아닌, 활자 미디어의 행간에서 어렵게 찾아낸 어머니들의 생생한 목소리는 극히 현실적이라는 것을 알 수 있었다. 산골에 사는 한 출정병사 노모는 거리낄 것 없는 말투로 이렇게 말했다.

우리 장남은 아무 쓸모도 없었는지 무사히 돌아왔습니다. 지금은 동생이 전쟁에 나가 있는데 나라에 보탬이 된다면 그걸로 충분합니다. 죽어도 애통할 것 없으니 열심히 제할 일을 마치고 돌아오면 좋겠습니다. 동생도 자기가 공을 세우고 전사하면 효도한 셈 치라고 말했다고 합니다.

— 江馬三枝子, 『飛騨の女たち』, 1942.

『특고월보』에 불경, 반전反戰 언동 사례로 수록된 어머니의 반응은 보
다 현실적이다.

> 외아들이 소집되는 바람에 나 같은 사람은 앞으로 생활하기도 어렵다. 세
> 금 낼 여력도 없다.
>
> —1937. 8, 63세

> 금년 5월, 동생 마사오正夫가 출정했는데 형 시로四郎마저 징집된다면 우
> 리는 목 매 죽을 수밖에 없다.
>
> —1939. 11, 60세

> 예전에는 자식을 기르면 어느 정도 집에 보탬이 됐는데 (…중략…) 요즘은
> 힘들게 자식을 길러 봤자 크면 천황 폐하의 아들이라며 데려가 버리니 진저
> 리가 납니다. 자식 키울 때 천황 폐하한테 땡전 한 푼 받은 것도 아닌데 다 키
> 워놓으니 데려가 버리고, 아무리 천황 폐하라 해도 천벌을 받을 겁니다.
>
> —1943. 9, 42세

마지막 발언에는 '모심=대어심'의 허구성에 대한 통렬한 비판이 담겨있
다. 이 같은 반응이 어쩌면 건전한 것일지 모른다. 『특고월보』에는 이러한
건전한 반응이 다수 수록되어 후련한 느낌도 들지만 그렇다고 민중들이
건전했다고는 할 수 없다. 왜냐하면 이 잡지의 성향으로 볼 때 이웃의 감시
와 밀고를 통해 파악된 수치일 것이기 때문이다. 그 같은 경로가 아니면
『특고월보』에 수록되지 않았을 사례도 많았을 것이다.

어쨌거나 적어도 이들 어머니의 발언에서 모심은 느껴지지 않는다. 아들은 모심의 대상이라기보다 생활의 수단이라는 느낌이 더 강하다. 이처럼 생활의 수단인 아들(특히 대를 이을 장남)에 대한 집착을 버리고 전장에 보내기까지는 '일본의 어머니'라는 자각보다는 자신이 속한 공동체의 무언의 압력 탓이었다. 마을사람들과 다른 행동을 하여 손가락질당하지 않을까 두려웠기 때문이다. 당시에는 손가락질 정도로 끝나는 것이 아니라 검거되거나 투옥될 위험마저 있었다.

공장을 다니며 온갖 고생 끝에 키운 외아들을 전쟁에서 잃은 어머니는 그 아들이 출정할 때 이렇게 말했다고 한다.

그럼 건강하게 다녀오너라. 내 걱정은 안 해도 된다. 전쟁터에 나가면 목숨이 아깝다고 생각지 말아라. 전쟁터에선 앞으로 나가거라. 뒤로 물러나면 용서치 않겠다.

— 「誉れの母の感涙座談会」, 『主婦之友』, 1939年 6月号.

고생고생하며 키운 외아들을 죽음으로 내몰 수밖에 없었던 것은 비겁하게 뒤로 후퇴한다면 사람들이 뒤에서 손가락질할 것 같아서였다고 한다.

선두에 서서 돌진하다 죽은 건지, 치명상은 정면에서 입은 것인지, 등 뒤에서 입은 것인지, 젊은이의 죽음을 둘러싸고 이러쿵저러쿵 수군대는 세상은 냉혹하다 못해 잔혹하다. 마을 공동체가 이러한 잔혹함에 빠져 있는 한 모심 역시 다카무레 이쓰에가 주장하는 모성아母性我를 실현하기 위해 주력할 수밖에 없었을 것이다.

그리고 고향의 인심과 모심이 이렇게 변해버리자 남자들은 모심을 대신할 만한 것을 찾았다. 대어심의 허구는 그 훌륭한 대체물이 되었다. 남자들이 오족협화五族協和[12]의 왕도낙토王道樂土를 타국 땅에서 상상해야 했던 것도 고향과 어머니가 더 이상 아무런 의미를 갖지 못하게 되었기 때문이리라.

'어머니다움'에 대한 기대와 불안

15년 전쟁 동안 천황과 어머니들은 대어심과 모심의 허구를 서로 지탱했다는 점에서 공범자였다. 어머니와 천황이 '어머니다움'에 대한 공동환상을 만들어내었다면 민중은 모두 그 공범자였다고 할 수 있다. 따라서 스스로를 도려내는 아픔을 겪지 않고는 민중이 천황에게 전쟁책임을 추궁할 수 없을 것이다. 민중 역시 '일억총참회'라는 집단 분위기에 휩쓸려 그 같은 아픔을 회피한 것이 되기 때문이다.

그러나 아직도 슬픔에 잠겨 있을 야스쿠니의 어머니들을 생각하면 이러한 시각은 너무 가혹하다. 허구를 부여한 측과 그 허구에 놀아나 피해를 입은 측을 똑같이 단죄할 수는 없다. 하지만 어머니들이, 그리고 민중들이 그에 대해 충분한 분노를 표출하지 않았기에 냉정한 시각으로 바라볼 수밖에 없다.

민중은 스스로 도려내는 아픔을 회피했다. 그런 의미에서 '어머니다움'

---

12 '오족협화'란 일본제국이 만주국을 건국했을 때의 이념으로 다섯 민족(만주, 몽고, 한족, 일본, 조선)이 협력하여 평화로운 나라를 만드는 것. 왕도낙토王道樂土란 서양의 '패도覇道'에 대해 아시아의 이상적인 정치체제를 왕도王道로 삼아 만주국황제를 중심으로 이상적인 국가건설을 의미함.

에 대한 공동환상은 여전히 건재하다고 하겠다. 그리고 그 결실인 천황도 여전히 살아있다.

이 '어머니다움'에 대한 공동환상이 계속해서 남아있는 한 민중들이 가해 책임을 느낄 리 만무하다. 어머니에게 치유의 손길을 갈구하는 피해자 의식만 남아 있을 뿐이다. 전후 천황의 순행巡幸은 민중들의 상처를 치유하는 역할을 했다. 마치 토라졌던 아이가 어머니의 자애로운 손길에 기분이 좋아진 것처럼 말이다. "힘든 일이 많았겠지만 건강에 유의하고 힘내세요"라는 천황의 말 한마디에 가슴 속 응어리를 모두 풀어버린 것이다. 1950년 외아들을 잃은 한 어머니는 천황이 직접 위로의 말을 건네자, "아들 덕분에 천황 폐하를 그렇게 가까이서 뵐 수 있었어요. 이제 죽어도 여한이 없습니다"(高松市, 堺コマ, 69세)라며 감격의 눈물을 흘렸다.

1963년 제1회부터 매년 8월 15일에 거행되는 전국전몰자추모식전에서 천황은 매번 같은 말만 되풀이한다. 천황 때문에 남편과 아들을 잃은 여인들에게 엎드려 사죄해도 모자랄 판에 생색이라니.

참고로 제1회 식전에서 "항상 가슴 아프게 생각한다"고 발언한 것과 달리 그 이후 1964년 식전부터는 "항상"이라는 말 대신 "아직도"라는 말로 바꿔 표현하고 있다. 죽은 이에게조차 "더 이상 전후가 아니다"라고 말하는 것일까?

물론 전후 30여 년 동안 '어머니'에 대한 공동환상에서 생긴 천황제가 원래 모습 그대로 계속 이어져 왔던 것은 아니다. 천황이 직접 말을 걸어주었다는 것만으로 감격하기에는 외아들을 잃은 노모가 짊어져야 할 여한이 너무 크기 때문이다.

특히 천황이 국민 모두의 어머니라기보다 천황 일가의 다정한 할아버지로 등장하는 횟수가 많아지면서 어머니들은 전사한 아들의 부재와 아들에 대한 그리움으로 더욱 고통스러울 것이다. 미국 방문길에 오르는 천황 부부의 다정한 모습이 텔레비전에 방영되자 한 전쟁미망인은, "누군 좋겠네, 남편이 살아 있었다면 나도 부부동반으로 해외여행을 할 수 있었을 텐데"라며 불편한 심경을 털어놓기도 했다.

그녀는 자신이 이루지 못한 '마이홈'에 대한 꿈을 천황부부에게서 발견한 것이다. 마찬가지로 손자들에 둘러싸인 천황의 모습에서 세상을 떠난 아들과 태어나지도 않은 손자를 그리워하는 늙은 야스쿠니의 어머니들도 분명 있을 터이다. 전후 고도성장을 이룬 일본인들의 마음 속에 자리한 천황의 상징성은 바로 이러한 모습이다.

그러나 고도성장이 종말을 고하기 시작한 지금, 천황의 상징성에 미세한 변화가 감지되고 있다.

패전 후에도 손상되지 않고 여전히 저변에 흐르고 있는 '어머니다움'에 대한 공동환상 역시 다시 부활할 가능성이 농후하다. 최근 천황가의 다망한 행보나 모성상실을 우려하는 비판의 목소리가 그러한 위험성을 대변해 준다. '어머니'에 대한 공동환상을 천황이 다시금 상징하게 된다면 어떻게 될까?

여기까지 생각이 미치자 두려움이 엄습했다. 만약 그리된다면 자식을 둔 나는 과연 어떤 행동을 하게 될까? 바로 나 자신의 문제이기도 한 것이다. 적어도 공허한 모심을 천황의 권위로 채우고자 한 야스쿠니의 어머니들과 같아서는 안 될 것이다.

하지만 분명한 것은 인간이나 자연이나 압살壓殺의 공포를 느낄 때 '어머니'라는 존재가 발산하는 매력은 매우 크다는 사실이다. 살아있는 모든 생명, 나아가 모든 살아있는 것을 사랑하고 용서하며 한없이 안아주는 것이 바로 '어머니'의 존재인 것이다. 자식의 죽음을 마음 속에 그리면서 심장을 도려내는 상실감, 죽음의 고통에 대한 생리적 공유를 스스로 느끼고 있는 만큼 더욱 자신을 '어머니다움'으로 가장하고 싶은 유혹에 휩싸인다.

그것이 엉터리라는 것은 누구보다 본인이 가장 잘 알고 있을 것이다. 자식에 대한 집착이 '어머니다움'의 원점이라고 해도 필자가 보기엔 그 원점에서 보편적 모심에 이르는 거리는 멀기만 하다. "생명을 낳는 어머니는 생명을 지키고 생명을 길러 내도록 합시다"라는 '어머니 대회母親大會',[13]의 슬로건은 그저 슬로건에 불과할 뿐이다.

우선 이 점부터 정직하게 인정하도록 하자. 천황제를 무효화하기 위해서는 '어머니'에 대한 공동환상부터 타파해야 한다. 그러기 위해서는 우선 어머니들이 정직해져야 한다. 그런 뒤에 환상이 아닌 진정한 의미에서의 '어머니다움'을 창출하도록 남자들과 연대하라. 그곳에서 창출되는 것은 더 이상 '어머니다움'이 아닌 순수한 인간다운 생활이리라.

출처 : 『思想の科学』 1977年9月号 / 加納実紀代編, 『女性と天皇制』, 思想の科学社, 1979.7.

---

13 '삶과 어린이' '평화' '민주적제권리'라는 세 개의 이념을 축으로 한 여성대회. 제1회 대회개최(1955) 이후 기지반대투쟁, 안보투쟁, 오키나와 반환투쟁, 베트남 반전운동지원, 물가문제, 노인문제 등 당시 직면한 정세를 반영하여 다양하게 활동함.

자애로운 눈길의 천황제―하세가와 마치코의 망령

되살아난 망령

최근 일본 전역에 요괴가 배회하고 있다. 공산당 선언을 본 딴 말이 아니라 진짜 요괴가 등장했다. 요괴라기보다는 망령이란 표현이 적절할지 모르겠다.

이 망령은 잡지 『중앙공론中央公論』, 『제군諸君』, 『Voice』 등에서 활동하는 지식인과 마유즈미 도시로黛敏郎를 비롯한 '일본을 지키는 국민회의' 멤버들 사이를 떠돌고 있다. 그뿐만 아니라 오스트리아 학자 이반 일리치[14]를 농락하고 그 여세를 몰아 반反체제 에콜로지스트와 페미니스트들에게까지 그 세력을 넓혀가고 있다.

망령의 주인공은 바로 하세가와 마치코다. 그녀의 약력을 보니, 1946년 출생, 도쿄대학 문학부 철학과 졸업 후, 1987년 현재 사이타마埼玉대학 조교수로 재직 중이며, 고명한 여류작가의 후손이라고도 한다.[15]

왜 그녀가 망령일까. 도대체 누구의 망령일까.

1985년 11월, 부도칸武道館에서 1만 3천 명이 모인 가운데 '천황 폐하 재위 60년 봉축국민 모임'이 열렸다. 주최는 '일본을 지키는 국민회의'이

---

14 이반 일리치(Ivan Illich, 1926~2002) : 오스트리아 출신의 철학자, 신학자. 문명비평가. 라틴 아메리카를 중심으로 활동했으며 카톨릭 사제였으나 교회와 대립으로 해직됨. 의료와 학교제도를 중심으로 산업사회비판, 문명비판, 에콜로지론을 전개함.

15 조부는 호세이法政대학 총장을 역임한 영문학자 노가미 도요이치로野上豊一郎, 조모는 소설가 노가미 야에코野上弥生子, 부친은 도쿄대학 교수인 물리학자 노가미 요조野上耀三, 모친은 영어교육자 노가미 미에코野上三枝子.

다. 이 자리에 하세가와 마치코는 여성대표로 출석하여 다음과 같이 천황 찬가를 노래했다.

> 어머니란 바로 아이를 사랑하는 존재입니다. (…중략…) 어머니의 사랑처 럼 넓고 깊게 우리 국민 한 사람 한사람을 마음 깊은 곳에서 사랑해주는 분이 계십니다. 나는 그분이 바로 천황 폐하라고 생각합니다. (…중략…) 그 맑고 투명한 사랑으로 천황 폐하가 우리 국민 한 사람 한사람을 지켜 주시고 또 일본 전체를 지켜주고 계십니다. 그렇기 때문에 전후 폐허 속에서 우리는 앞 으로 나아갈 수 있었다고 생각합니다.

한편 「일본문화와 젠더」라는 주제의 심포지엄에서 하세가와는 일본 여성을 대표하여 다음과 같이 발언하기도 한다.

> 근대에서 젠더의 상실이란 바로 콘텍스트context의 상실을 의미한다. 단어 가 콘텍스트 안에서 비로소 생생한 의미를 갖듯 사람도 풍토나 사회에서 서로 조합이 되어야 존재한다. (…중략…) 하지만 콘텍스트 상실이 뜻하는 중대한 의미는 콘텍스트가 사라진 것이 아니라 사람들이 존재하는 콘텍스트를 조직 적으로 무시하게 되었다는 것이다. 이러한 현상이 가장 두드러진 것은 환경 파괴 문제다.

—「ニューウエーブ天皇論」, 『琉球新報』, 1986.4.11.

이상의 발언에 일리치는 깊은 공감을 표했다고 한다. 분명 하세가와와 일리치의 논의는 서로 상통하는 면이 존재한다.

그렇다면 하세가와의 천황찬가는 일리치의 논의와 어떻게 연결되는 것일까? 하세가와는 "일리치 씨는 어떻게 하면 사회가 유대감을 갖고 유기체로서 기능할 수 있을지 꾸준히 모색해 오고 계십니다. 바로 그 부분이 천황 폐하를 향한 제 생각과 일치합니다"라고 답했다고 한다.

이에 대해 일본 에코페미니즘의 창시자인 아오키 야요히靑木やよひ는 "일본 사정에 어두운 일리치 씨의 인식 부족을 하세가와 씨가 이용한 것입니다. 에콜로지는 원래 생명의 계층질서를 인정하지 않습니다. 그러므로 천황제와 아무런 관련이 없습니다"라고 반박했다고 한다. 하세가와 마치코가 일리치와 에콜로지를 무리하게 연결시켰다는 지적이다.

하지만 아오키의 논리 또한 위험하다. 왜냐하면 에콜로지를 "모든 생명의 계층질서를 인정하지 않는 것"이라고 규정하는 발언은 인간만이 아니라 모든 생명, 더 나아가 산천초목에 이르기까지 대등하다는 천황제의 논리와 변별성이 없기 때문이다.

예컨대 천황제가 일본 대내외에서 맹위를 떨치던 1941년, 천황제 체제 하의 국민으로서 갖추어야 할 자세를 기술한 『신민의 길臣民の道』[16]에는 다음과 같은 구절이 등장한다. "산천초목은 모두 신이 만들어 내신 것으로 국민과 선조를 같이 하며 예로부터 자연은 그냥 단순한 자연이 아니다"라고 말이다.

자연은 정복의 대상이라는 서양의 근대사상과 달리, 천황제 국가 일본의 자연은 인간과 마찬가지로 신에 의해 탄생한 것이며 따라서 자연에는

---

16 1941년 7월 제3차 고노에近衛 내각 당시 문무성교학국에서 간행한 책. 서구의 개인주의 사상을 부정하고 오로지 국체의 존엄을 관념으로 삼고 국가봉사를 제일로 삼는 '신민의 길'을 일상생활 속에서 실천하는 자세를 부르짖음.

항상 '애호'와 '감사'를 보내야 한다는 것이다.

미신으로 치부해버리면 그만이겠지만 이것을 자연의 질서, 생태계로 바꿔 생각하면 에콜로지(생태학)와 구별이 어려워진다.

이러한 논리에 농락당한 전형적인 예가 전전 농본주의자이자 여성사 연구가인 다카무레 이쓰에(高群逸枝, 1894~1964)였다. 필자는 하세가와 마치코에게서 바로 이 다카무레의 망령을 발견하였다.

다카무레 이쓰에의 '어머니 천황제'

다카무레 이쓰에는 『초서혼 연구招婿婚の研究』, 『여성의 역사女性の歴史』 등을 집필해 일본여성사연구에 커다란 족적을 남겼으며 여성해방사상가로도 잘 알려져 있다. 애초에 그녀가 여성사연구에 천착한 것은 해방사상을 규명하기 위함이었다고 한다.

1920년대 다카무레는 영미식 여권주의나 신여권주의(사회주의해방론)를 부정하고 후에 모성주의로 바뀐 신여성주의를 내세웠는데, 여기서 여성의 성性을 '자연=출산하는 성性'으로 규정하였다. 이른바 에코페미니즘[17]의 선구다. 이것이 15년 전쟁이 확대되면서 천황찬미로 이어졌다는 것은 널리 알려진 사실이다.[18]

다카무레의 에코페미니즘이 천황제에 어떻게 수렴되어 갔는지는 야마

---

17 1974년 프랑스 페미니스트 프랑소와 듀봉이 만들어 낸 용어로, 환경운동과 여성해방운동을 통합한 생태여성론.

18 加納実紀代, 「高群逸枝と長谷川テル」(『思想の科學』 1974年 10月号), のちに『女たちの銃後』に收錄, 鹿野政直・堀場清子, 『高群逸枝』, 朝日新聞社, 1977年 他. (― 저자 주)

시타 에쓰코山下悅子의 논의를 참고 바란다.[19] 바타이유, 아사다 아키라淺田彰 가라타니 고진柄谷行人 등의 이론을 접목시켜 세밀하게 분석하고 있는데, 필자가 이해한 선에서 정리해 보면 다음과 같다.

다카무레의 여성사 연구는 모토오리 노리나가本居宣長[20]의 『고지키전古事記傳』에서 출발하였다. 이 안에는 '남성父=서양=강권', '여성母=일본=사랑'이라는 구도를 명확하게 제시하고 있는데, 이는 노리나가가 말하는 이른바 '가라고코로唐心'[21]를 배제한 일본 고유의 세계와 연결된다. 즉 '선조=어머니'라는 여성원리를 자연관을 바탕으로 설파하며, 자연은 곧 '사실事實'이며 '제도성制度性'이라고 단언한다. 이것으로 '어머니=자연=제도성'이라는 공식이 성립되고 궁극적으로 '어머니 천황제'와 연결되어 간다.

이 '어머니 천황제'는 공황으로 인해 '어머니의 품'을 잃은 농촌공동체의 '분노'를 흡수하여, 아사다 아키라식으로 표현하자면 "머리 없는 카오스"를 낳게 된다. 야마시타 에쓰코는 15년 전쟁을 통해 끊임없이 적敵을 설정하는 것으로 '어머니 천황제'의 구심력이 발휘되었으며 결과적으로 '남근적 모성'이 본색을 드러내며 폭력과 테러리즘으로 무장한 '군국의 어머니'로 귀결된 것이라고 주장한다.

야마시타의 논리로 다카무레의 '어머니 천황제'는 거의 매장되는 듯했

---

19 山下悅子, 「高群逸枝の母性主義と天皇制」(『クライシス』 25号), 「カオスの噴出—天照大御神と高群逸枝」(同天皇制臨時増刊号), 「高群逸枝, 『母系制の研究』と本居宣長」(『挑戰するフェミニズム』, 社會評論社). (— 저자 주)
20 모토오리 노리나가(本居宣長, 1730~1801) : 에도시대의 국학자, 문헌학자, 의사. 18세기 최고의 고전연구가. 당시 해독불능 상태였던 역사서 『고지키古事記』의 해독에 성공하여 『고지키전古事記伝』(44권) 집필.
21 일본 고유의 정신 '야마토 다마시大和魂'에 위배되는 정신, 중국적으로 생각하는 방식, 중국문화에 심취하고 그것에 감화된 사상을 가진 것을 모토오리 노리나가가 비판적으로 한 말.

으나, 그 와중에 하세가와 마치코가 등장한 것이다.

'천황 폐하 재위 60년 봉축국민집회'에서 하세가와가 주장한 것은 '대어심'을 바탕으로 한 '어머니 천황제'였다. 여기에 신문사들까지 가세하여 '새로운 물결의 천황론'이라 떠들어대니 한심하기 짝이 없는 일이다. 하세가와가 간행한 『가라고코로からごころ』(中公叢書)만 보더라도 '어머니 천황제'론이 모토오리 노리나가 사상을 바탕으로 한 것임은 쉽게 알 수 있을 것이다. 그런데 도대체 어떤 점이 '새로운 물결'이란 말인가?

계속되는 '어머니 천황제'

이러한 사태는 모두 전후 천황제에 대한 비판이 결여되었기 때문이다. 전후 천황제 비판은 대략 두 가지로 나뉜다. 하나는 차별적 계층사회의 원흉이 천황제라고 보는 '가부장제 천황제론'이고, 다른 하나는 군사침략과 국내 반체제 탄압이 원인이라는 '군사·경찰 천황제론'이다. 둘 다 전전 천황제 실태를 정확하게 비판한 것이다.

그런데 이러한 남성 중심적인 실태와 달리 전전 천황제 역시 표면적으로는 다카무레식 '어머니 천황제'였다. 앞서 언급한 『신민의 길』에도 기술되어 있듯이 초목이나 조수鳥獸에 이르기까지 모든 생명을 일시동인시하여 자애롭게 기르는 것이 천황이다. 따라서 다른 나라를 강제로 침략하는 논리는 있을 수 없으며, 이異국민 스스로가 자발적으로 귀의하도록 하는 것이 일본의 천황제였다.

문제는 이러한 '어머니 천황제'가 단순히 표면적인 것에 그치지 않고,

일본 민중들에게 내면화되어 간 것이다. 이로 인해 전후 천황제는 쉽게 평화와 민주주의의 상징 천황제로 옷을 갈아입을 수 있었다.

패전 직후인 1945년 11월 21일, NHK는 천황제 존속을 둘러싼 방송좌 담회를 방영하였다. 여기서 '군사·경찰 천황제'를 폐지해야 한다는 공산 당 도쿠다 규이치德田球一의 주장에 대해, 천황제 유지파인 기요세 이치로 清瀬一郎,[22] 마키노 료조牧野良三[23]는 천황제의 본질은 평화적이고 민주적 이라는 논리로 대항하였다.

다음 기요세 이치로의 주장을 예로 들어보자.

일본 천황제의 본질 가운데 하나는 평화적이라는 것입니다. 전쟁을 하고 수습하는 것은 천황제에 위배됩니다. 또 하나는 국민을 제일 우선으로 하는 것입니다. 진토쿠仁德천황은 국민을 잘 살게 하는 것이 곧 짐朕이 잘 사는 것 이라고 말씀하셨습니다. 진정 민본적이라 하지 않을 수 없습니다. 이게 바로 천황제의 본질입니다.

기요세는 '어머니 천황제'가 바로 천황제의 본질이며, 전쟁 당시 나타 난 '군사·경찰 천황제'는 군부, 관료, 우익의 무리가 악용했기 때문에 생 겨난 것이라고 주장한다. 즉 허상과 실상이 역전되어 실상이 오히려 천황 제의 본질로부터 일탈되었다는 것이다. 방송 직후 벌인 여론조사에서는

---

22 기요세 이치로(清瀬一郎, 1884~1967) : 변호사, 정치가. 극동국제군사재판에서 도조 히데키東條英機의 변호를 맡은 바 있으며, 문부대신, 중의원 의장 역임.

23 마키노 료조(牧野良三, 1885~1961) : 정치가. 1916년 변호사가 되어 문부장관中橋德五 郎의 비서관의 거쳐 중의원의원에 당선自民党, 하토야마 내각 법무장관 역임. 1938년 국 가총동원법國家總動員法이 위헌이라 비판하기도 함.

국민들 대부분이 기요세의 의견에 지지를 보냈다.

당시 이와 유사한 발언은 얼마든지 찾아 볼 수 있다. 그토록 어마어마한 피해를 당하고도 천황제를 지지할 수 있었던 것은 전전 남성 중심적 천황제와 표리일체를 이룬 '어머니 천황제'가 민중의 환상을 자극하는 데 성공했기 때문이다.

이렇듯 민중의 환상에 기댄 '어머니 천황제'는 패전 이후에도 상징 천황제라는 이름으로 옷을 갈아입고 여전히 건재하다. 물론 제대로 된 비판은 최근까지도 이루어지지 않고 있다. 아마도 남성들 대부분이 '어머니 천황제'의 위험성을 간파하지 못한 까닭이리라.

전쟁 전 천황제가 남성중심이라는 사실을 인지한 상태에서 천황의 전쟁책임을 추궁했다면 어느 정도 천황제 비판이 가능했을지 모른다. 왜냐하면 전쟁에 대한 혐오와 천황 폐하를 위해 죽어가야 했던 기억이 아직 생생하게 남아 있었기 때문이다.

그러나 이 전후파 여성은 언제 그랬냐는 듯 태평양전쟁을 긍정하고 '어머니 천황제'를 칭송하고 있다.[24]

하세가와 마치코의 논리를 비판하는 일은 그리 어렵지 않다. 진부한 논리를 재탕한 것에 불과하기 때문이다. 『가라고코로』라든가 얼마 전 물의를 일으켰던 「남녀고용평등법은 문화의 생태계를 파괴한다男女雇用平等法は文化の生態系を破壊する」(『中央公論』, 1984年 5月号)라는 논의만 보더라도 논리의 단순성을 짐작할 수 있다.

---

24 「태평양전쟁'부정'론」, 『가라고고로』에 수록. 태평양전쟁을 부정하는 발언과 동시에 하야시 후사오林房雄의 『태평양전쟁긍정론』을 전면 긍정하는 것으로 헌법9조 개정을 시사함. (— 저자 주)

일본인을 초역사적인 것으로 일원화시켜 '중국적인 것=가라고코로唐心'[25]와 '일본적인 것=야마토고코로大和心'를 대비시키고, 서구와 일본을 대비시켜 도식화한 것에 불과하다. 이 논리 역시 다카무레 이쓰에의 망령이 깃든 탓이리라.

그런데 문제는 중국에 대한 반이성적, 무자각적인 '가라고코로'와 '야마토고코로'가 표리일체를 이루며 서구적 이성과 대치하는 것으로 결과적으로 다카무레의 도식과 그 구별이 모호해진다는 점이다.

하세가와는 또 「'국제사회'의 국제화를 위하여国際社会の国際化のために」라는 글에서, 영어 '인터내셔널리제이션Internationalization'이라는 말과 일본어 '국제화'라는 말의 어감을 문제 삼는다. 즉 '인터내셔널리제이션'이 구미 제국의 식민지분할 경쟁 속에서 탄생한 '무엇 무엇을 국제화한다'라는 타동사인데 반해, 같은 말이 일본어로 번역될 때는 '저절로 국제적이 된다'라는 의미의 자동사로 바뀌는 점에 주목했다. 매우 흥미로운 발상이다.

그런데 자동사로서의 '국제화'의 의미를 대국 일본의 왕도주의王道主義 측면에서 조망하면(「大和心と漢心」, 『Voice』, 1986年 9月号), 전시 팔굉일우 주장과 같은 선상에 자리한다. 즉 전시하에서 고창되었던 팔굉일우는 일본 밖에서 보면 명백한 침략논리지만 일본 내에서는 오히려 화和의 정신에 근거한 사랑의 논리로 기능하였다. 1937년 문부성이 간행한 『국체의 본의国体の本義』[26]에 등장하는 팔굉일우, 즉 "천하八紘를 한 지붕 아래 둔

---

25 유교에 감화되어 중국에 심취하는 마음, 중국식 사고방식을 이름. 야마토 고코로大和心와 대비를 이룸.

26 1937년 '일본은 어떠한 나라인가'라는 주제로 문부성에서 편찬한 서적. 서두에서 신칙神勅과 만세일계万世一系를 강조함. "대일본제국은 만세일계의 천황황조天皇皇祖의 신칙을 받들어 영원히 이를 통치한다. 내가 만고불변의 국체다"라고 국체를 정의한 뒤 공산주의 및 무정부주의는 물론 민주주의와 자유주의도 국체에 어울리지 않는다고 부정함.

다一宇”라는 말은 다시 말해 가족국가 일본의 화和의 정신을 세계로 확대해 가겠다는 의미인 것이다.

따라서 ‘침략하다’ ‘정복하다’라는 타동사도 침투, 확대와 같이 제멋대로 자동사적으로 바꿔 사고하였다. ‘동화同化’라는 말 역시 일본의 화和의 정신에 비추어 타동사가 아닌 자동사적으로 발상하였다. 하세가와의 말을 빌자면 타자의 의견을 묵살한 ‘무시의 구조’인 것이다. “영미英美 사상에 이성을 잃은 방탕아 장제스蔣介石에게 사랑의 매를 든다”라는 말도 안 되는 논리를 앞세워 무려 2천만에 이르는 중국인을 죽음으로 몰아넣었던 것도 이 ‘무시의 구조’가 작동한 탓이리라.

이 화和의 정신을 앞세운 일본식 사고방식은 주변 국가에 막대한 해를 끼쳤다. 그것은 일본 사회 내부도 부패시켰다. 일본 사회는 타자에 비춰진 모습을 통해 자신을 갱신하고 재생할 기회를 전혀 가질 수 없는 폐쇄된 구조였기 때문이다.

이는 일본인이 패전을 통해 배워야 할 가장 중요한 사실이었다. 아이들에게 ‘15년 전쟁’이 ‘침략전쟁’이었음을 교육하는 것은 단순히 역사적 사실을 전달하는 것이 아니라 지극히 주관적인 자동사적 세계관을 허무는 일이기도 할 것이다. 그런데 유감스럽게도 최근의 역사교과서 문제에서 볼 수 있듯 ‘침략’을 ‘진출’로 바꿔 부르거나 하세가와 마치코처럼 ‘국제화’의 의미를 제멋대로 해석하는 등, 일본 사회는 여전히 지극히 자기중심적인 자동사적 세계관에 매몰되어 있는 듯하다.

잔반^{殘飯}이 날려버린 환상

결국 하세가와 마치코의 논의는 40년 전에 매장되고 사라진 전쟁 이데 올로기를 미사여구로 재포장하여 내놓은 것에 불과하다. 그런데 그것을 새로운 물결이라며 추켜세우고 있는 전후 40년이 지난 현재 상황을 생각 하면 우울해질 뿐이다. 하지만 이러한 상황일수록 '어머니 천황제'의 본 질을 제대로 파악할 필요가 있을 것이다.

하세가와 마치코는 '어머니 천황제'를 발견하게 된 계기를 다음과 같이 말했다.

어느 날 태풍이 도쿄를 비켜나 규슈九州에 상륙했다. 수행하는 사람들이 서 로 다행이라고 입을 모아 말할 때, 폐하는 규슈가 어떻게 되었는지 걱정하셨 다고 한다. 이 기사를 접하고 눈이 번쩍 뜨였다. 폐하는 우리 한 사람 한사람까 지 신경 써주신다. 폐하가 계시는 한 일본에서 버림받는 사람은 한 사람도 없 을 것이다.

그냥 웃어넘길 수도 있는 문장이지만 그러기엔 심상치 않아 보인다. 설령 천황이 규슈의 태풍 상황을 걱정했다고 하자. 그런데 그것이 어째서 국민 한 사람 한 사람까지 신경 써준다는 발상으로 이어지는 것일까? 천 황의 안중에 1억 2천만 국민 한 사람 한 사람이 모두 들어올 리 만무하다. 폐하가 진정 국민 한 사람 한 사람을 굽어 살피신다면 빈민층 산야山谷[27]나 조

---

[27] 도쿄의 산야山谷, 요코하마의 고토부키마치壽町, 오사카의 아이린 지구는 대표적으로 일용직 노동자들이 많이 모여 사는 지역. 이곳에 사는 노동자의 노동조건은 나쁘며, 폭

직폭력배의 착취로 몸살을 앓는 고고토부키마치壽町가 존재할 리 없다. 매년 늘고 있는 어린이 자살사건은 어떻게 설명할 것인가? 도심 일등지에 광대한 저택을 소유하고 고작 22명의 황족을 위해 연간 230억 엔이나 되는 국민의 세금을 쓰면서도 태연한 이유는 무엇일까?

이런 식으로 구체적인 사실을 하나씩 들어간다면 '대어심=모심'이라는 허구를 비판하는 일은 그리 어렵지 않을 것이다.

패전 이듬해인 1946년 5월 19일, 식량 메이데이에 황궁 앞에 25만 명이나 성난 민중들이 모여들어, "짐朕은 배터지게 먹고 있다, 너희 민중들이야 굶어 죽든 말든"이라는 구호를 외치며 분노를 표출하였다. 사건이 터지기 일주일 전, 굶주린 민중들은 세타가야世田谷에 있는 전쟁피난민 주택단지에서 집회를 연 뒤 황궁으로 몰려갔다. 그때 황궁 부엌에 버려진 잔반을 발견하자 굶주린 민중들의 분노는 일거에 폭발했다.

국물을 우려내는 데 쓰는 두꺼운 다시마에 여기저기 붙어 있는 하얀 쌀밥 덩어리, 살점이 잔뜩 들러붙어 있는 생선뼈 등, 지금이야 음식물 쓰레기에 불과할지 몰라도 당시 민중들에게는 대단한 성찬이었다. 그런데 천황가 부엌에서는 아무렇지도 않게 버려지고 있었던 것이다.

매일 영양실조로 죽어나가는 판에 여전히 구름 위 생활이라니, 어쩜 그렇게 무신경 할 수 있는지 모르겠습니다. 화가 나는 것은 당연하며 화나지 않는다면 제정신이 아닙니다.

— 潮地ルミ, 「宮城のダシ昆布」, 『銃後史ノート』, 復刊7号.

력단의 미끼가 되는 경우도 많고 거리 곳곳에서 반전反戰, 반천황제 전단지나 간판 등을 볼 수 있음.

당시의 충격을 이렇게 전한 여성은 사실 패전 당시 칙서勅書를 들고 일부러 소개지疏開地에서 상경하여 황궁 앞 자갈밭에 무릎을 꿇었던 황국 여성이었다. 황궁의 잔반은 황국 여성의 천황에 대한 환상마저 일거에 날려버린 것이다.

특고경찰 자료를 잘 살펴보면, 전쟁 당시 민중들 상당수가 ‘대어심’따위는 허구라는 사실을 이미 간파하고 있었음을 곳곳에서 포착할 수 있을 것이다. 지금도 이런 식으로 구체적인 사실을 들어 국민들에게 호소하는 것이 의외로 효과적인 방법일지 모른다.

그러나 시대가 어떤 종류의 환상을 필요로 할 때, 민중들의 무의식 속에는 ‘불안’이 축적되어 그것으로부터 벗어나기 위한 출구를 찾게 된다. 이때 피상적인 비판은 먹혀들지 않는다. 무엇보다 민중들을 설득하기 위해서는 보다 구체적인 내적 논리가 필요하다.

여기서 주의할 것은 에콜로지나 에코페미니즘이 왜곡될 우려가 있다는 것이다. 분명 ‘어머니 천황제’와 상통하는 부분이 있으며 숨 막히는 ‘근대’의 질곡을 모색하기 위해서는 어쩔 수 없는 일이기도 하다. 이러한 문맥에서 ‘어머니 천황제’를 내재적으로 비판하는 것은 에콜로지 및 에코페미니즘과의 경계를 명확히 하는 일이기도 할 것이다. 이를 위해서는 우선 하세가와 마치코가 주장하는 ‘어머니 천황제’가 무엇인지, 다카무레의 주장과는 어떻게 변별되는지, 그것은 또 21세기 고도의 자본주의국가 일본에 있어 어떠한 의미를 갖는지 살펴볼 필요가 있을 것이다.

자애로운 눈길의 천황제

하세가와 마치코가 주장하는 '어머니 천황제'의 '어머니=천황'은 자애로운 어머니의 모습은 아니다. 여기에서 천황은 자애로운 어머니가 아닌 '슬퍼하는' 어머니다. 이 '슬프다'라는 단어가 풍기는 어감은 매우 미묘하다. 앞서 언급한 신문기사 제목이 「모성의 슬픈 상像」이라고 되어 있는데 여기에서 슬픔은 단순한 슬픔이 아니다. 슬픔이자 애처로움이며 사랑스러움이기도 하다. 아니면 그 어느 것도 아닐 수 있다.

앞서 살펴본 하세가와의 문법을 적용하면 '슬프다'는 타동사일까? 자동사일까? 문법적으로는 '무엇 무엇을 슬퍼하다'라는 타동사지만 실은 자동사에 가까운 표현이다.

따라서 '어머니 천황제'는 능동적인 구세주도 아닐 뿐더러 민중의 고통을 한몸에 짊어진 수동적 구세주도 아니다.

하세가와가 말하는 "슬퍼하는 천황"은, "선인이나 악인이나 이름 있는 자나 없는 자나 부자나 가난한 자나 천황 폐하를 존경하는 자나 그렇지 않은 자 모두를 평등하게 지켜보시고 슬픈 눈으로 가만히 지켜봐 주시는 존재"이다. 그저 응시만 하는 존재인 것이다. 하세가와는 그러한 천황의 '눈길'만으로도 일본국민이 정화되고 타락의 늪에서 구원된다고 말한다.

다분히 종교적인 발상이다. 현세이익을 중요시하는 신흥종교는 별개로 치더라도 말이다. 인간에 불과한 천황에게 상징성을 부여하고, 천황제를 제도로 확립시키자는 논리가 바로 '어머니 천황제'다. 하세가와가 생각하기에 추상화된 자애로운 '눈길'의 '어머니 천황제'야말로 21세기 일본 사회에 가장 적합한 시스템이었던 것이다.

하세가와의 천황찬미에는 일본적 자연관을 바탕으로 한 낙관적 이데 올로기가 짙게 투영되어 있다. 이를테면 "선인이나 악인이나 이름 있는 자나 없는 자나 (…중략…) 모두 평등하게 지켜보시고"라는 발언은, 선악 시비善惡是非에 따라 차별화하는 '사카시라고코로さかしらごころ'[28]를 배격 하고 '야마토고코로'를 주장한 모토오리 노리나가本居宣長의 주장과 정확 히 일치한다. 또한 가라타니 고진이 『비평과 포스트모던批評とポスト・モ ダン』에서 주장한 자연관과도 상통한다. 즉 산천초목을 포함하여 존재하 는 모든 것에 긍정적인 마음을 갖자는 것이다. 이런 사고방식이라면 현상 을 타파하려는 의지가 생길 리 만무하다.

그런데 다카무레 이쓰에는 이런 일본적 자연관이 가지고 있는 '현상긍 정'에 바로 적응하지 못했던 듯하다. 1931년 이른바 '숲 속의 집森の家'[29]에 은둔하기 전까지 아나키스트 및 여성해방사상가로서 현상에 날카로운 비 판을 가하고 변혁을 꾀하였던 그녀로서는 『고지키전』의 세계에 몰입한 뒤 에도 일본식 자연관이 내포하고 있는 잔혹함에 괴로워했다.

숲 속은 평화롭지만 잔혹한 세계이기도 하다. 거실 마루에서 내려다보니 개미지옥과 같은 구멍이 줄지어 있고 개미가 그곳으로 미끄러지면 잠잠하 던 구멍이 갑자기 꿈틀대며 순식간에 마수에 걸린 마냥 땅 속으로 빨려 들어 간다. (…중략…) 개똥지빠귀가 먹다 남긴 듯한 파랑새의 깃털이 널려있고 작 은 머리도 참혹하게 굴러다닌다. 나뭇가지에 개구리의 몸통이 관통하기도

---

28 현명한 체하는 것.
29 1931년 다카무레 부부의 거주 및 연구를 위해 지어진 서양식 2층집으로, 헨리 데이빗 소 로우의 『숲 속의 생활』을 본 따 '숲속의 집'으로 명명함. 다카무레는 이 집에서 일절 외 출과 면회를 거부한 채 여성사 연구에 몰두함.

한다. 새끼를 데리고 나온 자고새를 고양이가 쫓아다니기도 하고 밤에는 뱀이 나무에서 자고 있는 새들을 덮치는지 때 아닌 비명소리가 들리기도 한다.

—『火の国の女の日記』

에콜로지에 공감하는 사람이라면 자연을 평화로운 세계라고 말하지 못할 것이다. 자연은 약육강식이 지배하는 잔혹한 세계다. 하지만 다카무레는 사랑이라는 이름으로 이 잔혹한 세계를 긍정하기 시작한다.

사랑이란 용서하는 것이 아니라 긍정하는 것이라고 나는 이 숲속 주민들을 보며 생각했다. 개똥지빠귀나 뱀, 개미지옥의 잔학행위를 나는 결코 용서할 수 없다. (…중략…) 하지만 인간을 포함한 모든 생명체는 다른 생명을 위협하지 않고는 생존할 수 없다는 사실도 수긍해야 한다. 따라서 만약 내가 그런 온갖 생명을 사랑한다면 그 생명들의 잔학한 행위도 긍정할 수밖에 없다.

—『火の国の女の日記』

다카무레는 잔학한 자연현상에 대한 분노와 노리나가 식 자연관에 의한 긍정 사이의 모순에서 고민한 결과 '사랑=제도화로서의 어머니 천황제'라는 대안을 제시한다. 다카무레의 '어머니 천황제'의 논리는 이렇게 고민한 과정 속에서 탄생한 것이다.

하세가와 마치코에게는 이러한 고민의 흔적은 찾아볼 수 없다. 하세가와가 유기적이고 어설픈 '사랑'으로 일관했다면 다카무레는 무기적이고 투명한 '슬픔'이라는 카드를 꺼내 들었다. 다카무레의 '어머니 천황제'가 전쟁 전 투박한 후발자본주의국 일본이 만들어낸 환상이라고 한다면, 하세가와의 그것은 감정을 느낄 수 없는 정보자본주의가 만들어낸 환상이라 할 수 있을 것이다. 마치 사람의 감정이 개입되지 않은 텔레비전 화면처럼 말이다. 정보화 사회의 발전으로 이러한 현상은 계속해서 확대 재생산되고 있다. 사람과 사람 사이의 유기적 관계를 상실한 채 부유하는 사람들은 텔레비전 속에서나마 천황의 자애로운 '눈길'을 받고서야 비로소 자신이 '일본인'임을 자각하게 된다.

하세가와의 기만에 걸려든 사람들은 천황의 '눈길'에서 인간적인 슬픔이나 애절함, 사랑을 꿈꿀 것이다. 왜냐하면 많은 일본인들은 자신을 위해 울어줄 수 있는 사람이 있다는 것만으로 안도감을 느끼기 때문이다. 적어도 다카무레가 살아간 시대는 자신을 위해 울어줄 사람, 마지막 기댈 곳은 어머니의 존재였다. 그렇기 때문에 특공대 젊은이들이 하나같이 "어머니 부디 울지 마세요"라는 틀에 박힌 말을 남기고 죽어간 것이다.

그러나 요즘 어머니들은 더 이상 울기만 하는 존재가 아니다. 현실의 어머니가 더 이상 울어주지 않게 되자 천황제가 슬픔을 앞세워 눈물로 유혹하기 시작한다.

앞서 하세가와는 어떻게 하면 사회가 공동체적 유기체로서 기능할 수 있는가를 고민한 데에서 '어머니 천황제'와 일리치의 논의가 일치한다고 지적한 바 있다. 분명 자애로운 어머니를 상징하는 '어머니 천황제'를 중심으로 국가는 하나의 유기체를 이루게 된다. 국민들 개개인은 불만을 갖기보다 자애로운 '눈길'에 안주하려 한다. 설령 불만이 있다손 치더라도 자애로운 '눈길' 하나면 모두 해소된다. 그 결과 국내의 모든 잡음은 사라지고 국가는 조용한 화和의 세계가 시작될 것이다. '어머니 천황제'가 지배하는 사회에는 '머리 없는 카오스'와 같은 혼돈은 없을 것이다.

다카와 겐조田川建三는 잡지 『크라이시스』의 대담(「ヒロヒトの60年と民衆の60年」, 『クライシス』 28号, 1986年 夏)에서 고도정보자본주의국가 일본에 있어 팔굉일우는 이미 완성단계에 있다고 지적한 바 있다. 이 팔굉일우를 유지하고 확대하는데 카오스는 더 이상 필요 없다. 단지 주변의 불필요한 소음(이단)을 제거하기 위해 대량학살 버튼을 누를 수 있는 냉정한 부품만이 필요했던 것이다. 하세가와 마치코가 주장하는 '슬픔의 천황제'는 이 같은 무자비한 화和의 세계를 초래한다.

그렇다면 이 '어머니 천황제'와 에콜로지 및 에코페미니즘의 경계를 명확하게 구분할 수는 없을까? 방법이 없는 것은 아니다. 다음과 같은 세 가지 방법을 생각할 수 있다.

첫째, 하세가와가 주장하는 "공동체적 유기체로서의 사회"를 '국가'로부터 탈환할 수 있을지의 여부.

둘째, 일견 평화로운 세계로 비춰지는 자연의 이면에 잔혹한 세계가 존재함을 받아들이고 그 현상을 타파할만한 논리를 갖출 것.

셋째, '내적 자연=출산하는 성性'으로 간주되어 온 여성의 성을 '근대적 자아=자기동일성'이라는 안티테제에 대입할 것이 아니라, 스스로를 타자화하고 이화異化하는 이른바 자동사적 세계를 해체하는 논리로 풀어갈 것.

출처 : 「眼差しの母なる天皇制」, 『クライシス』 28号, 1986年 夏.

'아버지 천황제'와 '어머니 천황제'

분열되는 천황제론

다음은 상반된 천황제론을 펼치는 두 명의 여성의 글이다.

나를 억압하는 것, 지배하는 것, 내 위에 밤낮으로 군림하는 절대 권력자가 존재한다. 그는 바로 아버지다. 가부장제가 천황제의 직계로 기능하였던 것은 전후의 일이다. 전쟁 전에는 없던 일이다. 그러나 나는 아버지를 분명 천황제로 인식하고 있었다. 여기서 말하는 천황제란, 나 자신이 원하지도 인정하지도 않은 인간이 나에게 절대적인 지배력을 행사한다는 의미다.

어머니는 아이를 사랑하는 존재라고 말할 수 있다. (…중략…) 그런 어머니의 사랑을 훨씬 뛰어넘는 넓이와 깊이로 우리 국민 한 사람 한사람을 정말로 깊이 사랑해 주시는 분이 계시다. 바로 천황 폐하시다. (…중략…) 이 맑디맑은 사랑으로 천황 폐하가 우리 국민 한 사람 한사람을 지켜주시고 또 일본 전체를 지켜주신다. 그렇기 때문에 우리는 전후의 폐허 속에서 앞을 향해 전진할 수 있었다고 생각한다.

전자의 인용문은 고마샤쿠 기미駒尺喜美의 「여성에게 있어 천황·가부장의 모습女にとっての天皇·家父長の姿」(『女性と天皇制』, 思想の科学社, 1979)에서 발췌한 글이다. 다음은 하세가와 마치코가 '천황 폐하 재위 60년 봉

축국민모임'에서 발언한 내용 일부를 인용한 것이다.

고마샤쿠는 자신의 아버지에게서 천황의 모습을 발견한다. 그리고 아버지가 천황으로 군림하는 가부장제를 여성차별의 근원이라 규정했다. 천황제는 차별과 억압의 상징이며 가부장제는 악이라는 논리는 고마샤쿠뿐만 아니라 많은 여성학자들이 반反천황제의 논거로 사용되어 왔다.

이에 비해 하세가와는 천황에게서 어머니를 보았다. 이때 어머니는 평등과 융화의 상징이다. 전자를 억압적인 '아버지 천황제'론이라고 한다면 후자는 융화적인 '어머니 천황제'론이라 할 수 있다. '어머니 천황제' 안에는 어머니와 천황이라는 두 겹의 상징 장치가 내재되어 있다. 즉 어머니를 융화와 평등의 상징으로 규정하고 순화된 '어머니'를 천황에게서 발견하는 것이다. 이를 통해 '어머니 천황제'에 대한 환상을 배가시킨다.

이러한 환상은 전쟁 전 천황이 권위와 권력을 독점하던 시절에도 존재하였고, 패전 후 천황이 전쟁책임을 추궁당하거나 '천황제 폐지' 목소리를 은폐하고 '상징 천황'으로 연명을 꾀하던 시절에도 존재하였다.

패전 직후인 1945년 11월, 천황제 폐지를 둘러싼 좌담회에서 기요세이치로清瀬一郎는 다음과 같은 발언을 한다.

일본 천황제의 본질 가운데 하나는 평화적이라는 것입니다. 전쟁을 수행하고 그것을 수습하는 것은 천황제에 반하는 것입니다. 다른 하나는 백성을 제일로 삼는 것입니다. 진토쿠仁德천황은 "백성이 잘 사는 것이 곧 짐이 잘사는 것"이라고 말씀하셨는데 이것이 바로 민본주의이자, 천황제의 본질입니다.

기요세는 평화적이고 민본주의적이라는 점을 들어 '어머니 천황제'를 옹호하였다. 이러한 주장은 천황제 옹호론자들에게는 낯설지 않은 것이다. 왜냐하면 '어머니 천황제'는 포스트 근대의 사상적 조류 속에서 여전히 지지를 받고 있기 때문이다. 하세가와 마치코 역시 "지극히 일원적인 가치체계인 이성주의로 이루어진 서구문화"를 보편적 가치로 삼는 "문명의 제국주의"를 재고하기 위해 '어머니 천황제'의 의의를 찾았다(長谷川三千子, 「亡靈より愛をこめて」,『クライシス』29号, 1987).

서구 근대의 자아나 이성주의 등 부성父性원리를 부정하는 '어머니 천황제' 논리는 에콜로지나 페미니즘, 즉 여성의 생식력이라는 신체의 자연성에 바탕을 둔 여성해방론이나 에콜로지컬 페미니즘과 그 양상이 매우 유사하다.

천황제를 '어머니 천황제'라는 측면에서 보면 차별과 억압은커녕 여성해방의 상징이 되는 것이다. 여성해방이라는 축을 중심으로 차별과 억압의 '아버지 천황제'와 평등과 해방의 '어머니 천황제'라는 두 개의 분열된 형태로 나타나는 것이다.

왜 이러한 분열이 생기는 것일까? 이 점은 메이지 국가가 만들어 낸 '아버지 천황제'의 실태를 통해 그 성립 이전으로 돌아가 검토해 보면 분명히 드러날 것이다.

'아버지 천황제'의 성립

1881년(메이지 14) 자유민권운동이 고조되는 가운데 국회개설에 관한 칙서가 공포되었다. 이와 맞물려 천황제 국가체제를 둘러싼 논의가 활발하게 전개되었다. 그 가운데 서부지역을 대표하는 릿시샤立志社[30]와 동부지역을 대표하는 오메이샤嚶鳴社[31] 사이에서 여제女帝, 즉 여성 천황을 둘러싼 찬반논의가 격렬하게 펼쳐졌다.

논의는 이전에도 여제가 존재했으며 세계적 추세인 남녀평등사상을 반영하여 여제를 인정해야 한다는 의견과 오메이샤의 리더인 누마 모리카즈沼間守一,[32] 시마다 사부로島田三郎[33] 등을 중심으로 여제는 절대 인정해서는 안 된다는 두 가지로 크게 나뉘었다. 이 가운데 누마 모리카즈의 반대 입장을 들어 보자.

일본의 현 사회는 부부 중 어느 한쪽을 존중하게 되어 있다. 남편에게 순종하는 것을 아내의 미덕이라고 말하는 이유가 무엇이겠는가? 남편을 제일로 여기고 아내는 그 다음이라고 생각하기 때문이다. (…중략…) 그런데도 여제를 주장하겠는가? 모든 국민이 동감할 것이다. 우리 폐하는 지극히 존엄하신 분이다. 그런데 이 지귀지존至貴至尊하신 분이 남편에게 순종해야 한다는 말인가? 이것은 그 존엄에 해를 입히는 것이다. (…중략…) 속담 중에도 '어머니의 배는 잠시 빌리는 것'이라는 말도 있지 않은가? 만약 신하가 여제의 배

---

30 1874년 이타가키 다이스케板垣退助 등이 의회설립을 제창하며 시코구四國의 고치高知에 설립한 정치결사. 처음에는 사족士族구제가 목적이었으나, 훗날 민선의원民選議員설립운동 등 자유민권운동의 중심이 됨.

31 1878년 원로원 대서기관 누마 모리카즈沼間守一가 설립한 정치결사. 민중에게 법률사상을 계몽하기 위해 법률강의회法律講義會를 열고거나 공개강연회를 통해 자유민권을 주장함.

32 누마 모리카즈(沼間守一, 1843~1890) : 저널리스트, 정치가, 민권가. 오메이샤嚶鳴社 설립, 『도쿄요코하마이니치東京横浜毎日신문』 간행, 입헌개진당立憲改進党 결성에 참가.

33 시마다 사부로(島田三郎, 1852~1923) : 저널리스트, 정치가, 관료. 1882년 오메이샤 간부로 입헌개진당결성에 참가.

우자가 되어 황태자를 낳는다면 민중들은 황통일계, 만방무비萬邦無比의 황
태자로 떠받들 수 있을까? 일개 신민의 혈통이 황실에 섞였다는 의혹을 초래
할 것이고 그로인해 존엄이 손상될 것이다.

—『東京横浜毎日新聞』, 1882.3.26.

일본 사회에서는 아내가 남편에게 순종해야 하기 때문에 만약 여자가
천황에 즉위하여 결혼을 하면 천황이 신하인 남편을 섬겨야 하므로 권위
에 손상을 입게 된다. 또 한 서민들 사이에서는 부계父系 혈통을 중시하는
풍조가 일반적이었으므로 황태자가 태어난다고 하더라도 만세일계의 황
통으로 보기 어렵다는 것이다.

근대 이전에는 스이코推古천황[34]을 위시하여 8명의 여제가 존재하였
다. 그런데 이러한 천황제 전통을 무시하면서까지 여제를 반대해야 했던
이유는, '왕정복고王政復古'라는 이름으로 메이지 유신 이후 부활한 천황
제가 단순히 '복고'가 아니라 근대 국민국가의 통합원리여야 했기 때문이
다. 훗날 국권파國權派의 입헌개진당立憲改進黨[35]에 합류한 시마다나 누마
역시 같은 입장이었다.

이들에게 천황은 어디까지나 지귀지존, 만세일계의 권위적 존재여야
했으며, 더구나 남존여비가 당연시되던 사회 분위기 상 여자가 천황의 혈
통을 계승한다는 것은 상상하기 어려운 일이었다. "우리 황통에 추호의
의심을 품게 해서는 안 된다. 만세일계의 황통임을 명백히 확립하는 데

34　일본 최초의 여천황. 실질적인 정치는 조카인 황태자 쇼토쿠태자聖德太子가 맡아함.
35　메이지기 자유민권운동을 대표하는 정당 가운데 하나. 1882년 4월 결성. 초대 당수는 오
　　쿠마 시게노부大隈重信. 도시의 자본가, 지식인층 등을 지지기반으로 삼고 있으며 '왕실
　　의 존영' '인민의 행복'이라는 2대 방침을 통해 정치점진주의를 주장함.

노력해야 한다"는 누마의 주장은 그 대표적인 예라 할 수 있다.

이러한 '여제불가'론은 전적으로 천황의 권위를 강화하려는 통치자 측의 정치적 판단에 따른 것이었다. 이것은 당시 민중들 사이에 천황의 권위가 뿌리내리지 못했음을 반증하는 일이기도 하다. 적어도 누마와 그 지지자들에게 메이지 헌법이 규정한 현인신現人神 의식은 전혀 찾아볼 수 없다.

또한, 근대 국민국가를 형성하는 데에는 황실을 종가로 하는 '가족 국가'가 적합하다고 판단한 것이다. 이들의 주장이 1889년(메이지 22)에 제정된 메이지헌법과 「황실전범皇室典範」에 반영되어 지금까지 이어지고 있다.

전후 민주화된 상징 천황제에서도 여성은 황위계승에서 완전히 배제되었다. 왜냐하면 전후 제국헌법 제2조 "황위는 황실전범이 정하는 바에 따라 남자 황손이 이를 계승토록 한다"라는 조항과 이와 함께 제정된 구舊황실전범 제1조 "대일본국 황위는 선조의 황통을 남계男系의 남자로 하여금 계승토록 한다"라는 조항을 그대로 답습했기 때문이다. 실제로 누마와 시마다의 여제 부정론은 황실전범 성립에 상당한 영향을 미쳤다.

황실전범의 원안인 「황실제규皇室制規」는 1885년에 발안한 것으로 추정되는데, 이 안에는 남계를 원칙으로 하나 황족 중 남계가 끊어질 때에는 여계女系가 계승도록 하여 여성의 황위계승을 인정하고 있다. 그런데 무엇보다 여계가 사라지게 된 데에는 메이지헌법 구축에 혁혁한 공을 세운 이노우에 고와시井上毅[36]의 반대가 결정적이었다. 이노우에는 「황실제규」에 대한 의견서인 「근구의견謹具意見」에서, 오메이샤의 여제논쟁을 매

---

36 이노우에 코와시(井上毅, 1844~1895) : 무사, 관료, 정치가. 자작, 법무장관 등을 역임. 이토 히로부미伊藤博文의 브레인으로 활약하며 군인칙유軍人勅諭의 기초에 관여. 또 이토 히로부미 밑에서 대일본제국헌법大日本帝國憲法 및 황실전범의 기초에 참여함.

우 높게 평가하면서 누마와 시마다의 여제부정론을 인용하여 여제를 폐지할 것을 주장하였다(『梧隱文庫刻陰』). 그 결과 황실전범에서 황위 계승자는 남계남자男系男子를 원칙으로 하게 된 것이다.

이 누마와 시마다의 발언에 촉발된 여제를 배제한 가부장적 황실이 아직까지 견고하게 유지되고 있다. 일각에서는 당시 일반 민중들의 남존여비사상을 근거로 했다고 보기도 한다. 이런 면에서 본다면 일반 민중들 사이에 널리 유포되었던 남존여비적 가부장제가 지금의 '가부장적 천황제'를 낳았다고도 말할 수 있을 것이다.

황실전범과 이에제도家制度

그러나 여제논쟁 당시에는 누마 등이 주장한 것처럼 일반 민중들 사이에 남존여비적 가부장제가 정착되지는 않았다. 그들이 속한 사족士族의 경우 남존여비사상, 장남상속이 일반적이었으나 90퍼센트 이상의 평민 가정에서는 지역에 따라 막내가 상속하거나 장녀가 상속하는 등 부계父系만으로 한정되지 않았다.

또 남존여비 풍조도 일반 서민들과 차이가 있었다. 생산단위이기도 했던 대가족 하 주부들은 집안을 관리하는 책임자로 인정받았기 때문에 대를 이을 아들을 낳기 위한 도구로 취급되었던 사족의 아내들과 대우가 달랐다.

1898년에는 천황제 국가의 가족 형태를 규정하기 위해 민법이 제정되었다. 그 과정에서 장자남 상속을 주장하는 호즈미 야쓰카穗積八束[37]에게

우메 겐지로梅謙次郎[38]는 서민들의 다양한 상속 실태를 지적했다. 이에 호즈미가 "백성의 관습은 관습이라고 할 수 없다. 사족이나 화족華族에 따라야 한다"고 반격했다는 일화는 유명하다. 이는 메이지 20년대 후반까지도 백성의 관습은 아직 다양성이 유지되고 있었다는 사실을 말해주는 것이다. 따라서 시마다, 누마 등이 여제배제의 논거로 일반서민의 남존여비 사상을 든 것은 객관성이 결여된 것이었다.

그러나 결국 그들의 주장대로 무가武家의 장자남 상속을 규정한 황실전범이 제정되고 가부장적 천황제 구축이 시작되었다. 그리고 일반가족을 규정하는 민법도 천황가의 가부장적 상황에 맞추어 만들어지게 되었다.

민법이 제정되기까지는 우여곡절이 많았다. 1880년 메이지 정부가 불평등조약 개정조건을 만들기 위해 프랑스 법학자 보아소나드를 초안위원으로 하여 민법 제정에 돌입하였고, 1889년 가부장제 천황제를 규정한 헌법 및 황실전범이 제정되었으며, 그 이듬해에 제정, 공포되었다. 민법에는 황실가의 가부장제적 규범과 달리 개인이나 부부관계를 중시하는 프랑스의 법정신이 도입되었다.

그러나 "민법 제정으로 충효가 사라졌다"는 등의 이유로 반대에 부딪혀 실현이 유보된 채 민법전民法典 논쟁만 줄기차게 반복되었다. 이 과정에서 황실전범과 모순되는 지점을 직접 언급하지는 않았지만 호즈미의 기본 취지는 "조상을 숭배하는 교敎, 즉 민족의 종가인 황실을 봉대奉戴하여 한 나라, 한 사회를 단결한다는 역사적으로 드문 법칙을 수천 년 동안

37　호즈미 야쓰카(穗積八束, 1860~1912) : 법학자. 도쿄제국대학법과대학장, 귀족원위원 역임.

38　우메 겐지로(梅謙次郎, 1860~1910) : 법학자, 교육자. 도쿄제국대학법과대학장, 내각 법제국장관, 문부성총무장관 역임.

유지"하는 데에 있었다. 따라서 가족국가의 종가라 할 수 있는 천황가의 모습에 걸맞은 형태를 갖추어야 했다.

다마키 하지메玉城肇는 이들 논쟁에 대해 1898년 최종적으로 제정된 민법과 황실전범 사이에 밀접한 관련이 있다고 지적했다. 다마키는 민법이 무가사회의 가독家督상속제[39]를 본떠 이에家를 단위로 한 장자남의 독점 상속제는 황위 및 그에 따른 재산, 기타 권리를 장자남이 독점 상속하는 황실전범과의 정합성을 꾀하기 위함이었다고 말한다.

> 일본의 독특한 가독상속제는 만세일계의 황실계승을 위해 절대적으로 필요했다. 아니 오히려 황위의 계승과 유지, 황실 확보를 위해 필요하므로 일본 특유의 가독상속제를 규정하고 이를 근간으로 상속을 수행해 나갔다고 할 수 있다.
>
> — 玉城肇, 『新版日本家族制度論』, 1971.

메이지 민법에 의해 규정된 가족제도는 "가장 작은 단위인 '이에家'가 커다란 국가를 위한 토대가 될 수 있도록"(神戸正雄, 『相続税と家族制度』) 천황을 가부장으로 한 허구의 가족국가를 만들기 위함이었다. 그 결과 모든 국민은 '이에'에 귀속되고 '이에'를 통해 국가로 통합하게 되었다. 그런 국가의 대리인으로서 가족을 통솔하고 관리하는 것이 장자남을 원칙으로 한 호주戸主였다. 호주는 강력한 남권과 친권을 배경으로 아내나 딸을 관리할

---

39 호주(가장)의 신분과 재산을 한 사람이 잇는 단독상속을 말하며 주로 봉건시대 무사계급의 상속법에 따라 1898년 제정된 민법(구 민법)에서 채택. 제2차 세계대전 후 현행민법(1947)이 제정될 때까지 이에제도家制度의 중심이었으나 전후 이에제도家制度가 신헌법의 이념에 위반된다고 하여 폐지됨에 따라 가독상속도 폐지됨.

수 있었다. 현재 페미니스트들이 여성차별의 근원이라고 문제시하고 있는 가부장제는 바로 근대천황제 국가체제의 대리인으로 구성된, 호주권이 강화된 '이에제도'를 의미한다.

이렇게 볼 때 앞서 고마샤쿠가 말한 여성을 억압하는 가부장제란 바로 천황제의 직계라는 의미로도 해석할 수 있을 것이다.

현모양처와 상류 환상

그런데 바로 여기서 '어머니 천황제'에 대한 환상이 생겨나게 된다. '아버지 천황제'는 메이지 이후 근대국가형성 과정에서 만세일계의 천황을 가부장으로 하는 가족국가하에서 국민통합을 위해 허구로 창작된 것이다. 만세일계가 허구라면 가족국가도 허구라 할 수 있다.

또 이 허구를 지탱하기 위해 메이지 민법에 의해 만들어진 '이에제도' 역시 실제 민중의 생활과는 동떨어진 것이었다. 민중들의 가족형태는 무시한 채 "백성의 관습은 관습이라고 할 수 없다"는 논리하에 가부장적인 형태가 만들어진 것이다. 특히 민법이 제정된 메이지 30년대 초는 '마쓰가타松方 디플레이'[40]로 인해 농촌의 궁핍과 자본주의화가 급속히 진행되어 생산의 기반인 '이에'가 해체되어 가던 시절이었다. 도시에는 봉급생활자로 이루어진 핵가족이 늘어나는 한편, 빈민가는 농촌의 대가족 해체로 유출된 인구로 팽창일로에 있었다.

---

[40] 세이난 전쟁西南戰爭의 전비조달로 인해 생긴 인플레이션을 해소하고자 대장성大藏省 장관 마쓰가타 마사요시松方正義가 실시한 디플레이션을 유도한 재정정책.

따라서 '아버지 천황제'는 허구 위에 허구를 더한 아주 위태로운 것이었다. 그럼에도 불구하고 '아버지 천황제'는 일본 민중들에게 매우 큰 영향력을 행사하였다. 특히 여성들은 지금까지 계속되고 있는 여성차별의 근원이 바로 이 '아버지 천황제'에 의해 만들어진 가부장적 '이에제도'라 여겼다. 허구의 '아버지 천황제'와 가부장제가 그토록 강력한 힘을 발휘할 수 있었던 이유는 무엇이었을까?

그렇게 된 데에는 필경 공범자인 여성의 힘이 작용했을 것이다. 일본의 경우는 무가사회의 가부장제라 해도 유럽의 가부장과는 전혀 달랐다. 유럽의 가부장이 홀로 서기 했던 데 비해 무가사회의 가부장은 "우리의 우두머리는 국가"라는 인식이 지배적이었으며 혈연이 중요하게 작용했다.

민중들 사이에 '이에'는 이미 무너진 상태였기 때문에 국가가 아무리 가부장을 내세워도 권위가 확립될 리 만무했다.

아버지는 영원히 비장하다

시인 하기와라 사쿠타로萩原朔太郎의 시구다. 이 시에서는 권위와 그에 수반되는 고독을 짊어지고 의연히 서 있는 아버지의 모습을 떠올리게 된다. 그러나 사쿠타로의 창작 의도는 의연한 아버지의 모습과 사뭇 다르다.

아버지는 가족이나 자식을 위해 인생의 전장에 나아가 끊임없이 싸우지 않으면 안 된다. 힘든 싸움에서 이기기 위해서는 비굴도 추태도 추종도 거짓도 때로는 부도덕하고 파렴치한 짓도 감수해야 한다. 하지만 아이들의 순결한 로맨티시즘은 이 같은 아버지의 저속함을 허용하지 않는다. 그들은 어머니와 결탁하여 아버지에게 반항심을 드러낸다. 대부분의 가정에서 아버지는 고독하고 아내와 자식의 연맹관계에서 홀로 제외된다. 그들이 만약 가정에서 진정한 주권자이자 전제자라면 가족은 연맹을 강고히 하고 자식들은 더욱 아버지를 기피하게 될 것이다.

―『宿命』, 創元社, 1939.

가부장이란 타이틀을 단 아버지의 비애를 엿볼 수 있다. 이것이 바로 메이지 민법에 의해 하루아침에 '가부장'으로 내세워진 아버지들의 본심이었을 것이다.

그러나 아버지는 역시 아버지였다. 딸에게 아버지 사쿠타로의 존재는 위엄 있는 가부장이었다. 그의 딸 하기와라 요코萩原葉子는 자신의 자전적 소설『쐐기풀의 집蕁麻の家』에서 아버지 사쿠타로를 조모, 계모, 딸 등 온통 여자들 틈바구니에서 초연하게 자신의 일에 몰두하는 긍정적인 모습으로 그리고 있다.

이와 관련해서는 고마샤쿠 기미駒尺喜美가 「여성에게 있어 천황·가부장의 모습女にとっての天皇·家父長の姿」을 통해 분석한 바 있다. 주인공인 딸요코에게 아버지는 특별한 존재였다. 자신에게 눈길을 살짝 주기만 해도 크게 감격하였다고 한다.

그녀의 아버지 사쿠타로는 실제로 소심한 성격이었음에도 불구하고 딸의 눈에는 왜 그토록 초월적 존재로 비춰졌을까?

그 이유는 바로 가족 모두가 가부장인 그를 높이 떠받들었기 때문이다. 아버지 방에는 할머니도 함부로 출입하지 못했고 어머니는 그의 방석에 다른 사람이 앉기라도 하면 불안해 어쩔 줄 몰라 했다고 한다. 그런 일이 반복되면서 딸은 아버지를 각별하고 높은 존재라고 인식하게 된 것이다.

근대 일본의 가부장제는 민법으로 규정된 호주권이라는 강력한 외부적인 틀뿐만 아니라 솔선해서 복종하는 여성들의 내부적인 힘에 의해 성립되었다고 볼 수 있다.

메이지 민법에 의해 만들어진 가부장제는 여성을 억압하는 것이었고, 특히 남자 못지않은 일꾼이었던 여자의 경제적 자립을 빼앗는 것이었다. 또 가부장제가 여자들의 상승지향을 흔들리게 했다는 점도 간과할 수 없다. "백성의 관습은 관습이라고 할 수 없다"는 사상을 바탕으로 만들어진 민법은 민중의 생활실태를 무시하는 것이었다. 그러나 다른 한편으로는 또 상류사회에 동화되는 환상을 부추기기도 했다.

민법제정과 거의 같은 시기에 만들어진 「고등여학교령高等女學校令」[41]과 무시무시한 「여훈서女訓書」[42]의 목적은 가부장제를 지탱하기 위한 현모양처를 만들기 위해서였다. 실은 이러한 논리는 이미 황족, 화족, 사족 등 상류여성들의 규범으로 존재하던 것이었다. 결과적으로 좋은 아내, 현명한 아내이기 이전에 한 집안의 며느리이자 생산자이기도 했던 여성들은 상류환상에 사로잡혀 일반 여성들 또한 무가의 안방마님 식 현모양처 틀에 억지로 끼워 넣지 않으면 안 되었다.

---

[41] 여성에게 필요한 고등보통교육을 실시하기 위해 고등여학교에 관해 규정한 칙령. 1899년 2월 공포, 같은 해 4월 1일 시행. 고등여학교에서의 교육방침은 "현모양처다운 소양을 갖추는데 있으므로 따라서 우아고상優美高尚의 기풍, 선량정숙溫良貞淑의 자질을 함양하며 중인中人이상의 생활에 필수적인 학술기예를 습득하는 해야 한다"이며 고등여학교는 '가정부인家庭婦人'으로서의 기예, 교양을 습득하는 곳으로 인식됨.
[42] 여성으로서 가져야 할 교양, 예능, 대인관계를 원활히 하기 위한 처세술, 신체 양생養生에 관한 주의사항 등을 기록한 책. '여훈서'에 나타나는 봉건적여성상은 보통 남편이나 시집에 순종적인 현모양처상이라고 할 수 있음.

'어머니 천황제'로 바꿔치기

메이지 국가가 새로 만들어낸 가부장적 천황제 역시 여성들이 떠받들어 주었기 때문에 성립할 수 있었다. 근대 천황제는 만세일계의 신화를 만들기 위해 여제를 배제한 채 항상 여신女神 아마테라스를 황조皇祖라고 강조하고 권위의 근거로 삼았다.

메이지유신 당시 정부에서는 막부의 쇼군將軍은 알아도 천황의 존재는 모르던 민중들에게 "일본이라는 나라에는 아마테라스 오미카미로부터 이어온 천자가 계셔"(長崎裁判御諭書, 「御諭書」)라는 풍요와 태양의 신으로 포장된 민중의 신앙에 근거하여 천황을 어필하고자 했다. 그 후에도 천황은 언제나 황조皇祖 아마테라스를 후광처럼 업고 있었다. 제국헌법이 그렇고 교육칙어가 그렇다. 어머니 천황제에 대한 환상이 생기게 되는 요인은 바로 여기에 있었다.

그리고 그 점이 가장 강조되었던 것은 쇼와 15년 전쟁이 계속되던 위기의 시대였다. 당시 가부장적 천황제는 군사, 경찰 천황제로 내외에 맹위를 떨쳤지만 그럼에도 불구하고 일본 국내 일반 민중들에게는 융화적인 '어머니 천황제'에 대한 환상이 퍼져 상당한 효과가 있었다.

쇼와 공황으로 인한 생활파괴와 전쟁이 계속되는 가운데 가부장적 '이에제도'는 근간에서부터 흔들리고 있었고, 따라서 가부장적 천황제 역시 반체제운동의 격화와 국제관계의 악화 등 내우외환의 위기에 몰려있었다. 그 위기에서 빠져나오기 위해 꺼내 든 것이 어머니였다. 그때까지만 해도 가부장을 배후에서 떠받드는 현모양처 역할이 부여되어 있던 어머니가 드디어 아버지를 대신하여 전면에 나오게 되었다.

15년 전쟁 개시 이후 전황이 심각해짐에 따라 매스컴에서는 일본적 모성 찬가가 범람했다. 자식을 위해서라면 자신을 돌아보지 않는다는 '무사無私'와 '자기희생'을 일본적 특징이라고 규정한 뒤 서구의 자기중심적인 어머니와 대비하며 칭송해 마지 않았다. 아시아태평양 전쟁이 개시된 1942년 6월, 일본 문학자들이 대거 참여한 '대일본문학보국회大日本文學報國會'가 착수한 첫 임무는 바로 『일본의 어머니日本の母』를 편찬하는 것이었다. 1943년 요미우리에서 간행된 책 첫머리에는 사토 하루오佐藤春夫의 「일본의 어머니를 기리며日本の母を頌ふ」라는 노래가 악보와 함께 실려 있다.

당시 모성 찬가가 강조되었던 것은 전쟁에서 어머니들의 희생을 필요로 했기 때문이었다. 전쟁으로 인한 궁핍한 생활과 가족의 죽음을 묵묵하게 견뎌내고 나아가 아들을 충직한 병사로 만들어내도록 하는 역할이 부여되었다.

이에 발맞춰 천황제 또한 '아버지 천황제'에서 '어머니 천황제'로 탈바꿈해 갔다. 그때까지만 해도 가부장적인 천황제의 권위를 배후에서 빛내주던 아마테라스를 전면으로 내세우고 이와 동시에 자애로움, 평등, 화목 등 천황제의 모성적 원리를 고창하였다.

천황제 이데올로기 강화를 위해 문부성이 간행한 『국체의 본의国体の本意』(1937)의 한 구절을 살펴보자.

황공하게도 천황은 신민을 가장 귀중한 보물이라 하여 적자赤子로 삼아 사랑으로 보호하고 그 협익協翼에 의지하여 황유皇猷를 넓히고자 하셨다. 이런 마음으로 역대의 천황은 신민의 경복慶福을 위해 온 마음을 쏟으시고 정의에 힘쓰실 뿐 아니라 악행을 저지르는 자들도 바로잡아주신다.

천황의 모습을 모든 이들을 끌어안는 무한한 포용력을 가진 자애로운 어머니상에서 찾았다. 앞에서 말한 하세가와 마치코 역시 '천황 폐하 재위 60년 봉축모임'에서 "선인이나 악인이나 이름 있는 자나 없는 자나 부자거나 가난한 자나 천황 폐하를 존경하는 자나 황공하게도 존경하지 않는 자, 이 모든 이들을 평등하게 굽어보시어"라며 천황의 자애로움을 부각시켰다.

일반적으로 아이들은 아버지와의 관계보다 어머니와의 관계에서 깊은 유대감을 느낀다. 따라서 만세일계의 가문의 권위나 신성불가침한 '아버지 천황제'만으로는 내우외환의 위기를 돌파할만한 국민적 통합력이 약화될 수밖에 없다. 이를 타파하기 위해 '어머니'의 이미지를 도입한 것이다.

그것은 침략을 호도할 때도 효과적이었다. 당시 소리 높여 주장한 팔굉일우는 아시아 사람들에게는 분명 침략의 논리였지만 '어머니 천황제' 측면에서 보면 "일본의 융화의 정신이 세계로 확장되어 각 민족, 국가가 각기 본분을 지키고 그 특성을 발휘"하는 것으로 이해되었다. 설령 무력을 사용하는 경우가 있다 하더라도 그 무력은 결코 무력을 위한 무력이 아니라 융화를 위한 것이며 파괴를 위한 것은 아니라는 것이다.

여성사 연구자 다카무레 이쓰에가 솔선하여 이 같은 어머니 천황제를 창출했던 것은 잘 알려진 사실이다. 그리고 "원시 여성은 태양이었다原始, 女性は太陽であった"라며 일본 여성해방운동의 신호탄을 쏘아 올린 히라쓰카 라이초도 "요즘 비로소 일본 국체에 대한 고마움을 알게 되었고 천황 폐하가 아마테라스 오미카미를 몸소 체현한 신이라는 것을 깨닫게 되었다"(『亡き父を偲んで』, 1941)고 칭송하기에 이르렀다.

설령 그녀의 발언이 아마테라스 오미카미와 아무런 상관없는 순수하게

여성의 자아각성을 환기시키기 위한 것이었다고 하더라도 아마테라스 오미카미의 계보를 잇는 '어머니 천황제'에서 '모계 공동체의 상징'(井手文子, 『平塚らいてう』)을 발견했던 것은 틀림없어 보인다.

무한한 포용력의 억압

원자력발전소 문제부터 환경파괴 문제, 철저히 수치화된 입시제도 등 일본이 현재 처해있는 상황을 보면 '어머니 천황제'는 분명 매력적이다. 그리고 산천초목에 이르기까지 모든 살아 있는 생명체를 인간과 동일하게 취급하는 행태는 에콜로지의 극한을 보여준다. 마찬가지로 '어머니'를 사랑과 평등의 이미지로 상징화하는 것은 현 자본주의사회에서 남녀평등을 주장하는 여성해방론보다 훨씬 풍요로운 느낌을 갖게 한다.

이 같은 논리에서 '근대'의 억압을 타파할 가능성을 찾고자 한 것이다. 그런데 왜 하필 어머니 천황제일까? 어머니 천황제든 아버지 천황제든 천황제는 천황제다. 천황제가 존재하는 한 일본국가와 그 지배는 늘 따라다닐 것이다. 아마테라스 신화는 천황가의 지배를 합리화하기 위해 만들어진 것이고, 그 신화를 통해 지탱된 어머니 천황제는 그 지배력이 약화될 때마다 호출되곤 한다.

강한 힘으로 억누르는 것만이 억압은 아니다. 무한한 포용력으로 감싸주는 어머니의 품에 안기는 것으로 주체형성의 싹을 누르는 것, 자기희생과 헌신으로 비판적 주체를 내부에서 붕괴시키는 것도 억압이다. 그런데 억압하는 측이나 억압받는 측 모두 그것을 자각하기란 쉽지 않다.

일본 민중이 자각하지 못한 어머니 천황제의 억압에 끝없이 포옹당하지 않으려면 일본사회에 있는 이러한 어머니에 대한 환상을 파괴해야만 한다.

출처 :「女性解放と天皇制－父なる天皇制と母なる天皇制」,『叢論日本天皇制』 Ⅲ, 柘植書房, 1988.6.

젠더로 읽는 천황상像

천황의 두 얼굴

1945년 8월 11일 자『워싱턴 포스트』는, 천황의 지위보전을 조건으로 일본이 항복을 제의한 것을 대서특필하며 히로히토 천황의 사진 두 장을 게재했다. 한 장은 전통예복 차림이며, 다른 한 장은 백마를 탄 대원수폐하의 모습이다. 전통예복 차림에는 'The God', 말을 탄 모습에는 'The Caesar'라는 설명이 붙여져 있다. 천황이 정신적 지배자로서의 '신', 그리고 현세의 지배자 '시저'라는 두 얼굴을 갖고 있다고 본 것이다. 미국인으로서는 국민을 전쟁에 내몰았던 천황의 위력을 도저히 이해할 수 없었다.『워싱턴 포스트』는 그 비밀의 열쇠가 '신'과 '시저'의 일체화에 있다고 판단하고 이를 두 장의 사진을 통해 나타낸 것이다(〈사진 2〉). 정교분리, 심신이원론心身二元論에 입각한 서구인들이 이해하기 쉬운 설명이다.

그러나 일본국민들의 입장에서는 이 두 장의 사진만으로 천황을 온전히 표현하지 못할 것이다. 천황은 분명 두 가지 얼굴을 갖고 있었다. 그

가운데 하나는 대원수폐하이다. 이 모습은 신
문에 자주 등장하기도 하고 수신修身 교과서
첫 부분을 장식하기도 하며 절대적인 힘의 표
상으로 국민들 마음 속에 뿌리내리고 있었다.

다른 하나는 '신'의 모습이다. 사진은 1928
년 11월에 치러진 즉위례 때의 모습이다. 천
황의 신성함은 즉위례 때 신도의식神道儀式과
대상제大嘗祭에 의해 유지되고 보증된다. 이
두 가지 모습은 '현인신現人神'의 표상이라 할
수 있다.

메이지 이전부터 살아있는 신이라고 신격

〈사진 2〉 워싱턴 포스트 1945년 8월 11일호

화되어 오던 것이 전시 열광적인 신격화 정책과 맞물려 천황은 명실공히
초월적인 존재로 자리 잡았다. 하지만 전시 특고자료特高資料에 수록되어
있는 불경언동 편을 보면, 천황 및 그 일족을 시시껄렁한 화제로 삼거나
무위도식하는 모습을 비판하는 글도 포함되어 있어 모든 국민이 천황을
신으로 숭배한 것은 아닌 듯하다.

신이나 대원수폐하와 다른 또 하나의 얼굴이 있었다. 미시마 유키오三
島由紀夫[43]는 이를 '자애로운 어머니慈母'라 표현하였다.

황조황종皇祖皇宗의 영혼을 체현하여 병사를 이끄니 눈 앞에 적敵이 없고

---

43 미시마 유키오(三島由紀夫, 1925~1970) : 전후 일본문학을 대표하는 작가. 1970년 11월
    25일, 헌법 개정을 위해 자위대 이치가야市ヶ谷주둔지 건물 발코니에서 결기(쿠데타)를
    촉구한 뒤 할복함.

백성을 어여삐 여기심이 가뭄 끝의 단비보다 더 풍요로우신 분. 우리 마음은 사랑으로 불타고 우러러 보는 것만으로 황공하지만 충성스런 병사의 젊고 빛나는 눈은 한결같이 그 지극히 높은 분의 모습을 그리고 있었다. 우리의 대원수이시자 우리의 자애로운 어머니. 용맹하고 인자하신 분.

— 三島由紀夫, 「英靈の声」, 1966.

여기서 대원수는 '자애로운 어머니'에서 '엄한 아버지'로도 바꿔 읽을 수 있다. 미시마에게 있어 천황은 여성성과 남성성을 가진 양성적 존재였다. 패전 직후의 천황제를 둘러싼 논의만 보더라도 천황에 대한 인식이 극단적으로 양분되고 있음을 볼 수 있다. 예컨대 1945년 11월 21일 「천황제에 대하여天皇制について」라는 주제로 열린 방송좌담회에서 공산당원 도쿠다 규이치德田球一는, "국내에서는 경찰 탄압, 국외에서는 군사적 침략을 도발하여 우리를 도탄에 빠트린" 원흉이라고 비판했다(「座談会・天皇制について」, 『放送』, 1946年 1月号).

이와 달리 변호사 기요세 이치로清瀬一郎는 천황을 "국민의 종가宗家"라 단언하고, 일본 천황제의 본질은 평화적, 민본적이며, 도쿠다가 비판한 것은 군부나 관료가 천황을 악용했기 때문이라고 주장했다. 방송 종료 후 찬반 의견을 묻는 설문조사에서 시청자들은 천황제 옹호론에 압도적인 지지를 보냈다.[44] 신문 투고란 분위기도 별반 다르지 않았다.

여기서 평화적, 민본적 천황은 미시마가 말한 '자애로운 어머니'로 바꿔 읽을 수 있다. 그리고 도쿠다가 주장한 천황은 '엄한 아버지'로 바꿔 읽을 수

---

44 『요미우리호치讀賣報知신문』(1945.12.9)에 의하면 일본여론조사연구소에서 3,348명을 대상으로 조사한 결과 도쿠다에 찬성한 사람은 168명(5%)에 불과했다고 함. (— 저자 주)

있다. 전시하 천황은 이렇듯 '엄한 아버지'와 '자애로운 어머니'의 젠더화된 두 얼굴을 갖고 있었다. 그렇다면 이 이미지는 어떻게 형성된 것일까?

교토 출신이라면 혹시 모를까 대부분의 일본인들은 메이지 유신이 있기 전까지 천황의 존재 자체를 인식하지 못하고 살았기 때문에 엄한 아버지든 자애로운 어머니든 모두 만들어진 것에 불과하다.

어진영과 '엄한 아버지'의 탄생

1868년(메이지 원년) 천황[45]을 대대적으로 선전하면서 정부는 권위의 근거를 '아마테라스 오미카미의 자손'이라는 부분에서 찾았다. 그리고 "한 뼘 땅, 한 명의 백성도 모두 천자天子의 것이며 일본국의 부모이시니"라며 천황과 국민의 관계를 부모와 자식 관계에 견주어 표현하고 있다.[46] 1868년 천황의 친서에 천황이 스스로를 일컬어 '억조億兆의 부모'라 말한 것에서 따온 것이다.

여기서 주의해야 할 것은 아버지가 아닌 부모라는 말을 사용해 표현하고 있는 점이다. 에도시대 육아서를 보면 대부분 부모라는 말로 뭉뚱그려 표현하고 있고 아버지와 어머니의 역할 분담이 명확하지 않았다. 당연히 엄한 아버지, 자애로운 어머니라는 구별도 없었다.[47] 젠더 부재 상태였다

---

45 이 시기 천황의 호칭은 '천자', '황제' 등이 사용되어 통일되어 있지 않지만 편의상 여기서는 '천황'을 사용하기로 함. (— 저자 주)

46 「오우인민고론奧羽人民告論」(1869)에서 인용. 「마이즈루현인민교유서鶴舞縣人民教論書」에서도 천황을 '수많은 사람의 부모'라 하고 있음(遠山茂樹, 『日本近代思想體系2-天皇と華族, 岩波書店, 1988). (— 저자 주)

47 19세기 초 교토에서 출판된 『부자훈父子訓』(山住正巳・中江和惠 編注, 『子育ての書』3

〈사진 3〉 메이지 천황의 어진영

고 할 수 있다.

메이지 정부는 친숙한 부모라는 표현을 사용해 민중들에게 천황을 선전했다. 그러나 당시 천황 무쓰히토睦仁[48]는 일본의 부모라 하기엔 너무도 어린 15세 소년에 불과했다. 게다가 후궁들 틈에서 자란 그는 머리를 묶고 늘 하얀 분가루로 치장하고 있어(アーネスト・サトウ, 『一外交官のみた明治維新』下, 岩波文庫, 1960) 젠더 부재 정도가 아니라 여성성에 깊게 물들어 있었다고 볼 수 있다.

그런 천황을 근대 국가의 원수로서 민중 앞에 내보일 수는 없었다. 따라서 천황은 좀처럼 모습을 드러내지 않았다. 도쿄 천도에 따른 행차나 1872년부터 13년간에 걸쳐 시행된 지방 순행巡幸은 새로운 지배자 천황을 알리기 위한 의식이었음에도 정작 천황 자신은 발안에 몸을 숨기고 있어 민중들은 장렬한 대열만 볼 수 있었다. 하지만 그 점이 오히려 신비함과 위엄을 느끼게 했다.

천황이란 존재를 일반 민중들도 볼 수 있게 된 것은 1890년 천황의 초상화가 배포되면서부터다. 〈사진 3〉에서 볼 수 있듯, 초상화에서 천황은 위엄 있는 해군예복 차림에 눈썹은 한일자, 멋진 콧수염에 턱수염까지 기르고 있었다. 엄한 아버지로서의 천황의 이미지는 이 사진에 의해 만들어졌

卷, 東洋文庫)에서는 아버지의 태도로 자애로움을 들고 있고 태교의 중요성도 설명하고 있음. (— 저자 주)

[48] 메이지明治천황. 재위기간 1867～1812년. 메이지 신정부, 근대국가 일본의 상징이자 절대군주로 국민들에게 경외의 대상이 됨.

다고 해도 과언이 아니다.

그런데 이 사진은 천황의 실제모습을 촬영한 것이 아니라 이탈리아 화가 기요소네가 그린 초상화를 사진으로 찍은 것이다.[49] 메이지 천황은 사진 찍는 것을 극도로 싫어했다고는 하나 어찌 되었든 덕분에 이상적인 군주상이 완성된 것이다.

그런데 단순히 기요소네의 창작이라고 보기엔 무리가 있다. 왜냐하면 1871년 폐번치현廢藩置縣[50]을 계기로 천황 중심 국가가 형성된 이래 천황은 여성성을 불식하고 남성성을 확보하기 위한 노력을 거듭해 왔기 때문이다. 이를 위해 가장 먼저 단행한 것은 복식개혁이다. 전통복장에서 양장으로 바꾸었고 군장軍裝을 천황복으로 채택했다. 칙서에 다음과 같은 내용이 있다.

진무神武천황의 창업, 진구神功 황후의 정한征韓 때는 지금과 같은 모습이 결코 아니었다. 어찌 하루라도 연약한 모습을 천하에 드러낼 수 있겠는가. 짐은 단연코 제복을 바꾸고 풍속을 일신하여 선조 이래 상무尙武의 국체를 세우고자 한다.

— 「服制改革の詔」, 『日本近代思想体系2—天皇と華族』, 1988.

상무정신으로 무장한 국체를 세우기 위해 솔선하여 양복으로 바꾸겠

---

49 궁내청의 『메이지천황기明治天皇記』 제7권(吉川弘文館, 1972)에 의하면 1888년 1월 24일 야요이弥生위령시설 순행 때 다른 방에 준비하고 있던 키요소네가 천황의 모습을 그려서 위엄에 가득한 초상화로 완성시켜 그 다음해 사진사 마루키 리요丸木利陽가 사진으로 찍음. (— 저자 주)

50 1871년 봉건적인 지방조직인 번藩을 폐지하고 근대적인 지방행정 조직인 현縣으로 대체한 것.

다는 것이다. 그리고 머리를 자르고 승마술을 연마했으며, 1872년부터 육군과 해군의 관병식觀兵式을 거행하고 천황이 육·해군 연습에 참석하는 것을 정례화시켰다.

그러나 이 광경을 직접 볼 수 있었던 것은 극히 일부였다. 천황을 보고 싶어 하는 민중의 욕망을 반영하여 군복차림의 어진영이나 판화가 판매되었지만 1874년부터 정부가 엄격히 단속하기 시작했다. 일반에 유포될 시 허술하게 취급하지 않을까 하는 염려 때문이었다고 한다. 『죠야신문朝野新聞』은 이를 군민격절君民隔絶을 유발하는 처사라며 비난했다(「論說·真影の禁を論ず」, 『朝野新聞』, 1875.6.3). 그런데 그보다는 천황이 국민들 앞에 널리 유포되기에는 아직 위엄을 갖추지 못한 이유가 커 보인다.

어찌 되었든 1890년부터 전국 고등소학교를 통해 배포되기 시작한 어진영의 영향으로 인해 엄한 아버지의 이미지가 만들어졌고 천황의 신격화도 촉진되었다. 어진영을 수령하는 것을 배대排戴 또는 봉대奉戴라는 말로 높여 부르는 것은 물론, 어진영을 살아 있는 천황과 동일시하여 각종 의례를 만들어내었다.

1890년 10월 발포한 「교육칙어敎育勅語」와 맞물려 학교는 천황제 지배의 최전선이 되었다. 천황의 신격화는 『워싱턴 포스트』에 등장한 속대차림의 초상화를 통해서가 아니라 이러한 의례를 통해 형성된 점이 크다고 하겠다.

황후는 훌륭한 반쪽일까?

무엇보다 천황의 엄한 아버지 이미지가 형성되기 위해서는 황후의 존재가 꼭 필요했다. 천황의 사진은 황후의 사진과 늘 한 쌍을 이루었다. 훗날 쇼켄昭憲 황태후라 일컬어지는 메이지 황후의 사진은 1889년 6월 14일 사진사 스즈키 신이치鈴木眞一가 촬영했다(宮內廳注,『明治天皇記』). 그로부터 약 2개월 후 기요소네의 초상화를 바탕으로 어진영이 완성되었고 이듬해 초부터 천황, 황후의 사진이 한 세트로 전국에 배포되었다.

황후의 사진은 천황 사진과 동일한 크기로 제작되었고 동일하게 취급되었다. 1941년 문부성에서 "천황 폐하의 사진은 식장 정면 정중앙에 걸고 황후폐하의 사진은 왼쪽(배례할 때 오른쪽)에 걸어야 한다"(文部省,『禮法要項』; 山中恒,『ボクラ少国民』, 邊境社, 1974)는 지령이 공포되기 전까지 별다른 형식에 구애받지 않았다. 천황과 황후의 사진을 나란히 걸어 두면 서구에서 말하는 부부평등, 둘은 서로에게 훌륭한 반쪽이 되는 셈이다. 이 점에서 보면 근대 가족의 선구라 말할 수 있다.

하지만 어진영이 배포되기 시작한 1890년은 제국헌법과 황실전범이 성립되어 황위는 장자남 상속, 여제 배제가 확립된 직후라는 점을 상기할 필요가 있다. 1898년 제정된 민법에서도 황실을 본 따 '장자남 상속'을 규정했기 때문에 근대 일본 가부장제의 출발점이라 할 수 있다. 이것이 목적이었다면 사진은 천황 하나로 충분했을 터였다. 그 편이 지귀지존의 천황을 보다 강하게 어필할 수 있었을 것이다. 그런데 왜 부부를 내세웠던 것일까?

그와 관련된 자료는 찾을 수 없기 때문에 추측해 볼 수밖에 없다. 그중

하나로는 근대화 노선을 들 수 있다. 원래 사진이라는 기술은 근대의 복제기술이며 그로 인해 이루어진 천황의 사진은 근대 국가의 상징이었다. 메이지 천황은 사진 찍기를 싫어했다고 하는데 그럼에도 1871년에서 1873년까지 매년 사진을 찍었다. 다키 코지多木浩二가 "사진 교환은 국가 간의 우호를 의미하고 서로 평등하게 원수를 확인하는 상징적 행위"(多木浩二, 『天皇の肖像』, 岩波新書, 1988)라고 지적했듯이 근대국가의 원수로서 외국인에게 답례하기 위해서였다.

그런 분위기 속에서 1873년 사진사 우치다 규이치內田九一가 쥬니히토에十二單차림을 한 황후 사진을 촬영했다. 외교를 위해서는 천황만이 아니라 황후의 사진도 필요했기 때문이다. 당시 서구에서는 젠더화된 근대 국가의 성립으로 페미니즘 붐이 일고 있었다. 그런 서구 분위기가 일본 황실에도 영향을 미쳤을 것이다. 1873년 천황의 생일을 천장절天長節이라는 이름으로 휴일로 정하였고 그 이듬해에는 황후의 생일을 지구절地久節이라는 이름으로 휴일로 규정했다.[51] 이것은 노자의 천장지구天長地久에서 따온 말이지만, 남자는 하늘, 여자는 땅이라는 서구식 이항대립과도 맞아떨어진다.

천황과 황후의 커플사진은 근대화, 국제화가 진행되는 가운데 젠더화된 대등한 부부를 상징하는 것임은 쉽게 알 수 있다.[52] 천황은 대원수로서 군사적 이미지를 강화하고, 황후는 양잠과 연결 짓는 등 주로 가정적 이미지를 부각시켰다.

---

51 단, 이날은 일반적인 국경일이 아니라 여학교에서만 휴일로 지정함. (— 저자 주)
52 다케다 사치코武田佐知子의 「메이지천황의 어진영과 남성미明治天皇の御眞影と男性美」(『比較文化・知の源泉』, 大阪外國語大學, 1996)와 T・후지타니의 『천황의 페이전트天皇のページェント』(NHKブックス, 1994)를 참조할 것. (— 저자 주)

근대화 노선과 반대로 복고노선도 생각할 수 있다. 앞서 살펴본 바와 같이 천황을 처음 선전할 때 황조皇祖로 내세운 것은 아마테라스 오미카미라는 여신이었다. 그리고 그 이후 헌법을 발표할 때도 황조황종皇祖皇宗을 전면에 내세웠다. 천황의 권위는 여신과 한 세트를 이루어야만 유지될 수 있다는 것을 예증한다.

그렇다면 황후의 사진은 아내이기보다 황조황종의 상징으로 볼 수 있을 것이다. 〈사진 4〉에서 볼 수 있듯, 메이지, 다이쇼, 쇼와의 3대 황후의 사진을 비교해 보면 놀랄 만큼 유사하다. 사실 쇼와 시대의 초상사진은 1928년 즉위식을 앞두고 배포되었던 사진을 회수하고, 1931년 1월에 재배포된 것이다. 그 이유는 카본 인화법을 새롭게 채택했기 때문이라고 설명하고 있지만(內藤正敏, 「御眞影」, 『寫眞裝置』 1984年 3月 号), 그보다는 황후의 포즈가 문제가 되었던 것으로 보인다. 회수된 사진은 메이지, 다이쇼 때와 달리 손을 앞으로 마주 잡지 않고 양옆으로 자연스럽게 내리고 찍은 것이었다.

만약 정말 황후의 포즈가 문제가 된 것이라면 천황가 사진이 형식에 심하게 얽매였음을 대변하는 것이리라. 황후의 사진은 단순한 사진이 아니라 황조황종에까지 이어지는 상징성을 갖기 때문이다.

〈사진 4〉
(위) 메이지-쇼켄황태후昭憲皇太后
(가운데) 다이쇼-데이메황후貞明皇后
(아래) 쇼와-나가코황후良子皇后

천황과 황후의 커플사진은 젠더 부재의 일본의 '부모'를 상징하기도 한다. 천황과 황후는 개별로 인식되는 것이 아니라 하나의 천황으로 인식되었다.

그러나 사진에서 남녀의 모습으로 비춰지고 있는 이상 젠더화는 피하기 어렵다. 남녀로 이루어진 어진영은 일본 사회의 젠더화를 촉진시켰다고 할 수 있다.

신문 속 엄한 아버지

또 하나 커다란 의미가 있는 것은 신문사진이다. 일본의 신문에 최초로 게재된 사진은 1888년 7월 15일 자 『요미우리신문』에 실린 반다이산磐梯山이 분화하는 모습을 찍은 것이었다. 무엇보다 신문사진의 발달은 전쟁과 황실에 의해 촉진되었다고 할 수 있다. 『도쿄아사히신문』은 1894년 청일전쟁에 관한 보도를 하며 처음으로 사진을 게재하였으나, 이때까지만 하더라도 사진은 부록으로 끼워 넣는 정도였다. 1904년 9월 30일 러일전쟁 시 전장을 촬영한 요양사진첩遼陽寫眞帳이 지면을 화려하게 장식하기도 했다(『朝日新聞社史·明治編』, 朝日新聞社, 1990).

그러던 것이 본격적으로 사진을 싣게 된 것은 1912년 메이지 천황 사망과 다이쇼 천황 즉위식 때였다. 이때는 각 신문마다 사진을 풍부하게 사용하며 보도전쟁을 펼쳤다. 그러나 병약했던 다이쇼 천황은 즉위식과 장례식을 제외하곤 신문에 사진이 실린 적이 거의 없었다. 그에 비해 쇼와 천황은 어린 시절부터 자주 실렸다. 그러다가 1921년 비약적으로 증가했다. 그는 3월 반년에 걸쳐 유럽 여행길에 올랐다 귀국한 직후인 11월 25일, 약관 20세의 나이로 섭정에 취임했다. 이후 그의 사진이 급증한다.

어떤 의미에서 이것은 위험한 도박이기도 했다. 당시 신문은 정보의 매체기능뿐 아니라 포장지로도 사용되었고 화장실 휴지로도 사용되었기 때문이다. 이를 미연에 방지하기 위해 천황의 사진이 실린 신문으로 도시락을 싸오지 못하도록 하거나 학교에서 신문을 직접 수거하기도 했다. 그러나 가정 구석구석까지 철저히 관리하는 것은 불가능하였다. 그럼에도 불구하고 히로히토가 앞장서 자신의 사진을 적극적으로 게재하도록 한 것은 유럽 외유 경험을 통해 신문이라는 미디어의 가치를 알았기 때문이다. 그가 서구를 방문한 것은 제1차 대전 직후였다. 전쟁의 참화는 여전히 남아있었지만 교통 및 통신은 비약적으로 발전하고 세계협조와 민주화의 기운이 싹트고 있었다. 그런 분위기 속에서 마침내 그는 제대로 된 신문을 읽을 기회를 얻었다. 체재하고 있던 런던 주재 일본대사관에 항상 신문이 놓여있었기 때문이다(岸田英夫, 『天皇と侍従長』, 朝日文庫, 1986).

황실이 신문을 구독하기 시작한 것은 1921년 9월 히로히토가 귀국한 직후였다. 이듬해 1922년 4월에는 신주쿠교엔新宿御苑에서 개최된 벚꽃놀이에 신문사 사장 33명을 초대하여 신문기자들의 존재를 인식시켰다(藤樫準二, 「皇室と新聞」, 『文藝春秋』 1935年 7月号).

신문사진 속 히로히토는 두 가지 얼굴을 보이기 시작한다. 하나는 메이지 천황 이래의 '엄한 아버지', 그 엄한 아버지의 가장 궁극적인 모습이라 할 수 있는 대원수폐하의 모습이다. 대원수폐하의 이미지는 1922년 1월 8일 섭정취임 후 가장 먼저 시행한 육군 관병식에서 처음 등장했다. 『도쿄아사히신문』에는 사진이 게재되지 않았지만, 『미야코都신문』(1월 9

일 자)은 늠름한 모습의 커다란 사진을 실었다. 1924년부터는 『도쿄아사히신문』에도 사진이 게재되었다.

쇼와에 들어서면서부터는 천장절인 4월 29일에도 관병식이 거행되었다. 이 정례화된 자리에 천황은 하얀 날개 장식을 단 검은 예복을 입고 백마를 탄 모습으로 등장했다. 매년 지역을 바꾸어가며 시행된 육군대연습陸軍大演習때에도 간소한 군복 차림을 한 천황을 내세웠다. 그러던 것이 중일전쟁이 발발하는 1938년부터는 모든 의식에서 전투하는 천황의 모습을 담았다.

설날 아침 신문 속 가족사진

다른 하나는 그와 상반되는 평화적 이미지다. 1921년 11월 25일, 『도쿄아사히신문』은 섭정취임을 맞은 히로히토 왕자가 이를 드러내며 웃고 있는 사진을 실었다(〈사진 5〉). 전쟁 전 공개된 사진으로는 유일하게 웃는 모습이 아닐까 한다.

1922년부터는 설날 아침 히로히토의 초상사진이 각 지면에 등장했다(〈사진 5〉). 그전에도 신년에 황실 관련 기사가 실리기는 했지만 천황의 사진이 실린 적은 없었다. 신년인사를 오는 문무고관의 차량행렬이나 니쥬바시二重橋의 모습이 실리는 정도였다. 현재 이루어지고 있는 일반 참하參賀와는 달리, 전전에는 공작, 후작, 정正2위, 훈勳1등 이상만 신년에 천황을 볼 수 있었다. 이를 '배하拜賀'라 하고 그 이하 화족들은 '참하參賀'라 하여 참하부參賀簿에 기입 하는 정도였다.

그것은 복속의례이기도 했다. 현재 정월 초하루를 경축일로 정한 것은 전전戰前에 했던 사방배四方拜에서 유래했다. 사방배는 원래 황실행사로, 연초에 천황이 오곡풍성과 만민의 평안을 위해 천지사방의 신들에게 기도하는 의식이었다. 이것이 3대 명절의 하나로 학교행사가 된 것은 1890년의 일이다. 기원절, 천장절이 1873년 이미 경축일로 정해져 있던 것에 비하면 늦은 셈이다. 헌법 발포, 지방행정제도의 확립, 교육칙어 발포, 더 나아가 천황의 사진 배포 등 당시 천황제 국가 확립을 위해 여러 조치가 계속되는 가운데 만들어진 것이었다.

당시 민중들은 음력으로 정월을 지내는 경우가 압도적으로 많았다. 1월 1일을 경축일로 만든 것은 아이들을 통해 양력을 정착시키고 동시에 천황지배를 침투시키기 위해서였다. 군주는 공간과 함께 시간도 지배한다. '사방배'라는 황실행사를 경축일로 만든 것은 신을 등에 업은 천황의 시간지배를 국민적으로 확인하는 것이었다.

설날 아침 『도쿄아사히신문』에 실린 히로히토의 사진을 따라가다 보면 1922년에는 육군보병소좌의 정장차림인 데 비해 1923년부터는 예복차림을 하고 있다. 1924년에는 결혼식 직전의 히로히토와 나가코良子의 사진이 실렸고 1925년에는 정무를 보는 섭정전하, 1926년에는 현미경을 앞에 두고 생물학 연구를 하는 섭정전하의 모습이 실려 있다. 하지만 그

〈사진 5〉
(위) 『도쿄아사히신문』, 1921.11.25.
(아래) 『도쿄아사히신문』, 1922.1.1.

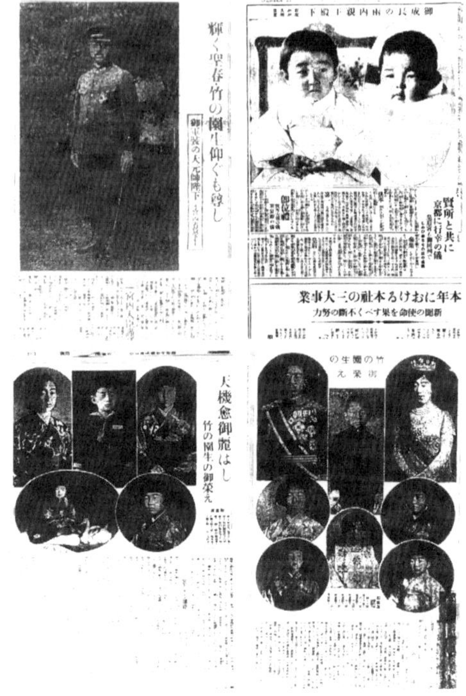

<사진 6>
상단 왼쪽부터 『도쿄아사히신문』, 1939.1.1. / 同, 1928.1.1.
하단 왼쪽부터 同, 1941.1.1. / 同, 1942.1.1.

후부터 1946년 정월까지 히로히토가 평상복 차림으로 등장한 적은 없었다. 산동山東출병, 유조호柳條湖사건[53] 이후 15년 전쟁에 돌입하게 되는 시대의 냉엄함이 대원수폐하의 평상복을 허락하지 않았던 것이다.

그뿐만이 아니다. 쇼와 시대를 맞이하여 천황이 된 그는 설날 아침이면 으레 등장하던 사진 속에서 거의 자취를 감추었다.[54] 그렇다고 해서 설날 아침 신문의 사진에 평화노선이 없어진 것은 아니다. 1928년 이후 히로히토를 대신하여 그의 아이들이 설날 아침 지면을 장식하게 되었다. 1937년, 1940년, 1941년에는 히로히토 부부가 가세해 가족 전원을 찍은 사진이 게재되었다. 이때 천황부부의 초상사진은 1931년 배포된 것이 사용되었다. 당시는 요즘처럼 각 신문에 실릴 사진이 통일되어 있지 않았기 때문에 신문마다 차이가 있었다.[55]

53　1931년 9월 18일, 일본 관동군의 이마다 신타로今田新太郎 대위가 선양瀋陽외곽의 유조호 부근의 만철선滿鐵線을 끊고 중국군의 소행이라 주장하며 일제히 중국침략을 개시함.
54　1928년 1월 3일 지면에는 설날 아침 천황, 황후가 차 안에 나란히 타고 외출하는 모습의 사진이 실림. (— 저자 주)
55　예를 들어 『요미우리신문』은 1942년 설날 아침 사진으로 군장 차림을 한 천황을 실었고 1943년에는 가족 전원의 사진을 실음. (— 저자 주)

1939년에는 이례적으로 군장차림을 한 천황이 홀로 등장했다. 중일전쟁이 장기화되자 국민을 고무하기 위한 목적에서였을까?

1944년, 1945년이 되자 가족의 모습은 사라지고 진두에 선 군장차림의 천황이 각 신문지상에 일제히 등장했다. 출정과 소개疏開로 뿔뿔이 흩어진 가족들의 마음을 배려했기 때문일 것이다.

가족사진의 의미

〈사진 6〉에서처럼 설날 아침을 장식했던 신문들을 쭉 늘어놓고 보니 전쟁이 확대되어 가면서 천황의 가족사진도 점차 자리 잡아 간 듯하다. 그런데 그 가족사진은 가족이 한데 모여 찍은 것이 아니라 조합한 사진이다.

전후 밝혀진 바에 의하면 전전에도 천황일가가 다 함께 있는 사진은 꽤 있었다. 1934년 8월 24일 나스那須에 있는 황실의 별장에서 찍은 사진에는 천황과 생후 8개월 된 황태자를 안은 황후가 등의자에 앉아 있고 그 위에 같은 원피스를 입은 세 딸이 서 있다. 천황은 양복 차림, 황후는 하얀 드레스차림으로 모던한 부르주아 일가의 포즈를 취하고 있다(〈사진 7〉). 그로부터 5년 후 중일전쟁의 수렁에서 좀처럼 헤어나지 못하던 1939년 10월의 사진도 마찬가지였다.

설날 아침 신문에 실린 가족사진은 가족이 모두 함께 모여서 찍은 것이라고 생각하기 쉽다. 그런데 사진은 하나하나 따로 떼어내어 아이들만 틀에 맞춰 새로 구성한 것이다. 가족사진에서 천황, 황후의 사진이 게재될 경우에는 원칙적으로 이미 유포되어 있던 어진영이 사용되었다. 그리하여 아이들은 매년 성장하고 있는데 천황, 황후는 즉위 당시와 같은 모습을 하고 있는 우스꽝스러운 상황이 연출되기도 했다. 그렇다면 왜 가족이 함께 모여 찍은 사진을 게재하지 않은 것일까?

1930년대 전쟁이 확대됨에 따라 천황제 지배가 강화되었다. 그것은 도쿠다 큐이치의 발언으로도 알 수 있듯이 "국내에서는 경찰 탄압, 국외에서는 군사적 침략"에 전념하기 위해서였다. 그럼에도 불구하고 가족 국가 일본에 대한 고마움, 천황의 인자함을 기리는 말들로 넘쳐났다. 1937년 문부성에서 편찬한 『국체의 본의』에 의하면 일본은 천황을 종가宗家로 하는 가족국가이며 천황은 국민을 적자赤子라 생각하고 사랑으로 보호하고 기른다고 되어있다. 말 그대로 인자한 어머니의 모습이다.

설날 아침의 사진은 그런 인자한 어머니의 모습을 시각화하기 위한 것이었다. '대나무밭처럼 더욱더 번성'하라고 소개되고 있는 천황가의 아이들은 국민 번영의 상징이자 천황의 사랑을 받는 자식의 표상이다. 1942년 이후 사진에서 황태자가 사라진 것도 그와 같은 논리로 설명할 수 있다. 소위로 임관한 차기 천황은 이미 사랑받는 어린아이의 이미지가 아니었기 때문이다.

황태후가 가족사진에 등장하지 않게 된 것도 같은 이유 때문인 것 같다. 가부장제 가족에서 가장의 어머니는 아내와는 비교도 안 될 만큼 권위가 있었다. 그럼에도 불구하고 황태후는 언제

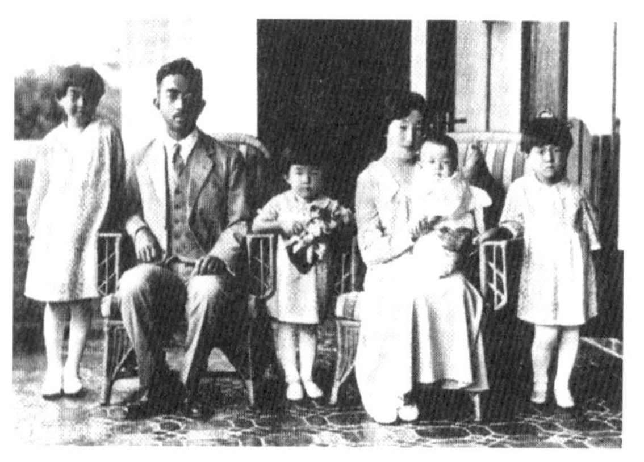

〈사진 7〉 전전戰前의 천황일가(1934년 8월 24일 촬영)

나 배제되었다. 왜냐하면 천황의 어머니를 보호해야 할 어린아이와 같은 무리에 끼워 넣을 수 없었기 때문이었다.

계속해서 연명하는 가족

이와 같이 천황의 사진은 학교나 관청에서 관리되고 의례의 대상이 되는 어진영과 일반에 유포되는 신문사진으로 크게 둘로 나뉘었다. 그리고 각각 두 얼굴을 가지고 있었다. 즉 어진영은 천황, 황후 두 사람의 얼굴, 신문사진은 군사노선과 평화노선이라는 두 가지 흐름을 반영한다. 미시마 유키오가 말한 '대원수'와 '자애로운 어머니', 방송좌담회에서 나온 '군사·경찰적 천황'과 '평화·인민적 천황'이라는 상반된 이미지를 시각화한 것이다.

이것을 엄한 아버지와 자애로운 어머니라는 젠더로 바꾸어 놓으면 엄한 아버지는 대원수로서 우뚝 서지만 자애로운 어머니의 경우는 좀 복잡하다. 현실에서는 붕대를 제작하거나 상이군인을 위문하는 등의 자애로운 어머니 역할은 황후가 담당하고 있었다.

하지만 엄한 아버지와 자애로운 어머니로서의 모습은 분담되지 않고 천황에게만 집중되었다. 설날 아침 가족사진에서도 부재중인 천황은 오히려 자애로운 어머니에 대한 환상을 불러일으키게 했다. 천황이 가진 이런 이중성이 민중을 전쟁에 동원하는데 강력한 힘을 발휘한 것은 틀림없는 사실이다. 엄한 아버지가 아들을 격려하여 전쟁에 몰아넣고 자애로운 어머니가 위로하고 치유하는 식이다.

전후 신문에서 대원수폐하라는 말은 사라졌지만 설날 가족사진은 살아남았다. 그리고 아직도 건재하다. 또한, 그 사진이 궁내성 등 정부기관에서 제공한 것이라는 사실도 전쟁 전과 다를 바 없다. 다만 달라진 것은 조합한 사진이 아니라 가족들이 실제로 모여 찍은 가족사진으로 바뀐 정도다. 그런데 천황 일가의 시선은 카메라가 아니라 앨범을 보거나 어린 손자들에게 향해 있다.

일본국민들은 아직도 설날 아침이면 천황의 가족사진을 대해야 한다. 그러나 거기엔 이전과 다른 새로운 시선의 정치학이 작용하고 있을 게 분명하다. 이 점에 대해선 다음 기회에 논의하기로 하겠다.

출처 : 『女? 日本? 美? 新たなジェンダー批評に向けて』, 慶應大學出版會, 1999.

제3장

여제논쟁의 어제와 오늘

여성 천황을 둘러싼 찬반론—100년 전의 여제논쟁

100년 전 이미 논의되었던 이야기

때는 1882년, 지금으로부터 100년이나 지난 오래된 이야기다. 1882년은 유럽에서는 독일의 철의 재상이라 일컬어지는 비스마르크가 맹활약하던 시기이자 독일, 오스트리아, 러시아 삼국이 동맹을 결성하는 등 독일을 중심으로 동맹과 협정이 그물망처럼 얽혀 있던 시기였다.

같은 해 영국은 알렉산드리아에서 아라비 파샤의 지도하에 발생한 민족주의 폭동을 진압한 것을 계기로 수에즈 운하지대를 점령하고 카이로에 아프리카 경영의 거점을 마련했다. 후에 영국 식민지정책의 기둥이 되는 3C(카이로·케이프타운·캘커타) 정책의 한축이 여기서 구축되었다고 할 수 있다.

이탈리아도 에리트레아Eritrea를 점령한 뒤 열강의 아프리카 분할 경쟁에 뛰어들었다. 이해부터 한층 격화된 식민지획득경쟁으로 인해 1900년까지 약 20년 동안 아프리카의 8할 정도가 식민지가 되었다.

그리고 아시아에서는 일본이 이 제국주의 열강에 동참하기 위해 체제정비를 시작했다. 신년을 맞아 천황은 '군인칙유軍人勅諭'를 통해 일본 군대의 절대복종체제를 확립하는 한편, 그해 7월 조선에서 갑신정변이 일어나자 군함 4척과 병사 1,500명을 인천에 상륙시켰다. 이를 계기로 일본 육·해군은 내란대책형內亂對策型에서 외적배비형外敵配備型, 그것도 대륙침략용으로 전략을 바꾸었다.

그리고 일본의 비스마르크로 불리던 이토 히로부미伊藤博文는 3월 14일 헌법제정을 습득하기 위해 독일로 떠났다. 한 해 전 자유민권운동이 고조되는 가운데 1890년까지 국회를 개설하라는 조서詔書가 하달되는 등 천황제국가 법체계를 만드는 것이 급선무였기 때문이다.

이토 히로부미가 출발하던 바로 그 무렵, 누마 모리카즈沼間守一를 중심으로 한 정치결사 오메이샤嚶鳴社가 앞장서 천황제 국가체제와 관련한 문제 제기를 하기 시작했다. 그 가운데 현 천황후계 문제와 관련 깊은 논의도 기탄없이 진행되었다.

이로카와 다이키치色川大吉[1]에 의하면 누마 모리카즈는 원래 에도막부의 가신이었는데 아이즈 전쟁會津戰爭[2]에 참전했다 체포되었고, 그 후 사법성

---

1   이로카와 다이키치(色川大吉, 1925~) : 일본 근대사 전공. 1960년대 이후 왕성했던 민중사상사 연구의 1인자.
2   1868(메이지 원년), 무진전쟁(戊辰戰爭, 왕정복고를 거쳐 메이지 정부를 수립한 신정부 군과 구 막부세력 및 여러 번의 동맹이 싸운 일본의 내전) 국면의 하나이자 아이즈 번會

에서 일하면서 프랑스법 조사단 일원으로 유럽에 건너갔다고 한다. 귀국 후 진보적 지식인을 모아 오메이샤를 결성하여 각종 정담연설회를 개최하고 민권론을 전개해 나갔다. 그가 이끄는 오메이샤 동인으로는 고이즈카 류肥塚龍,[3] 다구치 우키치田口卯吉,[4] 시마다 사부로島田三郎, 구사마 도키요시草間時福,[5] 스에히로 시게야스末廣重恭 등이 있으며, 이들은 릿시샤立志社와 더불어 자유민권운동의 아성을 구축했다.

이들은 여제에 대한 찬반논쟁도 벌였는데, 이것을 문제시했다는 자체가 일단 놀랍다. 왜냐하면 현재 일본인 대부분은(이렇게 말하는 필자도 포함) 법아래 평등이나 양성평등을 규정한 헌법이 존재함에도 불구하고 천황 후계자는 황실전범의 황위계승규정, 즉 '남계男系의 남자'만 천황이 될 수 있다는 사실을 당연하게 생각해왔기 때문이다.

아키히토明仁시대가 도래하면 어떻게 될까? 아들인 히로노미야浩宮가 대신해 천황에 오르면 그만이라는 생각이 지배적이었으므로 쟁점이 되기엔 약하다. 하지만 그 누구도 아키히토의 장녀 노리노미야紀宮나 황태자비 미치코美智子를 차기 천황으로 거론하는 사람은 없을 것이다. 그런 말을 하면 바보 취급만 당할 뿐이다.

하지만 100년 전에는 그렇지 않았다. 모두 매우 진지하게 여천황문제에 대해 논의했다. 논쟁은 시마다 사부로의 '여제부정론'에서 촉발되었다. 이에 대해 고이즈카 류, 구사마 도키요시, 마루야마 나마사丸山名政,[6] 하타노

津藩의 처우를 둘러싸고 사쓰마薩摩, 죠슈長州번을 중심으로 한 메이지 신정부와 아이즈 번 및 이를 지원하는 구 막부세력사이에 일어난 전쟁.
3 고이즈카 류(肥塚龍, 1848~1920) : 민권활동가. 제16대 도쿄東京지사 역임.
4 다구치 우키치(田口卯吉, 1855~1905) : 경제학자, 법학박사, 출판 경영 등도 함.
5 구사마 도키요시(草間時福, 1853~1932) : 교육자, 신문기자, 관리.
6 마루야마 나마사(丸山名政, 1857~1922). 자유민권운동가. 오메이샤의 일원으로 입헌

덴사부로波多野伝三郎, 아오키 다다스靑木匡가 여제를 긍정하는 견해에서 반론하고, 거기에 시마다가 반론하는 형태로 전개되었다. 나아가 누마 모라카즈와 마스다 가쓰노리益田克德도 여제부정론을 폈다.

어쨌든 그들의 논쟁에 귀 기울여 보자. 다만 자료가 『도쿄요코하마마이니치신문』(1882.3.14~4.4)인 탓에 극도의 경어 사용으로 어법이 딱딱하나 여기서는 간략한 문체로 바꾸어 요점만 파악하도록 하겠다.

여제의 남편은 외국인이라도 상관없다?

시마다島田 : 국회개설 시기도 이미 정해졌고 헌법제정 시기도 가까워졌다. 헌법에서 여제를 인정할 것인가, 아니면 남자로 한정시킬 것인가. 우리는 단호히 남자에 한정시킬 것을 주장하는 바이다. 이렇게 주장하면 두 가지 반론이 예상된다. 첫 번째는 여제가 존재했던 일본의 옛 관습을 구실로 내세울 것이고 두 번째는 근래의 남녀평등 기운을 이유로 삼을 것이다.

첫 번째에 대해서는 분명 일본에는 스이코推古천황부터 고사쿠라마치後櫻町[7]천황까지 총 8명의 여제가 존재했다. 하지만 그중 4명은 평생 독신이었고 나머지 4명은 남편이 사망한 뒤 어린 아들이 성장할 때까지 잠시 황위에 올랐을 뿐이다.

인간은 남녀로 이루어져 있고 남녀가 결혼하는 것은 자연스럽고 당연

개진당 결성에 참가.
7　에도시대의 여천황이자 현재로서는 최후의 여천황. 재위기간 1762~1770.

한 이치이기 때문에 여제를 평생 독신으로 살게 하는 것은 인정상 어긋나는 일이다. 하지만 여제가 결혼하게 되면 지존으로서의 존엄이 손상될 염려가 있다. 왜냐하면 일본에서는 남존여비 풍조가 있어 여제보다 여제의 남편이 더 훌륭하다고 여기거나 또 남편이 뒤에서 부인인 여제를 조종하여 정치를 행사할 우려가 있기 때문이다.

외국의 여왕처럼 그 나라의 왕족과 결혼하는 것은 생각할 수도 없는 일이므로 여제는 신하와 결혼해야 할 것이고 그렇게 되면 천황의 권위가 손상될 것이다.

고이즈카肥塚 : 여제가 신하와 결혼한다고 하는데 여제의 결혼상대를 사촌 이외로 정하면 황족 중에서 결혼상대를 구할 수 있게 된다. 그건 그렇고 왜 외국 왕실과의 결혼을 애초부터 부정하는가. 지금까지 그런 예는 없었지만 국회개설 이후에는 국민이 찬성하면 청나라나 다른 외국 왕실에서 맞아들여도 전혀 문제가 되지 않을 것이다.

시마다 군은 여제의 남편이 정치에 참견하면 좋지 않을 것이라고 하지만 빅토리아 여왕이 정당 다툼에서 어느 한 쪽 편을 들려고 하자 남편 알베르토의 충고로 실정을 면했다는 이야기가 있다. 이것은 분명 존재했던 사실이다. 독재정부라면 몰라도 입헌국의 군주는 내각대신의 보좌 형태로 정치에 개입하는 것이니 여제의 남편 한 사람이 정치를 좌우할 일은 없을 것이다.

시마다 군, 도리道理상으로는 여자의 재산소유권도 인정하고 있지 않은가. 관례로 볼 때도 여제가 즉위한 예는 적지 않다. 여제를 부정할 논거가 전혀 없지 않은가.

구사마草間 : 우리도 시마다 군의 의견에는 반대하며 전적으로 여제를 인정할 것을 주장하는 바이다. 시마다 군의 부정론은 장황하지만 결국 그 이유는 다음 두 가지로 요약된다.

첫째, 신하가 지존인 천황의 배우자가 되면 그 존엄이 손상된다. 둘째, 여제의 남편이 배후에서 정치를 행사할 염려가 있다.

둘 다 근거가 약하고 말도 안 된다. 우선 첫 번째 문제인데, 옛날 왕비는 후지와라藤原 가문에서 많이 나왔다. 후지와라 씨는 신하다. 그렇다고 해서 천황의 존엄이 손상된 예가 있었던가? 신하인 남자가 여제와 결혼하면 존엄이 손상되고 여자가 천황과 결혼하면 손상되지 않는다는 것인가?

시마다 군은 남자는 사람, 여자는 짐승이라 여기는 아시아의 악습에 빠져 여자의 권리를 파괴하려는 셈인가? 그것이 아니라면 유럽 귀부인의 전통처럼 신하인 남자와 가까이 지내면 존엄이 손상되기라도 한다는 말인가?

또 여제의 남편이 정치를 좌우한다고 하는데 당신은 일본을 전제군주국이라고 생각하는가? 그렇다면 그 폐해는 단순히 여제의 남편문제만으로 끝나지 않을 것이다. 부덕한 천황이 나오면 국민의 권리가 침범 당하고 만다. 당연히 헌법을 제대로 만들어 국민의 자유와 권리를 지켜야하므로 헌법에 여제의 남편이 정치에 개입하지 못하도록 금지조항을 넣어 두면 될 것이다. 그래도 여제의 남편이 개입한다면 헌법이 무용지물이 되는 것이니 그것이야말로 큰 문제다.

시마다 : 고이즈카 군이 반론하기 위해 끌어들인 빅토리아 여왕의 경우는 오히려 여천황을 부정하는 논의에 힘을 실어주는 예다. 왜냐하면 남편 알베르토가 여왕을 견제했다는 것은 뒤에서 여왕을 움직여 정치에 영향

을 미치고 있다는 의미이다. 알베르토의 경우는 다행히 좋은 결과로 이어졌지만 그 반대 경우도 충분히 있을 수 있다.

또 국회를 열고 헌법을 만들면 염려할 필요가 없을 것이라고 하지만 영국처럼 확고한 의회와 헌법이 엄연히 존재해도 빅토리아 여왕이 정당 다툼에 개입하고자 했는데 하물며 일본처럼 이제 시작하는 나라에서는 그 위험이 더욱 클 것이다.

유럽에서는 이교도끼리 결혼하여 아이가 태어날 경우 그 아이의 종교를 어느 쪽으로 할 것인가를 두고 빈번히 마찰을 일으킨다고 한다. 개인이라면 상관없겠지만 만약 천황가에 그런 문제가 생긴다면 예사 일이 아니다. 외국왕실과의 결혼을 인정하기 어려운 가장 큰 이유는 바로 이 때문이다. 더 나아가 강대국의 왕족, 예컨대 러시아나 영국 왕족과 결혼할 경우, 그 나라 사람들이 궁정에 세력을 휘둘러 문제가 발생할 수도 있을 것이다. 따라서 외국왕족과의 결혼은 반대다.

입헌군주는 평범하면 되나?

마루야마丸山 : 시마다 군은 여제는 나랏일에 어둡기 때문에 남편에 의해 좌우되기 쉽다고 주장하지만 천황이 남자라고 해서 반드시 현명한 것은 아니라는 사실은 3천 년의 역사가 말해준다. 독재정권에서는 군주의 됨됨이가 국가전체에 커다란 영향을 미치겠지만 앞으로는 국회도 열리고 헌법도 만들어질 것이므로 황통유지가 가장 중요한 문제로 부각될 것이다. 여제라도 별 문제없다. 입헌국의 군주는 중간 수준의 인물이면 충분하다고 생각한다.

마스다益田 : 우리는 시마다 군의 의견에 찬성한다. 고이즈카 군이 빅토리아 여왕의 예를 든 것은 자가당착이다. 또 마루야마 군은 입헌국의 군주는 중간 정도면 된다고 하지만 절대 반대다. 어떤 정치체제든 군주는 현명해야 한다.

또 예전에 여제가 있었다는 예를 들어 관례라고들 하지만 남존여비 사상은 일본 사람들 속에 뿌리 깊이 박혀있다. 혈통이 남통男統으로 이어지는 것은 일본의 관례이다. 앞으로도 여제는 불가능하다. 정치의 장에서는 여제가 남편을 아래로 취급하고 집안에서는 남편을 하늘로 떠받든다면 권위를 잃게 될 것이 분명하다.

고이즈카 : "제왕은 악행을 행하지 않는다"라는 말은 문헌에서 찾아볼 수 있지만 "남자는 악행을 행하지 않는다"라는 말은 들어보지 못했다. 빅토리아 여왕처럼 정당에 간섭한 폐해가 여제 때문에 생겼다는 식으로 논의되고 있는데 이는 마치 남자는 악행을 행하지 않는다는 말처럼 들린다. 역사적으로 제왕들 가운데 열에 아홉은 형편없었다. 만약 남제男帝가 악행을 행하지 않는다고 하면 중국에는 계속 평화가 이어졌어야 한다. 하지만 그와 달리 소란이 계속된 것은 남제라고 해서 반드시 좋지만은 않았다는 사실을 말해준다.

마스다 군은 선조 이래 남자를 존중하는 관례가 이어져 왔고 그 관례는 따라야 한다고 한다. 하지만 관례라도 선악이해善惡利害를 따져 보존해야 할 것과 폐지해야할 것을 판별해야 한다. 오래된 것을 소중히 다루어야 할

곳은 골동품가게다. 그대여, 부디 골동품론자가 되지 말기를 바라노라.

다음은 시마다 군 의견에 대한 반론이다. 시마다 군은 영국처럼 강대한 국회가 있어도 빅토리아가 정당에 간섭했을 정도니 일본은 더욱 걱정스럽다고 했다. 하지만 정당에 간섭하고 싶어 하는 군주의 '병'이 여제를 세우지 않는 '처방' 정도로 쉽게 치료될 수 있다고 보는가? 루이 14세, 제임스 3세 모두 정당에 간섭했지만 둘 다 여자가 아니라 남자였다.

또 외국인과 결혼하면 종교상 분쟁이 일어날 것이라고 주장하지만 유럽 각국의 헌법에는 국왕이 외국인과 결혼할 때 반드시 의회의 승인을 필요로 하며, 그러한 점을 충분히 고려하여 승인할 것이므로 전혀 문제가 안 된다. 그리고 외국인과의 결혼은 분쟁을 야기한다고 하는데 그에 따르는 이익도 분명 있을 것이다. 분쟁을 두려워하기만 한다면 쇄국양이鎖國攘夷만이 답이라는 것과 마찬가지 논리다.

시마다 군은 결혼은 남녀의 의기투합으로 이루어지는 것이라고 주장했다. 우리는 그 의견에 대찬성이다. 그렇다면 일본의 여제가 될 황녀는 외국의 왕족보다는 말이 통하는 일본 황족 중에서 상대를 찾게 될 것이기 때문이다.

누마 : 우리는 시마다의 주장에 찬성한다. 우리 의견을 들으면 왜 그런지 단번에 알 수 있을 것이다. 여제 찬성을 주장하는 여러분에게 묻고 싶은데 여기 남자아이, 여자아이가 있다고 치자. 여자아이가 나이가 많을 경우 가문의 상속은 누가 하게 될까? 일본에서는 나이가 많고 적음에 관계없이 남자아이에게 상속될 것이다. 이것은 일본에만 있는 일은 아니다.

남녀 사이에는 구별이 있고 계급이 있다. 이 자명한 사실을 직시하면 여제를 내세워서는 안 된다는 사실을 금방 깨달을 수 있을 것이다. 남존 여비 관습이 뿌리 깊은 일본에서 여제의 결혼은 말도 안 되는 일이다.

마루야마 군은 입헌국의 군주는 평범해도 된다고 하지만 아주 무례하기 짝이 없는 발언이다. 어떤 경우에도 군주는 현명해야 한다. 군주가 현명하면 헌법상의 권한을 잘 지킬 것이니 분쟁도 일어나지 않을 것이고 그렇게 되면 군주나 국민 모두 행복할 것이다.

여제론자는 혈통중시를 논한다. 물론 군주국에서 혈통을 중시한다는 것은 알고 있지만 어느 나라나 남녀 구별을 내세우며 남자를 우선시하고 있다는 사실을 알아야 한다. 이렇게 말하면 자신의 논리를 지키기 위해 억지로 반문할지도 모르니 미리 답해 두겠다. 여제를 인정하지 않아 황통이 끊어지게 된다면 어떻게 할 것인가? 우리의 대답은 이렇다. 2천 5백 여 년 동안 황통은 끊어지지 않았다. 그리고 앞으로도 그럴 것이다.

아오키青木 : 시마다 군이 말하는 여제부정의 논거는 첫째, 일본에는 옛 날부터 여제가 즉위한 예가 있지만 실제로는 섭정적인 역할을 했거나 평생 독신으로 지냈기 때문에 외국의 여제와는 성격이 다르다. 둘째, 일본에서는 남자를 존중하는 관례가 있기 때문에 아무리 헌법에서 여제의 지위가 최고라고 정해도 남편이 있으면 일반 정서상 아무래도 여제보다 남편이 우위에 있다고 본다. 그러므로 존엄이 손상된다는 것이다.

첫 번째 주장에 대해서는 이견은 없다. 하지만 여제가 예전부터 이어져 온 일본의 전통이라는 점도 부정할 수는 없을 것이다. 여제를 부정하는 것은 전통을 깨는 일이며 도리어 민심을 상하게 하지 않을까 두렵기도 하다.

또 일본에서는 여자보다 남자를 존중하는 것은 사실이지만 서자보다

정실 소생의 자식을 더 중시하는 것도 일본의 관습이다. 정실 소생 중 딸과 아들이 있을 때는 아래위 상관없이 아들을 우선하겠지만 딸만 있을 때는 보통 딸에게 상속한다. 여제도 마찬가지다.

여제에게 남편이 있으면 남편에게 좌우된다고 하는데 남제도 여자한테 빠져 정치에 중대한 폐해를 가져왔던 예가 적지 않다. 여제를 내세우는 것 자체가 나쁜 것이 아니라 어떤 여제인지가 문제가 되며, 그것은 남제의 경우도 마찬가지다. 따라서 우리는 여제의 남편이 정치에 관여하지 못하도록 헌법으로 미리 규정해 둔다면 여제를 내세워도 문제없다는 입장이다.

여제가 존엄을 지킬 수 있을까?

하타노波多野 : 시마다 군 등 여제부정론자들은 일본에는 여자를 비하하는 풍조가 있기 때문에 여자가 천황이 되면 존엄이 손상된다는 것을 논거로 삼고 있다. 분명 그러한 경향이 있기는 하지만 황실은 구름 위에 있는 존재이기 때문에 일반적인 기준과는 다른 기준으로 항상 존경을 표하고 있다. 2천 5백 여 년 동안 8명의 여제가 나왔지만 국민들이 업신여긴 적은 단 한 번도 없었다. 여자를 멸시하는 사상은 있지만 성별 여하를 불문하고 천황에게는 무조건 존경을 바치는 국민적 관습을 무시한 채 여제를 부정하는 것은 경솔하기 짝이 없는 짓이다.

누마 : 하타노 군, 지금 자네가 주장하는 것은 기껏 연대기나 대충 읽은 수준일 뿐 여제의 실태를 충분히 연구하지 않고 하는 말이다. 예전의 여

제는 평생 독신으로 지냈기 때문에 그 존엄성이 손상되지 않았던 것이다. 현재 일본사회에서 남편과 아내 중 어느 쪽을 중시하는가? 남편에게 순종하는 것을 아내의 미덕이라 하는 이유는 무엇인가? 그것은 바로 남편이 우선이고 아내는 그 다음이라고 생각하기 때문이다. 남녀 사이에는 상하존비上下尊卑 사상이 바탕에 깔려있다.

그럼에도 불구하고 여제를 내세운다면 국민들은 이렇게 말할 것이다. 폐하는 지극히 높고 귀하다. 그렇지만 남편한테는 순종해야 한다고 말이다. 여자가 천황이 되면 그 존엄성을 지킬 수 없다고 주장하는 것은 바로 이 때문이다. 그렇다고 해서 여제를 평생 독신으로 살게 할 수는 없지 않은가?

그리고 일본국민들에게 아버지와 어머니 중 어느 혈통을 따른다고 생각하느냐고 질문한다면, 대다수는 어머니 뱃속은 잠시 빌린 것이라는 속담이 있듯 어디까지나 아버지 쪽이라고 답할 것이다. 같은 논리로 만약 신하가 여제와 결혼하여 황태자가 생긴다면 국민은 과연 그 황태자를 황통일계皇統一系의 황태자로 볼까? 신하의 혈통이 천황가에 섞였다는 이유로 숭배하는 마음을 잃게 되지는 않을까?

물론 우리는 이런 허황된 생각은 하지 않는다. 하지만 정치가는 천하의 정세를 읽어야 한다. 어느 나라나 국민 대부분은 무지몽매하다. 그렇다고 무지한 무리의 감정을 무시해서는 안 된다. 한 집 한 집 다니며 국민들을 설득할 수 없기에, 국민들로 하여금 천황은 만세일계의 황통이라고 믿을 수 있게끔 하는 제도를 만들어야 한다. 여제를 평생 독신으로 살게 한다면 아무 염려 없겠지만, 역사에는 늘 불상사가 끊이지 않았기 때문이다. 반복하지만 여제를 내세우는 것은 백해무익한 일이다.

시마다 : 고이즈카, 구사마, 아오키의 주장은 다음과 같이 요약할 수 있다. 첫째, 여제를 내세우는 것은 일본의 관습이며 지금 그것을 깨서는 안 된다. 둘째, 중고中古시대 이래 황후는 신하인 후지와라藤原가문에서 많이 나왔지만 천황의 존엄이 손상된 예는 없다. 셋째, 신하인 남자가 여제의 배우자가 되면 존엄이 손상되고 그 반대일 경우는 손상되지 않는다는 것은 타당하지 않다. 넷째, 여제의 남편이 정치에 참견하는 문제에 대해서는 헌법으로 금지해 두면 걱정할 필요가 없을 것이다. 다섯 째, 외국 황족과의 결혼으로 야기될 종교문제도 의회에서 검토될 것이므로 걱정할 것 없다. 아마도 여제는 황족 가운데에서 남편을 선택하게 될 것이고 후보자는 적지 않을 것이다.

자, 이제 이들의 주장을 차례로 깨뜨려 보자.

첫째, 일본에는 여제 관습이 있다고 하는데 고대의 여제와 입헌국인 현재의 여제는 그 성격이 다르다. 다만 반대론 측 무지를 반성하게 하는 의미에서 간단한 설명을 덧붙이겠다. 고대 일본역사는 불분명한 점이 많다. 역대 천황 중에는 즉위 사실 조차 불명확한 경우도 있다. 여제도 마찬가지다. 『미즈카가미水鏡』[8]는 황통皇統을 명확하게 하기 위해 존재하는데, 진구황후神功皇后[9]를 비롯하여 황위에 올랐는지 확실치 않은 이토요 아오노미코토飯豊靑尊[10]까지 천황이라 칭하고 있다. 『신황정통기神皇正統紀』[11]에는 진

---

8 진무神武 천황부터 닌묘仁明 천황까지 54대를 기록한 역사서.

9 니혼쇼키日本書紀에 의하면 201년부터 269년까지 이어진 정권으로, 천황의 급사 후 (201), 신탁에 의해 임신한 몸으로 바다를 건너 조선에 출병, 신라, 고구려, 백제에게 조공을 약속받았다고 기술되어 있음. 신화적 요소가 많아 실존인물이 아니라는 것이 일반적인 견해.

10 제22대 세네淸寧 천황과 23대 겐조顯宗 천황 사이에 집권했다고 전해지는 여제의 선구적

구황후는 올라 있지만 이토요 아오노미코토는 올라 있지 않다. 제군들은 최초의 여제를 스이코推古라 생각하는 것 같은데, 이 또한 정확히 밝혀진 바 없으므로 지금 거론할 문제는 아닌 듯하다.

둘째, 남녀 사이에 귀천이 없다는 것은 정치원리를 모르는 자들이나 하는 말이다. 정치는 사람을 다스리는 것이기 때문에 사람들의 동향을 잘 파악하여 시의적절하게 처리할 필요가 있다. 이론상으로는 물론 남녀 사이에 귀천의 구별이 없다고 할 수 있다. 하지만 일반 국민들 사이에 남존여비 사상이 존재하는 것이 현실이며, 유럽에서도 여자에게는 참정권을 주지 않았기에 이것은 일본만의 문제라 볼 수는 없다.

일본의 현상을 보라. 남자는 처첩을 두어도 비난받지 않지만 여자가 여러 명의 남자를 거느린다면 세상 사람들이 어떤 눈으로 바라보겠는가? 상속법을 보라. 장녀가 차남에게 밀리고 있지 않은가. 일반 부부관계를 보라. 여자가 호주인 경우도 일단 결혼하면 권한은 남편에게 귀속되고 아내는 그의 명령에 따르지 않는가? 현실이 이러할 진데 남녀차별이 없다고 하는 것은 정치를 모르는 해괴한 발언이다.

또 여제의 남편이 정치를 좌우하는 것과 남제가 정치에 관여하는 것은 전혀 다른 문제다. 남제는 헌법상 정치적 권한을 가지고 있지만 여제의 남편은 그렇지 않다. 그럼에도 불구하고 아내의 힘을 빌려 정치에 영향을 준다면 그 폐해는 말할 수 없이 클 것이다. 권력욕은 인간으로서는 어쩔

존재. 『고지키古事記』, 『니혼쇼키日本書紀』에서는 천황으로 인정하지 않지만 후세의 역사서 『부상략기扶桑略記』에는 '이이토요 천황 24대 여제', 『본조황윤소운록本朝皇胤紹運錄』에는 '이토요 천황은 오시누미노 이라츠메忍海部女王'라 기록하여 천황으로 호칭함.
11　사론史論. 신대神代부터 고무라카미後村上 천황까지의 역사를 기술함. 남조南朝가 정통한 이유를 논하고 있으며, 저자의 국체론, 계통론, 신도론, 정치론, 무가론이 나타나 있음.

수 없지만 여자보다 남자 쪽이 더 강하기 때문에 여자가 남제를 움직이기보다 남편이 여제를 움직일 가능성이 크다. 헌법으로 금지하면 공공연하게는 못하더라도 은연중에 그렇게 할 염려가 있다. 특히 일본처럼 여자가 남자에게 순종하는 관례가 있는 나라에서는 가능성이 더 클 것이다.

외국 황족과의 결혼으로 인해 발생할 종교상의 문제에 대해서는 여제를 용인하는 상대측도 말하기 곤란한지 "사전에 의회의 승인이 필요하기 때문"이라는 등 궁색한 답변만 늘어놓고 있다. 하지만 일본의 상황에서 이러한 것을 의회에 상정하면 부결될 것이 뻔하다. 따라서 외국 황족과의 결혼은 당분간은 없을 것이다. 그렇다면 여제의 남편은 국내에서 구할 수밖에 없는데 신하인 남자를 배우자로 삼을 때 발생할 문제에 대해서는 앞서 말한 바와 같다.

그렇다면 황족 중에서 남편감을 구해야 할 것인가? 여제의 남편은 매우 좁은 범위로 한정될 것이고 여제의 자유에 커다란 제한을 가하게 될 것이다. 결혼은 일류지대사다. 인생의 행복과 불행이 결혼에 달려 있다고 할 수 있다. 일반 국민들은 모두 행복을 꿈꾸며 뜻이 맞는 사람과 결혼할 수 있는데 어째서 여제만 지존의 자리에 있으면서 제한받아야 한단 말인가. 도저히 이해할 수 없는 부분이다.

황족 중에서 상대를 찾을 수 있을 것이라고 하지만 그건 공상에 불과하다. 일본의 황후, 황비는 황족이 아닌 경우가 많다. 다시 말해 황족 가운데 배우자를 구할 수 없었다는 의미다. 그렇다면 그 반대의 경우도 마찬가지일 것이고, 생리학적으로도 근친상간의 폐해를 피할 수 없는 문제다. 이런 이유에서 우리는 현실적으로 여제가 불가하다고 주장하는 바이다.

시마다 사부로의 최종 발언을 끝으로 여제논쟁은 막을 내렸다. 의장 다카하시 쇼에몬高橋庄衛門이 표결에 부친 결과, 총 8명이 여제를 인정했다. 결과는 9대 8로, 여제불가론이 우세한 것으로 나타났다.

황실전범皇室典範 속 여성차별

이 여제논쟁은 일반 대중들에게는 거의 알려지지 않았다. 어떤 의미에서는 현재의 '반反 천황제론'보다 더 진보된 논의라고 할 수 있다. 물론 이 논쟁은 천황제 자체를 반대하고 있는 것은 아니므로 천황제 폐지론자의 입장에서 보면 일고의 가치도 없을지 모르겠다.

하지만 천황의 국제결혼까지 아무렇지 않게 논의되던 것에 비하면 현재 히로노미야浩宮의 '황태자비 간택'을 둘러싼 매스컴의 보도행태가 얼마나 우스꽝스러운지 잘 보여준다. 현재 여성주간지 뿐만 아니라 매스컴에서는 이런저런 황태자비 후보 명단을 작성해가며 소란을 피우고 있지만 그 명단에 외국인 이름은 없다. 말로만 국제화 시대라고 떠들어 댈 뿐 유독 천황제에 관해서만큼은 쇄국정치를 탈피한지 20년밖에 안된 당시보다 훨씬 발상이 진부한 느낌이다.

매스컴뿐만이 아니다. 필자 역시 천황가의 국제결혼이나 여제 가능성에 대해 농담 식으로 말을 던져 보는 수준이지 있을 수 없는 일이라는 것을 전제로 하고 있다. 하지만 100여 년 전에 있었던 시마다와 누마의 논쟁을 보면, 천황을 남자에게만 한정시키는 사고체계가 철저히 민중지배를 위한 정치논리 안에서 만들어진 것임을 알 수 있다.

그들이 여제부정을 주장한 것은 당시 남존여비 풍조 때문에 여제가 결혼하면 남편 아래 놓이게 되어 지존으로서의 권위가 손상되며, 천황을 중심으로 민중을 통합하여 국가를 형성하기 위해서도 바람직한 방법이 아니라는 지극히 현실적이고 정치적인 판단에 따른 것이었다. 물론 그들 자신이 갖고 있던 남존여비사상도 상당 부분 반영되었으리라.

가능하다면 타임머신이라도 타고 100년 전으로 되돌아가 필자도 그 논쟁에 참여하고 싶어졌다. 누마 모리카즈나 시마다 사부로의 주장을 반박할 수만 있다면 지금 일본 여성의 운명은 많이 달라졌을지 모른다. 누마나 시마다의 주장은 이후 일본 사회에서 여성차별을 강화하는 데에 지대한 역할을 했기 때문이다.

이 여제논쟁 이후 7년이 지난 1889년, 대일본제국헌법 및 황실전범이 제정되었다. 헌법 제1조에는 "천황은 신성하며 모독해서는 안 된다"라고 규정하고 이어지는 제2조에서는 "황위는 황실전범이 정하는 바에 따라 황남皇男 자손이 이를 계승한다"라고 못 박고 있다. 헌법과는 독립적으로 제정된 황실전범 역시 제1조에 "대일본국 황위는 황통으로서 남계男系의 남자가 이를 계승한다"라고 규정하고, 제2조부터 제8조까지 황장자皇長子 이하 계승 순위를 정하고 있다.

이러한 규정은 전후 표면적으로는 민주화된 것처럼 보이는 상징 천황제 황실전범에도 그대로 계승되어 남아있다. 다만 제4조, 제8조에 있던 적자嫡子를 서자庶子보다 우선한다는 규정은 전후 황실전범에서 사라졌다. 어쨌든 1889년 이래 여제불가의 천황제가 국가의 제도로 계속 남아있는 것이다.

그런데 황실전범의 원안은 달랐다. 1885년 기초한 것으로 추정되는 황실제규皇室制規에는 여제를 인정하고 있었다. 즉 "제1황위는 남계가 계승하기로 한다. 만약 황족 중 남계가 끊길 때는 여계가 계승한다. 남녀계 각 적자嫡子를 우선시 하고 적서嫡庶 각 장유유서長幼有序에 따른다"라고 되어 있어, 앞서 살펴본 아오키 다다스의 의견과 동일한 문맥으로 보인다. 남계를 원칙으로 하되 남계가 없는 경우에만 여계를 인정한다는 것이므로 여성차별이긴 하지만 그래도 여성을 완전히 배제한 것은 아니었다.

그런데 메이지 국가의 법체계를 만드는데 중요한 역할을 한 이노우에 고와시井上毅의 반대로 실현되지 못했다. 이노우에는 황실제규에 의문을 제기하고 여제부정론을 주장했다. 그는 앞서의 오메이샤 논쟁을 높이 평가하며 특히 시마다 사부로, 누마 모리카즈의 여제부정론을 전문 인용하며 재고를 촉구했다. 그 결과 궁내성의 제2고稿 제실전범帝室典範부터 여제와 여계계승규정은 자취를 감추었고 1889년 황실전범으로 확립되었다.

그리고 1890년 프랑스법에 근거하여 만든 부부중심주의의 민법안, 소위 보아소나드 민법은 부정되고, 1898년 남계중심의 '이에제도家制度'를 규정한 메이지 민법이 성립되었다. 이 메이지 민법으로 인해 일본 사회에서 여성차별이 확고히 정착되었다.

황실전범의 황위계승규정이 민법제정에 어느 정도 영향을 미쳤는지를 두고 새삼스레 민법전 논쟁을 벌일 수도 없는 일이므로 그에 대한 구체적인 논증은 어렵다. 하지만 황실전범에서 여제배제가 규정됨에 따라 만세일계의 천황의 권위가 강화되고 민중통합력이 강화된다면, 일반 민중의 가족형태나 상속 역시 황실전범을 본 따 남계중심의 종적縱的인 이에제도를 택할 수밖에 없게 될 것이다. 그 편이 헌법 제24조 양성평등 규정을 바탕으로 한 민법이 있는 한편으로 남계중심의 황실전범을 그대로 남겨두고 있는 현 상황보다 논리적이라 할 수 있다.

이런 면에서 볼 때 1882년 여제논쟁을 불러일으켰던 시마다 사부로, 누마 모리카즈야말로 일본 사회의 여성차별을 정착시킨 주범이라 할 수 있다.

전후 여제논쟁

전후, 헌법의 평등이념에 따라 여제를 인정해야 된다는 논의가 이루어졌다. 1946년 헌법을 제정할 때 국회에서 문제로 삼았다는 사실이 신문을 통해 보도되기도 했다. 요시다 요시아키吉田善明의「상징 천황제의 기초 20강象徵天皇制の基礎20講」(『現代天皇制』, 法学セミナー增刊, 1977.2)에 의하면 여제긍정파의 논거는 다음과 같다. 첫째, 헌법 제14조, 법 앞에서 평등이라는 취지를 살려야 한다. 둘째, 솔선해서 여제를 인정함으로써 일반에게도 남녀동등권 보급에 힘써야 한다. 셋째, 여제를 인정함으로써 후계가 끊어졌을 경우를 대비해야 한다.

이에 대한 반대론은 다음과 같다. 첫째, 남성주의의 원칙은 예로부터 내려온 일본의 전통이다. 둘째, 선례가 있기는 하지만 그것은 예외다. 그럼에도 불구하고 여제를 인정하면 계열이 흐트러져 복잡해지고 황위가 불안정해진다. 셋째, 여제의 배우자를 어떻게 취급해야 할지 어렵다.

반대론 측 주장의 경우, 남존여비 풍조에 대해 언급하지 않았을 뿐, 1882년 시마다 사브로와 누마 모리카즈의 주장과 동일하다. 그 목적은 만세일계의 신화로 천황의 권위를 유지하는 데에 있었다. 전후에도 여전히 이 같은 주장이 통했던 것이다. 그 후 몇 차례 사회당의원을 중심으로 여제를 인정해야 한다는 주장이 나왔지만 그때마다 거부당했다.

천황제 유지파가 그렇게까지 여제배제에 집착하는 것을 보면, 여제를 용인하자고 주장하는 편이 오히려 천황제 폐지의 최대 무기가 되는지 모른다는 생각이 들었다.

이제 얼마 안 있으면 일본인들 대부분이 천황 교체를 경험하게 될 것이다. 바로 이 때 100년 전처럼 다시 한 번 떠들썩하게 여제논쟁을 벌여 보는 것은 어떨까.

출처:『クライシス臨時増刊 さよならヒロヒト』, 1988年 4月号.

황위계승과 여성차별

그대들의 몸과 마음에

뚜껑을 꼭 닫도록 하라

자아自我가 하혈하지 않도록

시인인 친구가 최근에 지은 시의 한 구절이다. 정말이지 요즘 일본인은 천황이 하혈함에 따라 '자아의 하혈'을 일으키고 있는 것 같다.

천황이 병환으로 쓰러진 이래 천황의 쾌유를 비는 글을 적거나 자숙하자는 분위기의 확대가 반드시 천황이나 천황제 찬미 때문이라고만은 할 수 없다. 천황의 병환을 특별히 걱정하지도 않으면서 매스컴의 선동에 따라 주변의 눈치를 살피며 모두 하나같이 하나의 색깔로만 이루어진 세계에 스스로를 가두기 때문에 '자아의 하혈' 문제가 생긴다. 과잉자숙 분위기만 해도 매스컴으로 인해 생긴 것이다.

하지만 이런 부화뇌동적인 일본인의 습성뿐만 아니라 고도자본주의사회에서 발생하는 생활의 공동화空洞化와 그에 따른 주체의 공동화로 인해 생긴 문제도 있을 것이다.

고도자본주의사회를 살아가고 있는 일본민중은 생산의 장場은 물론 일상 소비생활에서도 자율성을 잃은 채 화려하게 변화해 가는 관혼상제 의식이나 정보지를 통해 얻은 이벤트로 그럭저럭 일상의 허전함을 채워왔다. 결국 그것은 여가나 비일상적인 것마저 자본의 논리에 빼앗기는 것과 같은데 최근 산업구조가 소프트화 되어 감에 따라 그러한 경향은 더욱 심화되고 있다.

이렇게 공동화되어가기만 하는 일상 속에 갑자기 텔레비전을 통해 날아든 것이 천황의 교체라는 대 이벤트, 쇼와에 종언을 고하는 역사적 대사건이었다. 이미 매너리즘화된 축제에 자숙하는 것으로 이 세기의 대 이벤트에 참가할 수 있다면 그 편이 이벤트성은 훨씬 클 것이다. '자숙'이라는 이름의 이벤트 부정이 오히려 그 역사적인 이벤트에 대한 민중들의 참가일지 모른다.

천황의 하혈에 따른 일본민중의 자아의 하혈, 즉 주체의 공동화는 그러한 생활에 익숙해져 버린 총체적인 공동화에 따른 당연한 귀결이다.

그렇다면 자아의 하혈을 막고 더 나아가 변혁의 주체를 형성하기 위해서는 모든 생활에서 민중의 주체성을 회복해야 할 것이다. 하지만 그러기엔 갈 길이 너무 멀다. 하물며 지금 X(천황의 죽음)·Y(황후의 죽음)·H(히로노미야의 결혼) 등 연이은 국가 차원의 대 이벤트가 바로 눈앞에서 펼쳐지고 있기 때문에 그 속에서 일본 민중들의 자아는 너무 많은 하혈로 완전히 붕괴될지도 모르는 상황에 처했다. 어찌 되었든 자아의 큰 하혈을 막을 치료법이 필요하다.

천황 교체에 보이는 여성차별

치료법 중 하나로 먼저 여성의 입장에서 제기하고자 한다. 먼저라고 말한 것은 원래 여성만의 문제가 아니지만 일단은 여성이 도화선이 되어야 할 것이라고 생각했기 때문이다.

천황의 후계자를 결정해야 할 시점을 맞아 여성차별이라는 시점에서 "새 천황 NO!" 라는 목소리를 높이자는 것이다.

천황의 후계자는 황실전범에 근거하여 결정되겠지만 황실전범 제1조에는 "대일본국 황위는 황통남계의 남자가 이를 계승한다"고 정해져 있고, 제2조에는 황위 계승순위가 상세히 정해져 있다. 집요하다 싶을 만큼 순위를 규정해 놓은 것은 무슨 일이 있어도 황위계승에서 여자를 배제하고자 하는 집념의 표시인 것처럼 보인다.

새 천황 아키히토의 탄생은 이렇듯 명백한 여성차별에 기초하여 이루어졌다. 이는 현행 헌법에 규정되어 있는 '법 앞의 평등'(제14조)에 위배된다. 물론 천황제 자체가 인간평등의 이념과 상반되는 것이므로 여성차별에 그치는 문제는 아니다.

하지만 다음 두 가지 이유로 인해 일단 여성차별이라는 관점에서 "새 천황 NO!"라는 목소리를 높여야 한다고 생각한다.

첫째, 지금 명백한 여성차별 하에 황위계승이 이루어지려 하고 있다. 이를 아무 말 없이 좌시하는 것은 오늘을 사는 일본 여성들의 역사적인 책임을 포기하는 일이다. 메이지 이후 천황제 국가의 '이에제도' 하에서 여성들은 황위계승은 물론 사회적인 발언을 일절 금지 당해 왔다. 지금 일본여성들은 주권자로서 권리를 얻은 후 처음으로 천황의 후계문제에 직면하고 있다. 그러므로 그 속에 내재되어 있는 명백한 여성차별에 대해 반대의 목소리를 높이는 것은 과거 여성들뿐만 아니라 미래의 여성에 대한 책임이기도 하다.

둘째, 황위계승에서 여성을 배제하는 것이 천황의 권위 강화로 이어지게 되는 것은 그것이 단지 여성차별이라는 문제만이 아니라 근대 일본의 민중억압과 아시아 침략과도 무관하지 않음을 의미할 것이다.

황실전범의 '남계남자' 규정은 1889년, 제국헌법과 동시에 공표된 구황실전범의 규정을 그대로 답습한 것이다. 황위계승에서 여성을 배제하는 것은 일본 천황제의 전통에 위배된다. 스이코 천황을 비롯하여 예로부터 여제는 있었고 에도시대만 하더라도 고사쿠라마치後櫻町와 메이쇼明正라는 두 명의 여천황이 있었다. 그럼에도 불구하고 1889년 제정한 황실전범에서 여제를 완전히 배제하기로 한 것은 오로지 천황의 권위를 강화하기 위해서였다.

여성이 천황이 된다면 평생 독신으로 지낸다면 몰라도 결혼할 경우 당연히 신하 중에서 남편을 맞아야 할 것이다. 남존여비 풍조 하에서 아내는 남편에게 순종해야 하기 때문에 여제는 절대유일의 권위를 지킬 수 없다. 또 황태자가 태어나도 어머니인 천황보다 신하인 아버지의 혈통을 따르게 될 것이다. 그렇게 되면 만세일계의 황통은 손상을 입게 된다. 따라서 천황은 남계의 남자에 한정시켜야 한다.

이런 논의를 거쳐 규정한 것이 구舊황실전범의 황위계승규정과 제국헌법 제2조였다. 다시 말해 여성을 차별함으로써 천황의 권위강화를 꾀했던 것이다. 그 결과 근대 천황제 국가에 의한 차별과 침략의 역사가 구축되었음을 상기할 때, 100년 전처럼 여성을 배제한 황위계승규정에 따른 새 천황을 인정해서는 안 될 것이다.

또한 전후 황실전범을 개정할 때도 "여제를 인정하면 계열이 흐트러져 황위가 불안정해진다"는 것을 이유로 내세워 여제를 배제한 사실로 미루어 보건대 결국 현재까지도 황위의 안정에 여성배제가 도움이 되고 있는 셈이다. 그렇다면 여제용인을 주장하는 것이 오히려 천황제 폐지를 위한 효과적인 수단이 될지도 모른다.

천황제 논의를 위한 열린 장場을 만들자

이렇게 말하면 천황제를 부정하는 측에서 당연히 다음과 같은 비판이 나올 것이다.

하나는 여자가 천황이 될 수 있다면 그걸로 만사 오케이란 말인가? 또 하나는, 황실전범을 개정하여 황실의 민주화를 이루자는 것인데 그것은 천황제 용인론과 어떻게 다른가?

필자가 주장하는 바는 말 그대로 여제를 배제한 황실전범에 따라 천황의 자리에 오른 새 천황을 인정하지 말자는 것이다. 이는 바꿔 말하면 황실전범을 개정하여 여제를 용인하라는 쪽으로 자연스럽게 귀결될 것이다.

물론 필자의 본심은 그것이 아니다. 여제든 남제든 천황은 천황, 천황 따위는 필요 없다는 것이 기본적인 입장이다. 하지만 천황의 하혈과 함께 일본인이 '자아의 대 하혈'을 일으킬지도 모르는 지금, 단순히 천황제 폐지를 논하거나 화염병 같은 것을 던져서 얻을 수 있는 것보다 그나마 가능성이 큰 치료요법이라는 것이다.

전후 상징 천황제가 발족한 지 40여년, 소위 천황제 폐지론자는 천황제 부정 때문에 오히려 황실전범 속에 있는 엄연한 여성차별을 그대로 존속시켰다. 여성차별을 없애게 되면 민주주의와 천황제의 적합성이 증가되어 천황제 존속에 득이 되지는 않을까 두려웠기 때문이다. 필자도 그 가운데 하나다.

하지만 지금까지 지나온 경과로 볼 때 황실전범을 개정하는 것은 그리 쉬운 일이 아니다. 1985년 여성차별 철폐조약 비준을 맞아 사회당의 구보타 마나에久保田眞苗의원이 황실전범의 여성차별 문제를 제기했지만 그 때 "황실은 기본적 인권에 부합하지 않는다"고 일축 당했다고 한다.

분명 황실은 어떤 의미에서 기본적 인권에 부합하지 않는다. 국민들이 황실이라는 존재를 허락하고 고마워하는 비정상적인 행태에 대해서는 다양한 공론의 장場을 마련해 논의되어야 한다. 천황의 후계문제를 거론하는 가운데 황실전범의 여성차별을 문제시하는 것도 돌파구 중 하나다. 국회청원이든 헌법소송이든 상관없다. 어찌 되었든 열린 천황제 논의의 장을 계속해서 마련해 나아가야 한다.

출처 : 「自我の下血をくいとめるために」, 『新地平』, 1988年 12月号.

베아테의 일본국헌법과 황실전범의 개정

베아테의 일본국 헌법

"맥아더는 페미니스트는 아니었던 것 같습니다. 왜냐하면……."

거기까지 말하고 그녀는 웃음을 터뜨렸다. 경쾌한 웃음소리였다. 청중은 영문을 모른 채 백발의 백인여성을 바라보았다.

"왜냐하면 미세스 맥아더는 남편이 죽고 난 뒤 훨씬 더 건강해졌으니까요."

순간 강연회장이 순간 와 하고 들끓기 시작했다. "점령군 총사령관 맥아더의 지령에 의해 전후 일본의 여성해방이 이루어졌다고 하는데 그는 페미니스트였는가?"라는 질문에 대해 베아테는 이렇게 대답한 것이다.

1993년 5월 4일, 도쿄 여성정보센터에서 열린 '베아테시로타 고든 방일 기념강연회'는 초만원을 이루었고 강연회장은 솔직하고 유머러스한 베아테시로타 덕분에 시종 화기애애했다. 뿐만 아니라 그때까지만 해도 딱딱하고 위압적이라고만 여겼던 헌법이 생기발랄한 이 자그마한 여성과 결합되는 순간 인간미 있는 존재로 다가왔다.

강연회가 열리기 하루 전 5월 3일 헌법기념일에는 도쿄 유락쵸有樂町에서 '관철시키자, 평화헌법 9조 개악을 반대하는 여성들의 모임'이 개최되었다. 그 강연장도 초만원, 열기에 넘친 여성들의 헌법집회였다고 들었다.

4일에 열린 강연회도 테마는 역시 헌법이었다. 베아테시로타 고든은 47년 전, GHQ민정국의 일원으로 일본국 헌법의 초안을 만드는데 참여했다. 그 때 그녀의 나이는 불과 22세였다. 그녀가 작성한 여성의 권리에 관한 조항은 헌법 제14조 인종, 신조信條, 성별, 사회적 신분 또는 가문에 의한 차별금지와, 제24조 혼인 시 남녀의 평등규정에 나타나 있다. 이 두 가지 조항이 전후 일본의 여성해방에 미친 영향을 생각하면 그녀가 이루어낸 업적은 실로 컸다고 할 수 있다.

하지만 그녀의 존재는 지금껏 일본 여성들에게 알려지지 않았다. 1984년 헌법학자 니시 오사무西修가 미국에서 베아테와 인터뷰한 내용을 『일본국 헌법의 탄생을 검증한다日本国憲法の誕生を検証する』에서 소개한 것이 계기가 되어 처음 알려지게 되었다. 페미니즘이라는 관점에서 그녀를 처음 소개한 것은 아마도 미국의 수잔 파[12]일 것이다. 파는 일본의 전후 여성해방 정책 중 "여성의 권리보장을 최고위법인 일본국 헌법에 명문화하기로 결정한 것"은 주목할 만한 것이며, 또 제14조의 '성별에 따른 차별금지'는 80년대 이후 미국 페미니스트들이 주장한 ERAEqual Right Amendments보다 앞선 것이라며 높이 평가했다. 또 제24조는 남녀평등을 사생활에까지 확대한 것으로 "전 세계 그 어떤 헌법보다 진보된 것"이라고 주장했다(横田啓子抄譯,「女性参政権と男女平等を規定した新憲法の成立過程」,『日米女性ジャーナル』12号, 1992).

파는 점령하 일본에서 어떻게 이토록 급진적인 개혁이 이루어질 수 있었는지 살펴보기 위해 베아테의 업적을 연구하게 된 것이다.

베아테의 방일은 아사히TV의 초청으로 이루어졌다. 4월에서 5월에 걸쳐 그녀는 수차례 『아사히신문』과 TV에 등장했다. 필자도 그 무렵 그녀의 존재를 알게 되었다. 특히 5월 4일에 있었던 강연회는 전국 페미니스

---

12 Susan Jane Pharr : 하버드대학 정치학 교수, 일본정치 전공.

트 의원연맹 등 13개 여성단체와 도쿄도 미쓰이 마리코三井マリ子 의원, 도코로자와所澤시의 나카시마 사토미中嶋里美 의원이 힘을 모아 개최한 것이었다.

베아테의 이야기를 들으면서 내 안에는 모순되는 감정들이 교차했다. 부끄럽다는 생각이 먼저 들었다. 그녀의 존재를 몰랐을 뿐만 아니라 처음부터 헌법 제14조, 제24조의 성립과정에 대해 전혀 관심이 없었다는 사실이 부끄러웠다. 물론 그 규정이 여성에게 의미 있는 것이라고 생각하고 있었고 때로는 그 조항을 내세워 남성을 꼼짝 못하게 한 적도 있었다. 그것은 마치 암행어사의 마패와도 같은, 아랫사람들로서는 닿을 수도 없는 부동의 권위였다.

그런데 그 모든 것이 약관 22세의 친일파 유대계 여성 베아테시로타가 고군분투한 결과였다니 놀라울 따름이었다. 그녀는 전쟁으로 폐허가 된 도쿄를 뛰어다니며 자료를 모으고 여성의 권리에 대해 41항목에 이르는 조항을 작성했다고 한다. 그 조항들이 GHQ 내부의 남성들에 의해 삭제되고 일본 측 저항에 부딪쳐 겨우 제14조, 제24조만 살아남은 것이다.

바로 눈앞에서 백발의 외국인 여성의 입을 통해 흘러나오는 헌법 성립의 경위와, '부동의 권위' 사이의 낙차에 당황하면서 깊은 감동에 사로잡혔다.

"베아테 씨가 없었다면 전후 일본의 남녀평등은 없었을 것"이라며 한껏 추켜세우는 회장의 분위기는 다소 과장된 느낌이 없지 않았지만, 그녀가 초안을 만드는데 참여하지 않았다면 제24조 '양성평등 규정'이 헌법에 포함될 가능성은 분명 없었을 것이다.

그리고 헌법 제24조가 없었다면 아내를 무능력하게 자리매김해온 구舊 민법의 개정은 훨씬 더 어려웠을 것이다. '일본의 아름다운 이에제도'를 고집한 남자들이 마지못해 민법개정을 인정한 것은 바로 이 제24조 때문이었다.

물론 개정된 민법에도 호적제도나 부부동성同姓원칙 등 여전히 문제는 산적해 있다. 그러나 47년 전 베아테의 노력에 필자는 일본 여성의 한 사람으로 감사의 박수를 보내고 싶다. 다른 한편으로는 반발감도 느꼈다. 초안 작성에 관계했던 9일간을 "그야말로 흥분으로 가득 한 멋지고 보람 있는 날"이었다고 회고하는 그녀를 향해 "그야 그렇겠죠, 베아테 씨! 당신 손에 몇 천만이나 되는 한 국가의 여성의 운명이 달려있었으니, 흥분도 했겠죠, 보람도 있었겠죠. 하지만 그 모든 건 당신이 승자의 일원으로서 맥아더의 권위를 업고 있었기 때문에 가능했던 겁니다"라고 따지고 싶은 심정도 들었다.

그러나 이러한 발상은 위험하다. "일본국 헌법은 점령군의 강압"이라고 주장하는 개헌론자와 다를 바 없기 때문이다. 베아테가 지금까지 헌법제정 당시 본인이 했던 역할에 대해 침묵을 지킨 것은 그 때문이었다고 한다.

이렇게 젊은 여성이 헌법을 만들었기 때문에 헌법을 바꾸어야 한다고 말하는 사람도 있었습니다. 거기에 이용당하면 헌법이 위험해질 것이라고 생각해서 인터뷰도 모두 거절했습니다.

— 「ベアテの日本国憲法下」,『朝日新聞』, 1993. 4. 28.

그런데 왜 이제 와서 그녀는 입을 열었을까? PKO파병을 계기로 개헌론이 급격히 고조되어 가고 있는 지금, 그녀의 존재가 매스컴을 통해 부각되는 것이 개헌론에 유리하게 작용하는 것은 아닐까?

아사히신문 계열의 미디어가 금년 들어 갑자기 베아테를 추켜세우는 것은 사회당이나 호헌파 학자까지 합세하여 헌법을 재검토하자는 움직임과 결코 무관하지 않을 것이다. 헌법의 부동성이 흔들리고 있는 지금, 기존과 다른 형태로 헌법기념일을 만들어 보고자 할 때 이른바 여성노선은 유효한 전략이 될 수 있다. '베아테의 일본국 헌법'이 조명되는 것도 새삼스러운 일은 아닐 듯하다.

『세계世界』 6월호에 「나는 이리하여 여성의 권리조항을 기초했다私はこうして女性の権利条項を起草した」라는 인터뷰가 게재된 것도 그러한 사정을 뒷받침해 준다. 『세계』 4월호에는 고제키 쇼이치古關彰一, 마에다 데쓰오前田哲男, 와다 하루키和田春樹 등이 주장한 창헌론創憲論적 '평화기본법' 공동제안이 게재되었다. 이 공동제안은 헌법을 재검토 논의를 활성화시키는데 획기적인 역할을 했다. 그에 대해 아마노 야스카즈天野惠一는 잡지 『임팩션』(80호)에서 "해석, 혹은 개헌을 주장하는 매스컴이 만들어 낸 시류에 영합한 것"이라며 반박했다.

베아테는 『세계』와 가진 인터뷰에서 "만약 헌법을 바꾼다면 어떻게 바꾸고 싶은가"라는 질문에 "바꾸고 싶은 생각이 전혀 없습니다. 훌륭한 헌법입니다"라고 답했다. 이러한 발언은 호헌파의 주장과 상통한다. 베아테의 강연회를 기획한 여성들도 궁극적으로는 호헌을 지지한다.

하지만 베아테 본인도 우려한 것처럼 "일개 젊은 여성에 의해 만들어진 것"이라는 점이 부각되면 헌법의 권위가 흔들려 결과적으로 호헌 의도를 저해하게 될 가능성도 있을 것이다.

그러한 우려도 분명 있지만 베아테가 일본에서 자신이 발의한 헌법 제14조, 제24조의 성립경위를 직접 밝히는 것은 매우 의미 있는 일이라 생각한다. 전후 일본 여성의 권리와 관련된 역사적 사실이 알려지는 것은 그 자체만으로도 의미 있는 일이기 때문이다.

또 초안 작성자가 22세의 젊은 여성이었다고 해서 제14조, 제24조의 의의가 결코 감소되지는 않을 것이다. 필자가 그랬던 것처럼 그런 사실이 오히려 여성들로 하여금 헌법에 친근감을 느끼게 할지 모르기 때문이다. 헌법은 하늘이 내린 부동의 권위가 아니라 한 여성의 뜨거운 열정에 의해 만들어진 것이다. 이렇게 생각하며 주체적으로 헌법을 받아들여 자신의 것으로 만들어 가고자 하는 사람이 늘어나길 기대한다.

헌법은 무조건 준수해야 하는 금과옥조도 아니며 내세우기만 하는 권위적인 것도 아니기 때문이다. 만약 그렇다면 헌법은 천황과 다를 바 없을 것이다. 이 당연한 사실을 새삼스레 깨닫게 해 준 베아테에게 감사한다.

잠깐만요, 그 결혼

그건 그렇고 베아테의 강연회가 있은 지 한 달이 지난 6월 5일, 도쿄 신주쿠新宿의 후센婦選 회관[13] 에서 '잠깐만요, 그 결혼! 남자만의 황위계승권과 각국 사정ちょっと待って, その結婚! 男だけの皇位継承権と各国事情'이라는 제목으로 심포지엄이 열렸다. 6월 9일 황태자 결혼을 여성 관점에서 어떻게 바라봐야 할지 문제 삼고자 한 것이다.

전국 각지에서 비슷한 취지의 집회가 열렸지만 이 심포지엄의 특징은

13　후센婦選이란, 부인참정권婦人參政權의 약칭. 후센 회관은 1946년 말에 세워진 전후 최초의 여성회관.

부제에 나타나 있듯 남자에게만 있는 황위계승권을 정면에서 문제 삼았다는 점에 있다. 주최 측은 베아테 강연회를 기획한 미쓰이 마리코, 나카시마 사토미 두 의원이었다. 토론자는 미쓰이시 히사에三石久江 참의원의원(사회당), 여성사연구가인 스즈키 유코鈴木裕子, 미쓰이 마리코, 그리고 필자까지 총 4명이었다.

미쓰이시는 남자에게만 허용되는 황위계승권에 대해 국회에 질의했던 내용을 발표하고 황실전범의 위헌성을 제기했다. 헌법 제14조, 제24조에 위반된다는 것이었다. 미쓰이는 왕제王制를 채택하고 있는 유럽 국가에서 여성의 왕위계승권을 인정하고 있는 것에 대해 발표하고, 일본의 페미니즘 운동이 남자만 이어받을 수 있는 황위계승권에 대해 전혀 문제 삼지 않는 것을 비판하며 개량주의의 의의를 주장했다.

이에 대해 스즈키는 천황제는 모든 차별의 원흉이며 여성에게 황위를 인정한다고 해서 해소될 리 없으며 황실전범 개정은 오히려 문제를 은폐하는 것이라며 반대를 표명했다.

필자의 주장은 조금 복잡하다. 원칙적인 입장은 스즈키와 같지만 여성이 천황이 된다고 해서 천황제의 본질이 바뀔 리 없다. 그렇지만 황실전범개정은 제기해야 한다는 입장이었다.

이에 대해서는 몇몇으로부터 비판을 받았다. 천황제를 용인하는 것으로 보였기 때문이다. 이 심포지엄에서도 그렇게 받아들인 사람들이 필자를 집중적으로 비판했다.

필자가 주장한 것은 황실전범을 개정하자는 것이 아니라 개정을 제기해야 한다는 것이었는데 미묘한 입장차이는 어쩔 수 없었다. 필자는 황실전범개정이 그리 간단히 통과될 리가 없다고 판단하고 황실전범 개정 문제를 제기한 것이다. 그렇게 되면 천황제 논의가 자연스럽게 야기될 것이고 그것이 천황제를 없애는 지름길이 될 수 있다고 판단한 것이다. 매스컴에서 조금 더 열린 자세로 천황제를 논의하지 않는 한 '천황제 폐지' 운운해봤자 주의주장에 불과할 것이다. 따라서 매스컴에 자주 등장하는 페미니스트들이 앞장서서 그 문제를 거론해 주었으면 했던 것이다.

하지만 천황제 논의과정에서 나오는 여성노선은 매스컴에서 떠들던 '베아테의 일본국 헌법'과 마찬가지로 위험성을 내포하고 있다. '베아테의 일본국 헌법'이 헌법 재검토라고 하는 현실주의로 이어질 위험성이 있듯, 황실전범을 개정하자는 '개량주의적 여성노선'이 도리어 천황제의 본질은 간과한 채 끝나버릴 위험성이 있는 것이다. 필자의 주장 또한 아마노처럼 매스컴이 만들어 낸 시류에 영합하는 것은 아닐지 염려된다.

출처 : 連載, 「フェミニズムのヘクトパスカル」第4回, 『インパクション』 81号, 1993.7.

반^反천황제운동에 페미니즘 바람을

필자는 왜 이토록 어리석은 짓을 하고 있는 것일까? 하루라도 빨리 폐지되기를 바라는 천황제 때문에, 여제가 용인된다고 해봤자 타도의 대상일 뿐인 천황제 때문에 경애하는 친구들과 대립하다니 말이다. 어리석기 짝이 없는 일이다. 자업자득인 감도 없지 않다. 하지만 적어도 내실 있는 논쟁이 되었으면 하는 바람이다.

아마노 야스카즈는 『임팩션』(99호)에서 「어째서 지금 여성천황제인가 —가노 미키요의 여제용인론 비판今なぜ、女性天皇制か—加納実紀代の女帝容 認論批判」이라는 제목으로 필자의 의견에 반박했다. 그 내용은 대략 다음 과 같이 두 가지로 요약된다.

첫째, 지금까지 가노는 여제를 용인하자는 발언을 해 오긴 했지만 그것 은 상징 천황제를 비판하기 위한 논의를 만들어 내기 위한 것이라 생각했 다. 그런데 『주간 금요일週刊金曜日』(1996.3.8)의 아마노·가노의 대담 「위 험한 여성천황제アブナイ女性天皇制」 등에 보이는 최근의 발언을 보면 아 무래도 진심으로 여제용인을 통한 천황제 개량을 꿈꾸고 있는 것 같다. 정말 어이없는 일이다. 마사코雅子, 기코紀子가 아들을 낳지 못하는 한 여 성천황정책을 택하지 않을 수 없게 된 지금,[14] 그런 식으로 주장하는 것은 세습에 의한 특권적 천황제의 연명과 재편 강화에 도움을 주게 된다.

둘째, 반천황제 운동이란 차별과 억압의 원흉인 천황에 대한 민중들의 "환상, 도착을 하나하나 구체적으로 깨부수어 천황제(국가)에 의존하는 것 을 당연하게 여기는 태도를 바꾸고, 천황제가 폐지되는 순간까지 자립된 민중상호관계를 만들어 가기 위해 생활 속에서 다양하고 작은 노력을 지 속적으로 쌓아가는 것"이다. 그러므로 권력 정책에 잘 개입하여 단번에 성과를 이루고자 하는 발상은 천황제 공동체국가를 살찌우게 할 뿐이다.

첫째는 상황론이고, 둘째는 본질론이다. 여제용인 문제에 대한 비판은 아마노만은 아니다. 『반천황제운동 NOISE』, 『정보센터통신』, 『Fifty Fifty』

---

[14] 2004년부터 황실전범에 관한 유식자회의(有識者會議, 제87~89대 총리 고이즈미 준이 치로의 사적자문기관)에서 여성 및 여계천황용인에 관한 논의가 진행되고 있던 중 기 코(현 천황의 차남 아키시노노미야의 부인)의 임신 소식이 전해졌다. 이후 2006년 9월 아들 이 태어나면서 현재 여천황 논의는 소강상태임.

를 비롯해, 1996년 6월과 10월에 있었던 집회 등을 통해 오카와 요시오大川
由夫, 사쿠라이 다이코櫻井大子, 나카가와 노부아키中川信明, 스즈키 유코鈴
木裕子, 이케다 쇼코池田祥子, 이케다 히로시池田浩士 등 여성학자들이 줄기
차게 비판을 제기했다. 각각 시각과 입장의 차이는 있지만 아마노의 비판
과 대체적으로 유사하다.

기본적으로 필자는 위의 두 가지 비판에 이의는 없다. 다만 첫 번째 비판
은 "지배자들이 모두 여성천황정책을 선택"했다고는 생각하지 않으며 여
천황용인론 배경에는 세계적인 페미니즘 조류도 있다고 생각한다.

하지만 현재 여제용인론이 급부상하게 된 데에는 천황제 유지파가 느끼
는 위기감도 크게 작용했을 것이다. 이 같은 분위기 속에서 여제용인 발언
을 하게 되면 그들에게 소금을 뿌리는 결과가 되지 않을까 염려된다. 그럼
에도 필자는 왜 이토록 여제용인 발언을 계속하고 있는 것일까?

남존여비가 천황제를 강화시켰는가?

오카와 요시오大川由夫가 「가노 미키요의 여제론?加納實紀代の女帝論？」
(『反天皇制運動 NOISE』17号, 1995.10)에서 밝혔듯 필자가 여제를 용인하는 것으
로 오해받을 만한 발언을 한 것은 10여 년 전으로 거슬러 올라간다. 「여천
황, 찬반론女天皇・是か非か」이라는 글에서, 1882년 『도쿄요코하마마이니
치신문』에 연재된 여제찬반논쟁을 소개한 것이 발단이었다. 그 글 마지막
부분에서 필자는 "지배층 남성들이 여제를 부정하는 논리를 보면 여제를
용인하는 것이 오히려 천황제 폐지를 위한 지름길일지 모른다"라고 기술

하였다. 물론 진심으로 그렇게 생각했다기보다 논쟁을 위한 문제제기적 성격이 강했다. 하지만 그 때부터 여제문제를 반천황제 입장에서 제대로 논의해야겠다고 생각하게 되었다. 그리고 그러한 생각은 점점 더 강해졌다. 아마노는 "무슨 일이 있어도 남자여야 된다는 여제거부 이론과 그런 논리를 억지로 밀고나가려고 했던 옛 지배자에 대한 반발"이라고 비판했지만 사실은 그렇지 않다.

지금은 여제 찬반논쟁에 관한 전문이 수록되어 있어(『日本近代思想体系 2, 天皇と華族』, 岩波書店, 1988), 손쉽게 접할 수 있지만 필자가 그 자료를 처음 접했을 때는 그야말로 충격이었다.

그 때의 충격은 지금도 잊을 수 없다. 신문지상에서 천황제에 대해 기탄없이 논의되고 있었다는 사실 자체만으로도 놀라운 일이었다. 그리고 천황의 권위가 메이지 정부에 의해 만들어진 것에 불과하다는 것, 그럼에도 불구하고 일본인은 언론표현의 자유가 보장되고 있는 지금도 그 허구의 권위 앞에 여전히 납작 엎드려 있다는 사실을 절감했다. 적어도 100년 전처럼 매스컴에서 여제논쟁을 벌일 만큼 자유로운 분위기가 형성되지 않는다면 반천황제는 영원히 소수의 자기만족에 불과하다고 생각했다.

더욱 놀라웠던 것은 만들어진 천황의 권위가 여제부정론에 미친 영향이다. 이 논쟁에서 여제용인을 주장하는 측에서는 이미 여제가 존재했던 황실의 전통과 서구의 남녀평등 사상 등을 이유로 들었고, 그에 대해 오메이샤의 리더 누마 모리카즈, 시마다 사부로 등은 반대론을 폈다. 앞서 언급한 바와 같이 여자가 천황이 되면 지존인 천황의 존엄이 손상되는 것을 가장 우려하였으며 만세일계의 황통을 지키기 위해서라도 여제는 불가하다고 주장했다.

어찌 되었든 여제 찬반논쟁을 통해 남존여비사상이 일본사회에 얼마나 뿌리 깊게 침투하고 있었는지 알 수 있었다. 누마·시마다의 여제부정론은 이노우에 고와시를 통해 다시 한 번 환기되었고 이토 히로부미에 이르러 여제를 배제한 헌법과 황실전범의 구축으로 그 결실을 맺었다. 이들은 1889년 제정한 제국헌법 제2조와 황실전범 제1조에 근거하여 여성을 당당히 배제하였다. 지금과 달리 당시의 황실전범은 헌법과 동격이었으므로 여제는 국가의 최고법에 의해 이중으로 규제되었다고 할 수 있다.

미디어 천황제의 남존여비 연출

그런데 문제는 바로 지금이다. 전후 새로 제정된 헌법 제2조에는 '황남자손'이라는 문구가 사라지고 '세습'이라는 말로 바뀌었다. 또한 황실전범도 헌법의 하위법으로 바뀌었다. 그런데 제1조는 '대일본국'과 '조종祖宗'이라는 말이 사라지기는 했지만 내용면에서는 전전과 동일하다. 전후 상징 천황제로 바뀌면서 민주화가 다양하게 이루어졌음에도 불구하고 메이지 국가에 의해 만들어진 근대 천황제는 여전히 건재하다는 사실을 예증하는 것이다

이 문제가 비단 황실 여성에게만 해당된다고 할 수 있을까? 아마노는 제1조를 개정하여 "세습으로 특권적인 천황이 될 수 있는 예외적인 여성이 생기는 것이 일본 사회에서 여성 차별을 줄여나가는 것과 무슨 관계가 있는가?"라고 반문하며 아무런 관계가 없다고 주장했다. 과연 한 나라의 성문법에 규정되고 헌법과 모순되면서까지 견지되어 온 조항이 일반 민

중들과 전혀 관련이 없다고 말할 수 있을까?

무엇보다 황실전범은 황실이라는 특권적 패밀리의 존재를 규정한 것으로 그 패밀리는 국가지배시스템으로 자리 잡고 있다. 그리고 천황가의 지배력과 권위는 세습이라는 혈통의 연속성에 근거한다. 그렇다면 혈통의 연속성을 어떤 형태로 보장할 것인지는 천황제 시스템과 불가분의 관계를 갖는다고 할 수 있다. 여성들뿐만 아니라 당연히 남성과도 관련되는 문제다.

이 문제는 황실에만 국한되는 것도 아니다. "개인적인 것이 곧 정치적인 것"이라는 말은 70년대 페미니즘이 발견한 테제이지만 가족이나 성性은 단순히 여성들만의 문제가 아니다. 남성의 문제이기도 하고 한 나라의 정치문제이기도 하다.

민법개정안에 대한 우파의 맹렬한 반격과 종군위안부 문제에 대해 후지오카 노부카쓰藤岡信勝나 고바야시 요시노리小林よしのり가 집요하게 반대한 것만 보더라도 쉽게 알 수 있다.

더 나아가 혈통의 연속성 보장, 즉 상속의 존재는 일상성을 규정한다. 황실의 여성은 항상 남편 뒤에서 걸어야 하고 아들에게 경어를 사용해야 하는 것은 황실전범 제1조 남계남자규정 때문이다. 그리고 남편 옆에서 그저 미소만 짓고 있는 미치코 황후나 마사코 황태자비의 행동은 미디어를 통해 일상적으로 흘러나온다. 이러한 것들이 이 사회를 살아가는 수많은 여성들의 차별과 관계없다고 치부해 버릴 것인가?

1996년 10월 27일 '지금, 왜 여성천황인가'라는 테마로 열린 집회에서 이케다 히로시池田浩士는 "우리가 주장하는 반천황제는 상징에 스스로를 맡겨버리는 비자립성과의 투쟁이며, 여제의 등장으로 여성차별을 해소하려는 자세는 상징에 대한 굴복"이라고 주장했다. 맞는 말이다. 필자가 주장하는 반천황제 역시 그렇다.

하지만 도이 다카코土井たか子[15]가 중의원 의장에 취임하여 높은 단상에 서서 남성 의원을 지명하는 모습이 텔레비전을 통해 방영되자 한 여성 교사가 한 말이 인상적이다.

"여자도 남자한테 저렇게 지시할 수 있다는 것을 텔레비전을 통해 일상적으로 볼 수 있다는 것 자체로도 여자아이들에게 얼마나 힘이 되는지 모릅니다."

최근『총후사 노트銃後史ノート』의 최종호『전공투에서 우먼리브로全共闘からリブへ』(インパクト出版会)를 마무리했다. 20대, 30대 여성으로부터 "어린시절 핑크 헬멧을 쓰고 남자를 물리치는 우먼리브를 방송에서 접하고 기뻤다"라는 이야기를 들었다. 필자에게 핑크 헬멧을 쓴 에노키 미사코榎美沙子[16]는 우먼리브의 찬탈자 그 이상도 이하도 아니었지만 소녀들에게는 긍정적인 메시지로 전달되었던 모양이다.

매스미디어, 특히 영상미디어는 받아들이는 측의 무의식과 결합하여 뜻밖의 결과를 낳는다. 유감스럽게도 도이 의장의 등장으로 변화한 국회 풍경이 일반인들의 무의식에 작용한 영향력은 상상 이상으로 컸던 모양이다. 천황제 문제 역시 매스미디어를 빼고는 생각할 수 없다.

황실전범 제1조의 개정, 즉 '남계의 남자'를 '자녀'로 바꾼 것은 훗날 아키

15　도이 다카코(土井たか子, 1928~) : 정치가. 중의원의장(제59대), 일본사회당위원장(제10대), 사민당당수(제2대) 등 역임. 여성최초로 중의원의장과 정당의 당수에 오름.

16　에노키 미사코(榎美沙子, 1945~) : 여성해방운동가, 약제사. 1967년 아나운서 및 아사히신문기자 및 매스컴관계자로 구성된 우먼리브 단체 '울프회' 결성에 참가하여 활동. 1972년 6월 14일 중절금지법에 반대하고 경구피임약 필ᴘᴵᴸ해금을 요구하는 여성해방연합을 결성한 후 대표로 취임하여 다카다노바바高田馬場에 본부를 두고 핑크색 헬멧을 쓰고 가두선전 및 데모에 참여함.

시노노미야秋篠宮의 장녀 마코眞子, 또는 그 외 여성 황족이 상징천황으로 취임할 수 있게 된다는 의미이다. 사실 그 때까지 천황제가 계속된다고 생각하는 것만으로도 힘이 빠진다. 아마 그때는 황족여성의 남존여비 퍼포먼스에 미묘한 변화가 생길 것이다. 미디어의 보도행태도 물론 달라질 것이다. 일단 그렇게 되면 여성차별도 줄어들 것으로 생각된다.

그렇지만 그 정도로 천황제 차별성이 해소되지는 않을 것이다. 국민통합의 상징인 천황제는 '국민이 아닌' 사람들을 차별하고 배제하는 것과 표리일체를 이루며, 피차별 부락이나 장애인 차별의 상징이기도 하다. 여제가 용인된다고 하더라도 세습으로 황위가 계승되는 한 황족여성에게 출산을 강요하는 일은 계속될 것이다.

하지만 그런 이유로 여제를 반대한다면 너무 소극적인 행보다. 여제용인이 천황제 차별을 은폐할 우려가 없지는 않지만, 그것을 뛰어 넘는 운동으로 전개해 나아가지 못한다면 반천황제 운동의 미래는 밝지 않을 것이라 생각한다.

반천황제 운동에 페미니즘의 바람을

이 정도로 필자를 비판하는 이들을 납득시킬 수 있으리라고 생각지 않는다. 황족여성의 남존여비 퍼포먼스와 미디어 문제 등, 이케다의 말을 빌자면 상징 천황제와 미디어에 대한 굴복이자 대중의 무의식에 대한 굴복이라 할 수 있다. 또한 아마노가 강조하는 바와 같이 '천황제 공동체국가'에 대한 굴복이기도 하다.

그럼에도 불구하고 필자가 기를 쓰고 여제를 용인하자고 주장하는 것은 반천황운동에 페미니즘적 시각이 반드시 필요하다고 믿기 때문이다. 이에 대해 일본의 페미니스트들은 여전히 침묵하고 있다.

황실전범 제1조와 헌법 제14조의 모순은 국회에서 여러 차례 거론되었다 (「女帝·問題の五〇年」, 『女帝で天皇制はどうなる』, 社會評論社, 1996.10). 1985년 당시 사회당 구보다 마나에久保田眞苗 의원이 여성차별철폐조약에 모순되는 점을 지적하였고, 1992년 역시 사회당 미쓰이시 히사에三石久江 의원에 의해 문제가 제기 되었다. 물론 이것은 페미니즘 관점에서 이루어진 것이며 여성해방운동 과제로 일반인들에게 제기된 적은 없었다.

황태자의 결혼이 임박한 1993년 6월, 당시 도쿄도 의원 미쓰이 마리코가 주최한 '잠깐만, 그 결혼! 남자만의 황위계승권과 각국 사정'이라는 제목 하에 열린 집회가 유일한 의의제기라 할 수 있다.

현재 세계적으로 세습으로 국가원수가 결정되는 나라는 28개국이다. 그 가운데 10개국은 유럽 왕실이며 모두 여성의 왕위계승을 인정하고 있다.

그중 스웨덴, 네덜란드, 노르웨이, 벨기에 등은 70년대 이후 페미니즘 열기를 등에 업고 남녀를 불문하고 첫째가 왕위를 계승하도록 헌법을 개정했다. 영국에서도 왕실의 권위를 회복하기 위해 남자를 우선시하는 현행법을 개정하려는 움직임이 일고 있다. 아시아에서도 태국왕실은 여성의 왕위계승을 인정하고 있으므로 여성배제를 고집하고 있는 나라는 일본과 이슬람 제국뿐이다.

아마노는 일본의 페미니스트가 유럽을 모방해 여제용인을 주장하는 것을 경계하고 있는듯한데 아직 미쓰이 마리코 외에 이렇다 할 움직임은 보이지 않는다. 필자는 이러한 상황에 심각한 위기감을 느낀다. 황태자비가 결정되었다는 보도에 페미니스트들이 침묵하는 배경에는 천황제에 대한 두려움과 반천황제운동에 대한 부담감을 느꼈기 때문이리라.

스즈키 유코의 지적대로 그 배경에는 전쟁에 대한 페미니즘의 반성이 없었던 것과 천황제에 대한 낮은 인식이 자리하고 있다. 그러나 반천황제운동 측도 문제가 없는 것은 아니다.

모든 문제가 젠더와 관련이 있겠지만 특히 천황제는 세습과 가족이 키워드인 만큼 페미니즘이 개척한 논리가 유효하다고 하겠다. 페미니즘을 간과하고 반천황제를 논의하는 것은 불가능하다. 이 페미니스트들이 침묵하는 가운데 등장한 사쿠라이 다이코櫻井大子의 「천황제는 여자인가?天皇制は女であるか？」(『女帝で天皇制はどうなる』)라는 제목의 글은 매우 중요한 의미를 갖는다. '모성적 천황제'를 지론으로 삼고 있는 필자는 그 내용에 전적으로 동감한다.

필자가 총후사銃後史를 고집한 것도 침략전쟁 하 여성해방 문제, 즉 민족과 젠더의 대립을 어떻게 하면 지양할 수 있을지에 대한 해답을 찾고 싶었기 때문이다. 그리고 20년이 지나 깨닫게 된 것은 유감스럽지만 일거에 그것을 지양할 수 있는 방법은 없다는 것이다. 하나하나 몇 가지 축을 교차시켜가면서 차근차근 생각해 나가는 수밖에 없다.

여제문제도 마찬가지다. 여제용인은 젠더라는 축에서 생각하면 일단 플러스지만, 민족이나 계급이라는 축에서 보면 마이너스다. 어떤 결론이 내려질지 모르지만 대립되는 축을 서로 교차시켜 가는 과정 자체가 반천황제운동이라 할 수 있다.

최근 인기몰이를 하고 있는 후지오카 노부카쓰藤岡信勝의 자유주의사관은 일고의 가치도 없지만,[17] 그가 불러일으킨 논쟁 방식은 평가할 만하다.

얼마 전 필자는『주간 금요일』이 주최한 대담에서 의문을 제기한 바
있다. 유럽왕실은 근래 들어 모두 여왕을 용인하는 쪽으로 바뀌었는데
"그런 유럽왕실과 천황제는 어떻게 다른가? 우익은 다르다고 말하는데
나는 잘 모르겠다"라고 말이다.

그런데 이러한 의문은 풀리지 않은 채 계속 남아있다. 유럽의 모든 왕
제王制 국가가 여자의 왕위를 인정하고 있는데 유독 일본만 여제를 인정
하지 않는다면 천황제 특수론이라도 세워야 할 것이다.

단 한 번도 민중차원에서 천황을 반역하거나 혁명을 일으킨 적 없는 가
족국가, 공동체 지향 등은 유럽과 다른 일본 천황제만의 특징이라 할 수
있다. 그러나 그것은 천황제 수호론자가 주장하는 논거이기도 하다. 전
시 문부성이 편찬한『국체의 본의』에서 "세계적으로 유례가 없는 가족국
가"라는 주장과 겹쳐진다.

분명 일본의 특수성, 천황제의 특수성은 존재할 것이다. 그러나 미래
를 생각한다면 여기에 머물 것이 아니라 어떻게 펼쳐 나갈 것인지 그 방
향성도 생각해야 할 것이다. 유럽왕실의 여왕용인과 영국왕실의 이혼소
동 등을 목도하면서 국민국가의 통합 상징인 왕제가 이제 제도의 한계에
부딪혔음을 실감하지 않을 수 없다.

그러한 상황을 초래하게 된 데에는 페미니즘도 필시 관련이 있을 것이
다. 페미니즘은 전근대 가부장제와 근대 가족의 젠더를 문제 삼아 왔다.
그러나 근대 가족마저 해체되어 가는 지금, 전근대적 가부장제 가족으로
서의 왕실이 국민통합의 상징이 될 수 없는 것은 당연하다.

---

17 「교과서에 종군위안부는 필요 없다教科書に從軍慰安婦はいらない」라는 그의 글에는 초
   보적인 수준의 오류가 두 곳이나 있음. (― 저자 주)

유럽왕실에서 여성의 왕위를 용인한 것은 그 제도의 한계를 봉합하고 왕제를 연명하기 위해 불가피한 선택이었을 것이다. 그러나 지금은 근대 국민국가 자체가 해체되기 시작한 것처럼 보인다. 연명책은 언제까지 지속될 수 있을까?

이를 거꾸로 일본의 천황제에 대입시켜 보면 어떨까? 이러한 필자의 의문에 동참한다면 반천황제운동은 한층 원활하게 소통되리라 생각한다.

출처 : 連載, 「フエミニズムのヘクトパスカル」第15回, 『インパクション』100号, 1996.12.

여제는 남녀평등의 미래를 열어 줄 것인가 — 로열 베이비 탄생에 즈음하여

2001년 12월 2일 정오, 요코하마 항에 정박 중이던 배의 기적이 일제히 울렸다. 8년 만에 태어난 로열베이비의 탄생을 축하하는 의미였다.

68년 전 12월 23일에는 일본 전국에서 사이렌이 울렸다. 사내아이가 태어나면 한 번 더 울리기로 되어있었다. 사람들이 숨죽이며 귀를 기울인 가운데 「울렸다, 울렸다 뿌우 뿌우 / 사이렌, 사이렌」(北原白秋 作詞, 「皇太子様お生まれなった」). 다섯 번째 출산에서 드디어 사내아이 탄생!

이번에도 사내아이가 태어났다면 요코하마 항에서 기적소리는 한 번 더 울리지 않았을까. 주가도 오르고 불경기를 확 날려버렸을지도 모를 일이다. 당시 이 노래에 리듬을 맞춰 춤을 췄다고 하는 70대 여성도 있었다. 이러한 이야기는 전철 안, 미용실 등에서도 들은 적이 있다.

남녀공동참여를 이유로

매스컴은 인기 연예인까지 동원해가며 축하모드로 들썩였다. 그 한편
에서는 여제용인론이 급부상했다. 자민당 노나카 히로무野中廣務 전 간사
장이 '남녀가 평등하게 참여하는 사회'를 주창한 것처럼 논의의 주류는
남녀평등론이었다. 하긴 1999년 6월 제정된 '남녀공동참여 평등사회기
본법'에는 모든 분야에서 남녀의 공동참여를 부르짖고 있다. 그런데도 여
성은 천황이 될 수 없다니 시대착오도 이만저만이 아니다.

앞서 논의한 바와 같이 여제에 관한 논의가 제기된 것은 지금이 처음은
아니다. 네덜란드, 스웨덴 등 왕실은 이미 여성에게 왕위를 개방하였다.
그런데 유독 일본만 아직 여성을 배제하는 이유는 무엇일까? 여성이 천
황이 될 경우 아이가 태어나면 황위가 여계, 즉 여성 천황의 자손으로 바
뀌는 것이 가장 문제라는 것이 반대의 주된 이유다. 그런데 그것이 왜 문
제가 되는 것일까?

출산과 자기결정권

'남녀공동 참여사회'란 여성이 남성과 같은 숫자만큼 사회에 참여해야
한다는 의미가 아니다. 「남녀공동참여 평등사회기본법」을 관통하고 있
는 정신은 여성의 인권과 다양한 삶의 방식을 존중한다는 것이다. 아이를
낳고 안 낳고를 여성 스스로가 결정하는 것이 대세인 요즈음, 혈통에 모
든 가치를 부여하고 출산을 필수불가결한 요소로 삼는 황실의 행보는 시

대의 흐름에 역행한다.

부부별성夫婦別姓을 주장하는 이들이 늘어나고 이혼이 증가하는 현상에서 볼 수 있듯 사회는 바야흐로 부부나 가족 단위가 아닌 개인 단위로 급변해 가고 있다. 이러한 상황에서 세습을 기반으로 하는 천황제는 시대착오적인 것을 넘어, 개인존중사상이나 인간평등사상에도 위배되는 것이라 할 수 있다. 천황제를 나라의 상징으로 계속 떠받드는 한 이 같은 시대적 격차는 계속해서 벌어질 것이다.

일본의 장래를 위해서라도 천황제 존속을 위해 여성 천황을 용인할 것인를 논의하기보다, 보다 근본적으로 천황제를 존속시킬지의 여부를 고민해야 할 것이다.

출처 : 『朝日新聞』, 大阪本社版, 2001.12.28.

제4장

헤이세이를 향한 발언

쇼와에서 헤이세이로

지금 이대로 괜찮은가? 천황 문제

1988년 10월 초, 한밤중에 한 여성으로부터 전화를 받았다. 매우 흥분한 상태여서 무슨 말을 하는지 금방 알아차리지 못했지만 내용은 대략 이렇다.

"오늘은 다행히 비가 그쳐 아이가 다니는 유치원에서 그 동안 연기되었던 운동회를 열기로 했어요. 다른 엄마들과 함께 아이들이 만든 만국기를 장식하던 중 천황 폐하가 병환 중이라는 이유로 모두 내려졌어요. 뿐만 아니라 박 터트리기도 안 된다며 프로그램에서 삭제해 버린 거예요."

"그래서 박 터트리기는 안 했나요?"

"하긴 했어요. 그런데 붉은 색과 흰색 주머니를 던져 박을 터트려야 되는 데 붉은 색과 흰색은 안 된다는 겁니다. 그런 바보 같은 말이 어디 있을까요?"

정말 무슨 황당한 짓인가. 건전한 심신의 발달을 촉구하는 운동회에서 그런 불건전한 일이 버젓이 벌어지다니. 천황의 병환 소식이 전해진 후 이와 비슷한 이야기가 여기저기에서 들려왔다. 이런 식이면 천황을 현인신이라고 했던 구헌법시대와 무엇이 다르단 말인가.

천황 교체를 앞에 두고 황실전범을 펼쳐보니 황위계승에서 드러나는 명백한 여성차별에 기가 막힐 뿐이다. 애당초 천황제는 인간평등 이념과 상반되는 차별의 근원이다. 그렇지만 이렇게 여성차별이 분명한 천황의 교체에 가만히 침묵하고 있어도 되는 것일까.

이러한 이유로 10월 중순 급하게 여성 집회를 열기로 계획했다. 제목은 「이대로 괜찮은가? 천황문제－주권재민의 관점에서」였다. 때는 11월 23일. 집회장은 도쿄 시부야渋谷 야마노테山手 교회.

천황문제를 다루는 것이어서 조심스러운 부분이 있었기에 조용히 전화를 걸거나 편지로 참석자를 모았다. 그런데 "말씀 잘 해 주셨습니다!" "기다리고 있었습니다!"라는 예상 밖의 뜨거운 반응이 일었다. 1주일 만에 730명이 지원했고 이후로도 요청이 쇄도했다. 하지만 과연 당일 모일 것인지 확신은 없었다.

그런데 11월 23일 집회 당일. 1시 개회임에도 불구하고 12시 전부터 사람들이 모여들기 시작해 1층부터 3층까지 1천 2백여 좌석이 꽉 찼다. 서서 진행해야 하는 상황마저 벌어졌다.

작가 스미이 스에住井すゑ 씨의 강연이 끝나고 질문 기회가 주어지자 여기저기서 손을 들고 "이대로는 안 됩니다!"라는 여성들의 뜨거운 반응이 강연회장을 가득 채웠다.

"임금님은 벌거숭이!"라고 누군가 외쳐주기만 한다면 호응해 줄 사람은 얼마든지 있다는 사실을 실감할 수 있었던 것이 가장 큰 수확이었다.

출처 : 『月刊勞働組合』, 1989年 1月号.

마더 콤플렉스로부터의 탈출

필자가 태어난 1940년은 '기원 2600년'이 되는 해이다. 필자의 이름 미키요實紀代는 '기원 2600년'의 '기紀'와 '기미가요君が代'의 '요代'에서 따왔다고 한다. 태어나자마자 천황제와 깊은 관련을 맺게 된 셈이다.

필자가 천황과 천황제에 관심을 갖게 된 것은 전시하 여성을 재평가하면서부터다. 이때 천황이 '어머니' 이미지를 통해 추앙받고 있다는 사실을 알게 되었다. 전시하 출간된 간행물에는 "천황이 국민을 생각하는 마음(대어심)은 아이를 위해서라면 내 한 몸 돌보지 않는 모심보다 더 깊고 넓다"라는 문구로 천황이 국민을 생각하는 마음을 상찬하는 문구로 흘러넘친다. 말 그대로 전범 천황이 모심의 화신이라니 어이없는 일이다.

하지만 그와 동시에 왜 전쟁이, 그리고 히로히토 천황이 '평화 천황'으로 일본국민들에게 순순히 먹혀들었는지 그 이유를 알 것 같았다. 일본국민들은 아무래도 마더 콤플렉스에 걸린 듯하다.

"이 한 몸 어떻게 되든 / 전쟁을 멈추었다 / 오로지 쓰러져 가는 국민을 생각하는 마음에서"라는 시는 히로히토 천황이 패전의 심경을 나타낸 것이다. 천황숭배자들이 자주 인용하는 이 시와 함께 패전 직후 천황이 맥아더를 찾아가 "나는 어떻게 되든 상관없으니 국민을 구해주기 바란다"고 부탁했다는 일화도 유명하다.

사실 그건 새빨간 거짓말이다. 패전 직후 천황이 태평양전쟁의 책임을 국민에게 떠넘기는 듯한 발언을 한 것은 잘 알려진 사실이다. 그럼에도 불구하고 천황이 그렇게 할 수 있었던 것은 마더 콤플렉스에 빠진 국민들의 약점을 간파했기 때문이다. 쇼와 시대의 마지막을 마더 콤플렉스로부터 탈출하는 계기로 삼았으면 한다.

출처:『朝日ジャーナル』, 1989.1.25. 緊急増刊号(臨時増刊号).

Xday[1]에 붉은 꽃을─여성들의 Xday 실천행동

그날, 조기가 휘날리는 빌딩 숲 사이에 있는 작은 묘지가 갑자기 축제 공간으로 바뀌었다. 도쿄 니시신주쿠西新宿에 있는 쇼ㅇ사正春寺. 고속도로와 빌딩 사이에 끼여 그곳만 시간이 멈춘 것 같은 고요한 분위기의 절에 점심 전부터 울긋불긋 화려하게 차려입은 여성들이 붉은 꽃을 들고 속속 찾아 들었다. 여성들은 낡은 비석이 나란히 늘어서 있는 묘지 사이로 가서 깔끔하게 씻어 깨끗해진 자연석 앞에 꽃을 바쳤다.

비석 뒷면에는 '대역사건 희생자 간노 스가 이곳에 잠들다'라는 문구가

---

1   제2차 세계대전 당시 군사용어로 비밀리에 추진하는 공작을 결행하는 날을 의미함. 쇼와 천황이 사망할 가능성이 높은 날짜를 가리키는 은어로 사용됨.

새겨져 있다. 이곳은 1911년 대역사건大逆事件[2]으로 고토쿠 슈스이幸德秋水[3] 등과 함께 교수형에 처해진 간노 스가管野すが의 무덤이다.

도쿄 도심 한 가운데 80년 전 죽은 반천황제운동 여성 선구자 간노 스가의 무덤이 있다는 사실은 지난 번「지금 이대로 괜찮은가? 천황문제」라는 집회에서 들어 알게 되었다.

그 집회에 참석했던 여성들이 쇼와 천황이 서거하는 Xday에 붉은 색 꽃을 들고 간노 스가의 무덤에 모이기로 했다. 간노 스가는 천황제로 인한 무수한 희생자 가운데 여성 희생자 1호라 할 수 있다. 인민의 피를 빨아가며 연명해 온 쇼와 천황의 죽음을 맞아 그녀의 사상을 되돌아보자는 의미에서 핏빛과 같은 색의 꽃을 선택한 것이다.

막상 Xday 당일이 되자 걱정이 앞섰다. 그렇게 하기로 결정한 것이 한 달이나 지났고 공지도 하지 않았기 때문이다. 게다가 꽃가게 여주인이 "오늘은 안 보이게 하는 편이 좋을 거예요"라며 붉은 꽃이 보이지 않게 단단히 포장해 주었다. 필자는 단단히 싼 포장을 뜯어내고 조기가 펄럭이는 신주쿠 거리를 당당히 걸으면서도 "아무도 없으면 어떡하나"하고 마음을 졸였다.

하지만 그건 쓸데없는 걱정이었다. 천황의 죽음을 축복하기라도 하듯 화창하게 햇볕이 내리쬐는 가운데 꽃의 행렬은 계속 늘어났다. 반천황제

---

2   1910년 메이지 천황의 암살을 계획했다는 이유로 사회주의자, 무정부주의자가 검거, 처형된 탄압사건으로 고토쿠幸德사건이라고도 함. 사건과 관계없던 사회주의자가 다수 희생되었는데 당시 가쓰라桂 내각이 사회주의운동의 근절을 위해 꾸민 역사적인 대탄압이라 할 수 있음.
3   고토쿠 슈스이(幸德秋水, 1871~1911) : 사회주의자. 무정부주의자. 러일전쟁에 반대하며 평민사平民社를 설립하여「평민신문平民新聞」간행. 1910년 대역사건의 주모자로 사형당함.

노래가 울려 퍼지고 큰 박수가 어우러졌다.

We shall overcome.

일본 여성이 만든 노래가 아니란 점이 좀 안타까웠지만 이 노래에 담긴 반차별과 평화에 대한 바람은 "천황제 NO!" 사상으로도 이어질 것이다. 이날 여성들은 묘지라는 죽음의 공간을 축제의 장으로 바꾸어 부드럽게 "천황제 NO!"를 외쳤다.

케사르 히로히토

1989년 3월 초 필자는 인도네시아 발리 섬을 찾았다. 일본에서도 온난화로 벌써 복숭아 꽃망울이 터지기 시작했는데 남국 발리는 협죽도夾竹桃 비슷한 흰 꽃이 흐드러지게 피어 있었다. 그 그윽한 향기를 음미하며 계단식 논이 내려다보이는 테라스에서 점심을 즐기고 있는데 숙소 주인 바와 씨가 불쑥 이런 말을 꺼냈다. "일본이 전쟁에서 졌을 때 어디선지 셀 수도 없을 만큼 많은 노랑나비 무리가 나타났지요. 발리에는 보통 커다란 나비가 없는데 본 적도 없는 커다란 나비였답니다."

녹색이 우거진 골짜기에서 춤추는 노랑나비 떼. 얼마나 황홀한 광경이었을까? 그러나 바와 씨는 발리의 아름다움을 말하려는 것이 아니었다. 계속해서 그가 말을 이어갔다. "그때 마을 사람들은 그 노랑나비를 패배한 일본 군대라고 수군댔죠. 일본인은 노란 피부를 하고 있으니까요."

일본 점령 시절 소년이었던 바와 씨가 제일 처음 배운 일본어는 '바카야로馬鹿野郎'[4]와 '근로봉사', 그리고 '기미가요'였다고 한다. 그는 정확한 곡조로 기미가요를 들려주었다. 1942년부터 3년간 일본군 점령 하에서 바와 씨를 비롯한 발리인들은 근로봉사에 동원되어 '바카야로'란 고함소리를 들으며 기미가요를 배웠을 것이다.

골짜기를 노니는 아름다운 나비가 갑자기 불길하고 섬뜩하게 느껴졌다. "Sudah(이미 지난 일)"이라며 체념한 듯한 얼굴을 하고 있던 바와 씨는 얼마 안 있어 "케사르 히로히토가 죽자 일본인들은 모두 슬퍼했다고 하더군요"라며 말을 이었다. 쇼와 천황 사망 소식이 발리에도 전해졌던 모양이다.

필자는 "아니, 그렇지 않다, 모두 슬퍼했을 리 없다"며 서툰 인도네시아어로 열심히 해명했다. 그와의 대화에서 특히 인상적이었던 것은 '케사르 히로히토'라는 말이었다. 인도네시아 사람들에게 쇼와 천황은 왕King도 황제Emperor도 아닌 케사르였던 것이다. 보통 케사르는 '신'에 대치되는 현세적인 권력자를 의미한다. 그리고 보니 패전이 임박한 1945년 8월 11일, 『워싱턴 포스트』도 일본 천황을 '시저'와 '신'이라는 두 얼굴로 표현한 바 있다. 전후 상징 천황제는 이 두 얼굴을 부정하고 천황을 단순히 '상징'으로 치부했다. 일본국민 역시 천황에게 '시저'의 측면은 불식되었다고 믿었다.

지난 2월 24일, 쇼와 천황의 장례식을 맞아 164개국 대표가 참석한 가운데 예포 21발이 울렸다. 예포는 일반적으로 국가원수가 사망할 때 울리는 것이므로 천황이 국가원수 및 그에 준하는 대우를 받고 있음을 알

4　'바보 같은 녀석' 정도의 의미로 깔보거나 경멸할 때 쓰는 말.

수 있다. 이렇게 보면 천황을 '케사르 히로히토'라고 본 인도네시아 사람들의 시각이 객관적이라고 할 수도 있겠다.

그럼에도 일본국민들은 '상징'이라는 애매모호한 말장난으로 전후 천황제의 문제점을 은폐하고 있다는 기분이 든다.

전후 역사를 살펴보면 천황은 '상징'에 불과하다고 말하면서 1947년 9월 오키나와 미군기지화를 제안하는 메시지를 보내는 등 여전히 정치적 개입을 해왔다. 물론 전전처럼 직접 정치표면에 나서지 않고 주로 의례적인 역할을 담당하고 있지만 의례는 정치와 불가분의 관계다. 게다가 쇼와 천황의 죽음으로 이루어진 황위계승에서 새삼 분명하게 드러난 것은 천황제의 여성차별이다. 새 천황의 탄생을 위한 각종 의식 등은 모두 여성차별적으로 연출되었고 텔레비전을 통해 그러한 모습이 여과 없이 일본국민의 일상에 전해졌다.

여성은 중요한 의식에서 배제되며 남성의 뒤를 따르는 존재인 것이다. 이번 황위계승에서도 그러한 여성차별 퍼포먼스가 여지없이 드러났다. 이는 전후 40여 년 동안 일본 여성들이 전력해온 여성차별철폐를 위한 노력을 정면에서 부정하는 일이다.

필자가 발리에 갔던 것은 천황제 일색으로 숨 막히는 일본을 벗어나 남국의 태양을 받으며 해방감을 느끼고 싶었기 때문이다. 그런데 오히려 상징 천황제의 중압감을 새삼 깨닫는 계기가 되었다.

출처 :『ジュリスト』933号, 1980.5.1~15.

'폐하'라는 호칭은 뺐으면

지금 유치원생이나 초등학교 저학년 아이들에게 천황을 아느냐고 물어보면 아마 셋에 하나는 모른다고 답할 것이다.

그런데 천황 폐하라고 묻는다면 대부분 안다고 답할 것이다. 아이들뿐만이 아니다. 성은 천황이고 이름은 폐하라고 말하는 대학생도 있다는 웃지 못 할 이야기도 있다. 작년 가을부터 매스컴에서 귀에 딱지가 앉을 정도로 흘러나온 천황 폐하라는 소리에 천황과 폐하는 떼려야 뗄 수 없는 관계로 인식하고 있는 젊은이가 더욱 늘었을 것이다.

"요즘 젊은 녀석들은 뭘 모른다니까"라며 불만을 쏟아내는 중년층 가운데 '천황 폐하 씨'라고 칭하는 사람도 적지 않다고 하니 폐하라는 경칭이 경칭인지조차 깨닫지 못할 만큼 천황과 폐하는 불가분의 요소가 되어버린 것 같다.

이는 예사롭지 않은 문제다. 천황 폐하라는 호칭을 사용한다고 해서 특별히 존경심을 담고 있는 것도 아니다. 경칭이라는 것조차 자각하지 못하고 있으니 말이다. 천황제 파시즘에 온 국민이 주체적으로 마음을 담아 천황제를 숭배할 필요는 없다. 오히려 국민 한 사람 한 사람이 주체성을 확보하지 않은 채, 외적으로만 어떻게든 대세에 따르겠다는 사람이 다수를 점하게 되면 그것으로 천황제 파시즘은 완성되는 것이다.

노예가 노예인 이유는 "스스로 노예라는 것조차 자각하지 못하는 것"이라는 말이 있듯, 최고의 경칭이라는 것조차 자각하지 못한 채 일본국민 대부분이 천황을 천황 폐하라고 부른다면 주권재민은커녕 일본국민이 노예화되어 있음을 예증하는 것이다. 가장 큰 책임은 말할 것도 없이 항상 폐하, 전하 등 최고의 경칭을 사용해 보도하는 매스컴에 있다. 왜 매스컴은 황실보도에 최고 경칭을 사용하는 것일까?

각 신문사는 「신문협회 용어간담회 규정新聞協會用語懇談會の規正」에 따라 황실용어 사용법을 규정하고 있다. 『아사히신문용어사전』에는 "공식적으로는 황실전범 규정에 따라 천황, 황후, 태황태후, 황태후의 경칭은 폐하, 그 외 황족의 경칭은 전하로 한다. 기사의 종류에 따라서는 친근함을 나타내기 위해 폐하, 전하를 님さま으로 불러도 좋다"고 기술되어 있다. 그 외 라디오와 텔레비전 방송국도 같은 규정을 적용하고 있다.

즉 매스컴이 폐하, 전하를 붙이는 것은 황실전범의 규정에 따른 것이라고 하지만 그 안에는 속임수가 있다. 분명 황실전범 제23조에는 '첫째, 천황, 황후, 태황태후 및 황태후의 경칭은 폐하라고 한다.' '둘째, 전항에 언급한 황족 이외의 황족의 경칭은 전하라고 한다'라고 기술되어 있다.

애당초 황실전범 따위는 일본헌법의 기본정신에 위배되는 것이고, 제1조 황위의 남계남자 규정부터 남녀평등을 전혀 고려하지 않은 것으로 개정보다는 폐지하는 것이 타당하다. 그러나 백보 양보해서 제23조를 인정한다 해도 매스컴에서 폐하, 전하를 꼭 붙여댈 필요는 없는 것이다.

왜냐하면 제23조의 규정은 경칭을 붙일 경우 폐하, 전하를 구별해 사용하라고만 기술되어 있기 때문이다. 즉 천황 전하라든가 황태자 폐하라고 칭하지 말라는 것이지 반드시 폐하나 전하를 붙이라는 의미는 아닌 것이다. 그럼에도 불구하고 줄기차게 천황 폐하를 외쳐대는 매스컴의 행태는 도가 지나치다. 그렇게 생각하던 중 모처럼 기분 좋은 소식이 들려왔다. 한 지방 라디오 방송국에 근무하는 여성 아나운서가 보내온 편지가 그것이다. 그녀의 편지에는 4월 14일(1989년) 오전 10시 뉴스에서 폐하라는 호칭을 빼고 뉴스를 읽었다는 이유로 직장에서 곤혹을 치루고 있다는 내용이 적혀 있었다. 당사자에겐 미안한 일이지만 폐하라는 호칭을 빼고 뉴스를 진행한 여성이 존재한다는 사실만으로도 나는 단단한 벽에 구멍이라도 뚫린 듯한 상쾌한 기분이 들었다.

뉴스의 내용은 방일 중인 중국의 이붕李鵬 수상이 천황, 황후를 초대하고 싶다고 하자 일본 측에서도 검토해 보겠다는 내용이었는데, 원고에 '천황, 황후 양 폐하 초청' 이라고 되어있는 것을 그녀는 '천황과 황후를 초청'으로 읽고, 또 '양 폐하'라고 되어 있는 것은 '두 사람'으로 읽었다고 한다.

국장과 부국장으로부터 왜 폐하를 생략했냐는 질책을 받자 그녀는 "과잉경칭이어서 그랬습니다. 폐하가 도대체 무슨 뜻입니까?"라고 되묻자 국장은 "천황 및 황후에 대한 경칭어가 아닙니까"라는 모범적인 답을 했고 뒤이어 왜 원고대로 읽지 않았는지, 누구의 판단으로 그렇게 했는지를 질책했다고 한다.

그 여성 아나운서는 알기 쉽게 보도하는 것이 중요하다고 생각하여 방중訪中이나 방한訪韓이라는 용어도 중국방문, 한국방문 등으로 풀어서 읽었다고 한다. 청취자 입장에서 보면 그녀의 말이 옳다. 방중과 중국방문 중 어느 쪽이 이해하기 쉬운지는 말할 것도 없고, '양 폐하'보다는 '천황과 황후'라고 말하는 편이 훨씬 이해가 잘 될 것이다.

하지만 청취자의 입장을 고려한 그녀의 행동은 받아들여지지 않았다. 사측에서는 그녀를 아나운서국에서 다른 곳으로 발령 내렸다고 한다. 폐하라는 호칭을 빼고 읽었다는 것을 문제 삼은 것이 아니라 원고를 제멋대로 바꿔 읽었다는 이유를 내세웠다고 한다. 폐하라는 경칭을 빼고 부를 경우 어떤 처분이 내려지는지 확실하게 보여준 셈이다.

천황문제는 이렇듯 본질을 벗어난 부분에서 공격이 뒤따른다. 기미가요를 재즈로 연주한 고야小彌씨에 대한 처분도 표면상으로는 복무규정 위반이었다. 천황문제를 정면으로 내세워 처분하기는 어렵고 불리하기 때문이다. 중립을 앞세우는 교육계나 매스컴 분야의 경우 특히 심하다.

그녀는 조합을 통해 보도국장에게 항의문을 내고 "수상이나 대통령 등을 호칭할 때 수상님 또는 대통령 각하라고 하지 않아도 상관없듯, 천황, 황후에게 폐하를 반드시 붙여야 하는 것은 아니다. 폐하라는 경칭을 꼭 붙여야한다면 그것은 천황주의자와 다를 바 없다"라고 항의했다고 한다.

옳은 말이다. 국장으로부터의 답변은 아직 없다고 하는데, 온다고 하더라도 정면으로 답하지는 않을 것이다. 왜냐하면 할 수 없기 때문이다. 반론이라 해봤자 황실전범 제23조에 따를 수밖에 없을 텐데 앞서 지적한 것처럼 폐하를 꼭 붙여야 한다는 규정은 없기 때문이다. 이렇듯 본질에서 벗어난 공격과 처벌이 바로 천황제의 본령이라고도 말할 수 있을 것이다.

그건 그렇고 얼마 전 그녀가 다시 보내온 편지에는 후쿠오카현립 구루메久留米 농아학교에 근무하는 교사가 출장 보고서에 날짜를 서기西紀로 표기했다는 이유로 교육위원회의 호출을 받았다는 소식도 포함되어 있었다. 연호年號로 표기하지 않으면 승인하지 않을 것이라고 으름장을 놓았다는 것이다. 그녀는 아직도 분투 중이다. "이런 일이 허용된다면 지방에서 중앙으로, 전국적으로 천황제의 논리가 버젓이 활개를 치게 됩니다. 조속히 항의해야 합니다"라고 말이다. 필자는 이 말에서 오히려 지방에서 중앙으로 반천황제의 상큼한 바람이 불어 올 것 같은 기운을 느꼈다.

출처 :『インパクション』58号, 1989.6.

요사노 아키코가 사라졌다—새 지도요령에 나타난 전전으로의 회귀

벌써 30년이나 지난 일이다. 시골 중학교 교실에서 처음 요사노 아키코의 「천황, 결코 죽지 않으리君死にたまうことなかれ」라는 제목의 시를 접했을 때 느낀 심장의 떨림을 기억한다. 특히 3절은 '전후 민주교육' 일세대인 필자에게도 충격이었다.

천황은 자신은 안전지대에 있으면서 민중을 전쟁으로 내몰았다. 그로 인해 민중은 아무 원한 없는 사람을 죽여야 했고 자신도 죽어야 했다. 서로를 죽이고 죽어야 하는 전쟁의 비극에 대해 생각하게 된 것은 요사노 아키코의 시를 접하게 되면서다.

국어시간인지 역사시간인지 기억이 확실치 않지만 이 시를 만나게 해준 학교에 감사한다. 천황제 본질과 민중에게 전쟁이란 무엇인지 이 시만큼 단적으로 보여주는 예가 없기 때문이다.

그런데 얼마 전 발표된 새로운 지도요령에 의하면 초등학교 6학년 역사교과서에 요사노 아키코를 삭제하고 대신 도고 헤이하치로東郷平八郎를 넣는다고 한다. 도고 헤이하치로는 러일전쟁에서 러시아 발틱함대를 물리치고 일본을 승리로 이끈 영웅으로, 전전 교과서에서 추앙받던 인물이다. 그런 인물이 러일전쟁을 비판한 요사노 아키코 대신 역사교과서에 실린다니 뭔가 한참 뒤바뀐 것 같다.

이번 개정 이외에도 전전으로 회귀한 예는 더 있다. 사회과가 지地, 역歷, 공민公民 세 개 과로 분리된 것도 그렇고 특별활동에 봉사활동이 추가된 것도 그렇다. 그중 압권은 입학식과 졸업식에서 가능하면 히노마루를 게양하고 기미가요를 부르는 것이 '바람직하다'라고 표기되었던 것이 '지도한다'라고 강제성을 띠게 되었다는 점이다.

히노마루와 기미가요를 강제하는 것은 심각한 일이 아닐 수 없다. 이는 전쟁에서 엄청난 희생을 감수하고 겨우 획득한 주권재민을 정면으로 부정하는 일이다. 그렇지 않아도 경직되어 있는 교육현장은 더욱 경직될 것이다. 히노마루, 기미가요는 최경례最敬禮와 직립부동直立不動을 기본으로 하기 때문이다.

경직된 자세는 정신의 경직을 초래한다. 전전 아이들처럼 황국의 소국민小國民이라는 틀에 갇히게 될 것이다.

이번 개정으로 고등학교 가정과가 남녀공통 과목이 된 것은 남녀평등 요구에 부응한 것이라는 평가도 있다. 그러나 전체적으로 이번 지도요령 개정은 1940년 교육개혁과 매우 유사하다.

15년 전쟁이 한창이던 1940년, '기원 2600년'을 대대적으로 경축하는 분위기 속에서 전전 마지막 교육개혁이 이루어졌다. 그때 '소학교'가 '국민학교'로 이름을 바꾸었다. 목적은 지육知育에 편중되어 있는 과목을 덕육德育, 체육으로 재편하려는 데에 있었다. 그 결과 아이들은 천황 폐하를 위해 목숨을 바치는 황국의 소국민으로서 한층 더 엄격하게 단련하게 되었다.

당시의 교육개혁은 얼핏 여성들의 오랜 바람을 충족시켜 주는 것처럼 보이는 부분도 있다. 그때까지 6년이었던 의무교육을 남녀 모두 8년으로 연장하고 여자고등교육을 확충한 것이다. 이에 따라 소학교를 졸업하면 남자는 '중학교', 여자는 '고등여학교'에 들어가던 것이 여학생들도 '여자 중등학교' 과정을 배울 수 있게 되었다. 여자고등학교, 대학의 설치도 결정되었다. 이로써 교육에서의 남녀차별은 해소되는 것처럼 보였다.

하지만 그것은 그림의 떡에 지나지 않았다. 8년제 의무교육의 실시도 전후까지 미뤄졌고 교육부분에서 남녀차별은 오히려 강화되었다. 한편으로 여성들의 요구에 부응한 것처럼 보이지만 다른 한편으로는 국가통합을 강화해간 점에서 매우 유사하다고 할 수 있다. 더욱이 쇼와 천황의 사망으로 국민들 앞에 천황제 그림자가 짙게 드리운 바로 지금 이 상황에서 개정되었다는 것이 더욱 문제적이다. '기원 2600년'이라는 대대적인 천황제 캠페인 하에서 추진된 교육개혁과 정확하게 겹쳐진다.

'기원 2600년' 교육개혁이 있었던 이듬해인 1941년 일본은 미국과 영국에 선전포고를 하고 전 세계를 상대로 전쟁을 수행했다. 그 결과는 1945년 당시 일본인 평균 수명이 남자 24세, 여자 38세라는 참혹한 숫자가 대변해 줄 것이다.

설마 이번 새 지도요령이 전쟁으로까지 이어지리라고 생각하지는 않지만 역사란 종종 그 '설마'로부터 시작되기 때문이다.

출처 : 『月刊こども』, 1989年 4月号.

천황제와 페미니즘의 불행한 결혼?!

황태자비 내정 발표 이후 필자의 음울한 나날이 계속되고 있다.

필자는 황태자가 평생 독신이기를 바라는 사람이다. 실은 오와다 마사코小和田雅子가 그 빛나는 커리어를 버리면서까지 황태자 따위와 결혼할

리 없다고 대수롭지 않게 넘기며 독신으로 맞는 33세 생일에 그가 무슨 말을 할지 기대하고 있었다.

그런데 황실이 마침내 오와다 씨를 굴복시키고 말았다. 분한 마음을 억누르며 텔레비전 채널을 이리저리 돌리는데 한 프로그램에 후쿠시마 미즈호福島瑞穗의 얼굴이 보였다. 이 축하모드에 딴죽을 걸기를 기대하고 봤는데 웬걸, 잘됐다고 말하는 것이었다. 황태자가 자신의 의지로 결혼상대를 택했다는 것, 게다가 상대가 학력이나 다른 여타 이력이 황태자 보다 위라는 것이 그 이유였다. 나는 어안이 벙벙하고 혼란스러웠다. 정녕 페미니스트라면 오와다 씨가 여성차별의 상징인 황족과 결혼하기 위해 그 화려한 커리어를 버려야 한다는 사실에 화를 냈을 법한데 말이다. 그런데 후쿠시마 미즈호는 잘된 일이라고 말한다. 도대체 어떻게 된 일일까?

커리어우먼을 인지하다

이것은 시작에 불과했다. 다음 날부터 신문, 텔레비전, 주간지 등에 커리어우먼들의 축하 발언이 홍수를 이뤘다. 작가인 소노 아야코曾野綾子, 하야시 마리코林眞理子, 하시다 스가코橋田須賀子, 이노구치 쿠니코猪口邦子 교수와 전 니혼텔레비 디렉터인 와타나베 미도리渡辺みどり는 그렇다 해도 소위 페미니스트들까지 축하 발언을 쏟아 내었다.

야마시타 에쓰코山下悅子는, 『도쿄신문』(1993.1.8)에 「비상하는 커리어우먼」이라는 제목으로 다음과 같은 글을 게재했다. "마사코雅子 씨는 최고의 외교관 역할을 형태를 바꿔 이루게 될 것"이며 "미치코美智子 씨는 내조의 공이라고 할까, 한 걸음 물러서서 성별역할분업의 부부상을 대중들에게 인식시켰습니다. 그러나 이제는 고학력 여성의 사회진출이 활발하게 되었습니다. 마사코 씨와 같이 고용평등 시대에 열심히 일한 커리어우먼이 황실에 들어가게 되면서 앞으로 새로운 여성 이미지, 부부의 이미지가 인지될 것입니다"라며 새로운 황태자비에 대한 기대감을 드러내었다.

그 외에도 '남녀차별 없애는 아이치 연락회男女差別をなくす愛知連絡会'를 비롯한 현직 커리어우먼들이 "커리어우먼의 은퇴가 오히려 커리어우먼 시대의 도래"를 실감케 한다는 발언을 쏟아 내었다.

『지바일보千葉日報』(1993.1.13)에는 다지마 요코田嶋陽子의 글이 실렸다. 다지마 요코는 요즘 매스컴에서 맹활약 중인 페미니스트의 대표주자다. 그녀는 "천황제는 물론 결혼제도 역시 여성을 차별하는 제도이므로 반대"하는 입장이라고 표명한 뒤, 마사코 씨가 황태자비로 선택된 것은 커리어우먼이 사회적으로 인지를 얻은 것이라며 이에 대한 기쁨을 표출했다. 또 그녀의 외교관 사퇴를 두고 "황실외교는 외교관과 동등한, 아니 그 이상으로 영향력 있는 외교 업무"이며 "이것은 결혼으로 인해 퇴직하는 것이 아니라 외교관으로서 보다 보람 있는 일을 선택한 것"이라며 긍정적인 평가를 내놓았다. 듣자하니 도이 다카코土井たか子와 히구치 게이코樋口恵子도 이와 비슷한 발언을 했다고 한다. 즉 오와다 마사코가 황태자비가 되는 것은 커리어우먼이 황실에 굴복한 것이 아니라 황실이 커리어우먼을 인지한 것이라는 주장이다.

한편 후쿠시마 미즈호는 "결혼 결정 이후 마사코 씨의 얼굴이 변했다. 천황제가 우수한 여성을 완전히 삼켜버리고 말았다"라며 우려의 목소리를 내었다. 역시 후쿠시마 미즈호다. 또 황태자비 황실외교에 대해서도 "외교

관은 행정공무원의 일원으로서 외교에 임하지만, 황실외교는 우호와 친선에 한정되어 있다. 일본 헌법은 상징 천황제를 유지하기 위해 천황의 국사를 한정하며 이를 정치와 분리시키고 있다. 적극적인 황실외교를 무턱대고 예찬할 수는 없는 일"이라고 일침을 놓았다(『サンデー毎日』, 1993.2.7).

필자는 야마시타 에쓰코의 발언이나 다지마 요코가 사용한 '인지'라는 말도 신경에 거슬린다. 오와다 마사코가 황태자비가 되는 것으로 새로운 여성의 이미지 및 커리어우먼이 인지되었다고 그녀들은 말한다. 다소 과격한 비유지만 '인지'라는 말에서 가장 먼저 떠오르는 것은 '부적절한 관계의 남자 사이에 낳은 아이를 인지시키다'라는 말이다. 즉 사토 후미아키佐藤文明의 표현을 빌자면 천황제와 깊은 관련이 있는 호적제도에서 사용하는 말인 것이다.

하긴 아직 일본 사회에서 커리어우먼은 사생아다. 하지만 페미니즘이 지향하는 것은 적자嫡子와 사생아를 구분하는 제도와 통념을 해체하는 것이리라. 거기다 황태자비는 전전과 동일한 '이에제도'를 기반으로 존립하는 일가의 '며느리'다. '며느리'에게는 아무런 권한이 없다. 천황과 피가 섞인 공주나 여왕은 하위이긴 하지만 섭정에 취임할 수 있지만 황태자비에게는 그런 자격도 없다(황실전범 제17조). 커리어우먼이 인지되었다는 것만으로 페미니스트들이 기뻐할 일은 아닌 것 같다.

천황제와 페미니즘의 불행한 결혼

물론 필자 역시 커리어우먼이 더 이상 사생아 취급받지 않았으면 한다.

그리고 유감스럽지만 황실이 커리어우먼을 '인지'함으로서 그럴 가능성도 있다고 생각한다. 천황 결혼 시 일었던 '밋치 붐'의 영향으로 중매결혼에서 연애결혼으로, 가부장적 대가족에서 핵가족으로, 고도성장에 따른 가족의 변화가 가속화되었던 것처럼 황실은 싫든 좋든 모범적인 가족모델을 제시해 왔다. 따라서 오와다 마사코가 황실에 입성한다면 학력, 키, 수입 모두 아내가 높은 '역삼고逆三高[5]신데렐라 결혼'이나 커리어 부부가 늘어날 가능성은 있다. 커리어우먼이 살아가기 쉬운 사회가 올 수도 있다.

그러나 그렇다고 해서 페미니스트들이 이 결혼을 쌍수를 들어 축하한다면 '해방사상'으로서의 페미니즘은 죽게 된다.

하이디 하트만의 『마르크스주의와 페미니즘의 불행한 결혼マルクス主義とフェミニズムの不幸な結婚』에 빗대어 보자면 정말이지 이것은 '천황제와 페미니즘의 불행한 결혼'이다. 일찍이 하트만은 "마르크스주의와 페미니즘의 결혼은 영국의 관습법에서 묘사하고 있는 아내의 결혼과 비슷하다. 즉 마르크스주의와 페미니즘은 일심동체이지만 그 일체는 마르크스주의를 의미한다"고 말한 바 있다(『マルクス主義とフェミニズムの不幸な結婚』, 勁草書房, 1991).

마찬가지로 천황제와 페미니즘의 결혼도 천황제를 향한 페미니즘의 일체화에 불과하다. 페미니즘이란 여성차별을 허용하지 않는 사상이다. 인간의 성性은 선택할 수 없으며, 이 선택 불가능한 사항으로 인해 차별당해서는 안 된다는 것이다. 천황제는 바로 이 선택 불가능성 위에 버젓이 자리잡고 있는 것이다. 왕자로 태어날 것인지 거렁뱅이로 태어날 것인지, 천황

---

5 여성이 결혼상대가 될 남성의 조건으로 내세우는 '삼고三高'는 고학력, 고수입, 고신장을 말함. '역삼고'는 그 반대로 여성 쪽이 남성보다 모든 조건이 뛰어난 것을 말함.

가 장남으로 태어날 것인지 피차별부락 장녀로 태어날 것인지 스스로 선택할 수 있는 사항이 아닌 것이다. 선택 불가능한 사항을 차별의 근거로 삼아서는 안 된다는 것이 페미니즘이므로, 그럴 리 없겠지만 만약 페미니즘이 천황제와 결혼한다면 그것은 이미 페미니즘이 아니다.

오십 보 백 보 차이

그러나 이러한 원칙론만으로 현실은 달라지지 않을 것이다. 다지마 요코田嶋陽子는 『지바일보』에서 "천황제든 결혼제도든 여성을 차별하는 제도"라 일침을 가하고, 이는 점차 바꾸어 나아가야 사항이나 일단 오와다 마사코가 황실에 들어가는 것은 환영한다고 언급했다.

이들 황태자 결혼 봉축奉祝 발언의 공통점은 오와다 마사코가 황실 민주화를 이룰 것이며 이로 인해 천황제는 페미니즘 손 안에 들어 올 것이라는 기대감으로 충만하다는 것이다. 그러나 그것은 터무니없는 발상이다. 약혼이 결정된 후 열린 기자회견에서 황태자는 "전력을 다해 지키겠습니다"라는 반페미니즘적 발언을 했다. 페미스트들은 이에 대해 오와다 마사코가 무언가 언질을 줬을 것이라는 추측성 발언을 쏟아내었다. 그러나 결혼 후 그녀에게 기대한 것은 황실외교보다 아이, 그것도 남자아이를 출산하는 일이었다. 벌써부터 두 사람 사이에 태어날 아이의 얼굴을 시뮬레이션 해 보이는 저속한 텔레비전 연예뉴스나 여성주간지 쪽이 그 본질을 누구보다 잘 파악하고 있었다고 할 수 있다.

천황제는 단번에 폐지할 수 있는 것이 아니기 때문에 하나하나 바꾸어

가는 수밖에 없다. 이번 황태자의 결혼이 그 첫걸음이 될 수 있을까?

그 가능성 가운데 하나는 영국처럼 황실을 스캔들화 하는 것이다. 학생들이 쓴 감상문 중에는 "오와다 씨는 외국인과 만나도 아무 거리낌 없이 대화가 가능한 만큼 폐쇄적인 황실이 더 답답하게 느껴지지 않을까?" "이혼도 할 수 없고 평생 불만을 안고 살아가야 하는 건 아닐까?"라며 염려하는 내용이 꽤 있었다.

다지마 요코도 『선데이 마이니치 サンデー毎日』에 "마사코 씨가 황실에 들어가 '노'라고 말한다면 황실은 얼마나 바뀔까?" "그렇게 할 수만 있다면 다이애나비처럼 영향력을 발휘할 수 있을 텐데"라며 스캔들 대망론(?)을 펼쳤다.

필자도 대찬성이다. 그러나 유감스럽게도 오와다 마사코란 여성은 줄곧 우등생으로 살아왔으니 아마도 우등생 황태자비가 될 듯하다. 또 주위에서도 그렇게 하도록 부추길 것이다. 게다가 황실 스캔들은 매스컴을 등에 업지 않고는 불가능하다. 일본의 매스컴이 과연 황실을 스캔들로 비화시킬만한 배짱이 있을까?

또 하나의 가능성은 여성에게도 황위계승권을 주어야한다는 논의가 일고 있는 점이다. 이에 대해서는 여자가 천황이 된다고 해서 천황제의 본질이 바뀌는 것은 아니라는 점을 들어 반대론이 우세하다.

하지만 필자는 여천황문제를 둘러싼 논의부터 시작하는 것에서부터 하나하나 바꾸어 갈 수 있으리라 본다. 매스컴을 통해 다루어지다 보면 그 과정에서 여성을 황위에서 배제시킨 근대 천황제가 어떻게 형성되었는지, 그 허구성을 보다 분명하게 국민들이 알 수 있는 계기가 될 것이다. 그 편이 오히려 천황제 폐지를 향한 지름길이라고 생각한다.

매스컴에 자주 등장하는 페미니스트들이 앞장서 여성에게도 황위계승
권을 주도록 황실전범을 개정하자고 제기하면 어떨까? 그 편이 아무 권
한도 주어지지 않는 황태자비로 간택된 것을 기뻐하거나 마사코 씨에게
황실 민주화를 기대하는 것보다 페미니스트로서 논리가 선다. 민주주의
의 원칙으로 보더라도 그 편이 논리적이다.

국민들이 전혀 관여할 수 없는 곳, 그것도 매스컴 보도마저 제한된 곳
에서 이루어졌던 황태자비 간택과 달리 황실전범 개정은 국회의 의결을
필요로 한다. 여천황 문제에 관해 수차례 국회에 질의했던 사회당이나 최
근 상승세를 타고 있는 일본신당日本新黨을 부추겨 국회에 상정시킨다면
PKO법안과는 비교도 안 될 만큼 국민적 관심을 불러일으키게 될 것이다.

의회 민주주의는 사기라고 비판하거나 황태자비든 여성 천황이든 오
십 보 백 보라며 아무런 관심도 보이지 않는 사람도 많을 것이다. 하지만
한 걸음 한걸음 바꾸어 가는 과정에서 오십 보와 백 보의 차이는 매우 크
게 나타날 것이다.

출처 : 連載, 「フェミニズムのヘクトパスカル」 第2回, 『インパクション』 79号, 1993.3.

황새의 기분에 맡길 뿐이라니……

지금으로부터 34년 전, 2월 23일 방송에서는 아침부터 텔레비전을 켜
놓고 있으라는 보도가 계속 이어졌다고 한다. 그리고 저녁 무렵, 거리에

히노마루가 휘날리고 빌딩 옥상에는 봉축 현수막, 도쿄 상공에는 깃발을 휘날리며 헬리콥터가 상공을 쉴 새 없이 날았다고 한다.

그날 오후 4시쯤 예정보다 9일이나 빨리 황태자의 아들이 태어났다. 약 4백 명의 출산보도 기자들은 재빨리 같은 시각 출산한 산모들의 인터뷰를 따기 위해 내달렸다고 한다.

물론 이 모든 소동은 아들이 태어났기 때문이다. 산모가 졸업한 학교에서는 근엄한 수녀 학장마저 프린세스 미치코가 프린스를 낳았다고 외치며 도서실로 뛰어들었다고 한다. 만약 프린스가 아닌 프린세스였다면 학장의 흥분지수는 훨씬 낮았을 것이다.

"황태자도 제법인데"라며 전철 안에서 거리낌 없이 말하는 아주머니도 있었다. 아무래도 아들의 탄생으로 안정적인 세습 시스템이 확보되는 것은 물론 '남자로서의 능력'도 인정받은 듯하다.

그건 그렇고 이번에는 그의 아들 차례다. "황태자님, 이제부터는 밤일이 기다리고 있군요. 정력을 비축해 두세요. 힘내라 황태자! 힘내라 황태자!" 작년 그의 결혼식을 맞아 한 남학생이 쓴 글이다.

그리고 지금 외교관 출신 아내의 복부에 온 국민이 주목하고 있다. 그것은 그의 '밤일' 상황을 살피는 눈이기도 하다. 이런 분위기 속에 황태자는 웃으며 "황새의 기분에 맡길 뿐コウノトリのご機嫌に任せて"이라는 대답을 내놓았다. 너무 무책임한 대답이 아닐 수 없다.

'밤일'은 그로서는 법적 근거가 있는 유일한 '공무公務'이기 때문이다. 그가 지금 이 나라의 특별한 '아들'인 것은 '세습'을 규정한 헌법 제2조와 황실전범이 존재하기 때문이다. 그 특권을 행사하기 위해서는 그에게도 헌법의 '세습' 규정을 이행할 의무가 있다. '세습'을 위해서는 '밤일'이 불가피하다. 그에게는 '공무'에 분발하고 노력할 의무가 있다.

국민들은 황새의 기분 운운하는 무책임한 발언을 용서하지 말고, 또 아내의 복부를 지켜보며 상황을 엿볼 것이 아니라 그의 밤일 자체를 직접 감사하고 청구해야 한다. 아무리 그렇다고는 해도 요즘 같은 세상에 쾌락을 위한 섹스가 허용되지 않다니 세습 시스템은 참으로 잔혹하다.

출처 : 『噂の真相』, 1994年 4月号.

부식腐蝕하는 헤이세이

단명 내각, 불경기, 냉해, 비리, 테러에 에로티시즘의 횡행, 긴장이 고조되는 동아시아, 후계자가 태어나지 않는 천황가 등.

쇼와 6년 동안의 연표를 훑어보니 이러한 키워드가 떠오른다. 이것은 헤이세이 6년에도 꼭 들어맞는다. 물론 헤이세이는 불경기라고는 해도 딸을 팔아넘기나 자식과 동반 자살하는 사건이 많았던 쇼와 공황기에 비하면 안정된 편이다. 또 매스컴이 떠들어대는 것처럼 '북한의 위협'이 예전처럼 전쟁으로 직결될 가능성은 현재로선 희박하다.

그러나 더 무서운 일이 벌어지고 있다. 쇼와 6년까지는 총리가 5명이었다. 그에 비해 헤이세이는 하타羽田 수상의 후임을 포함하면 벌써 7명이나 된다. 재임 기간이 길다고 좋은 것은 아니지만 될 대로 되라는 식의 정치적 무관심이 확대될 것 같은 기분이 든다.

조선인 학교 여학생이 교복을 찢기고 폭행을 당하는 등 성희롱이라고도 할 수 있는 음습한 테러가 빈발하는 것도 느낌이 안 좋다. 쇼와 시대에 일어난 테러는 정치가나 자본가 등 강자들을 대상으로 벌어졌다. 5명의 총리 가운데 2명이나 테러를 당한 것만 보더라도 알 수 있다. 약자나 소수자를 향한 익명의 '헤이세이' 테러는 지금 이 나라 남자들의 깊숙한 곳에서 부식腐食이 진행되고 있음을 보여준다.

1994년 6월 25일, 미일 대학야구대회에 참가하기로 예정되어 있던 황태자 부부의 출석이 갑자기 취소되자 임신 가능성이 제기되며 매스컴이 다시 술렁였다. 그러나 필자의 집 근처 미용실에서 일하는 요시코 씨는 절대 임신은 아닐 것이라고 말한다. 만약 임신이라면 황태자까지 불참하진 않을 것이라는 이유에서다. 황태자 옆에 앉아 조용히 미소만 짓고 있는 것이 문제가 아니라 복부를 향해 집중되는 시선을 견딜 수 없게 된 마사코비가 드디어 히스테리를 일으킨 것이라고 추측했다. 황태자도 참석을 포기하고 마사코비를 달랬을 것이라며 요시코 씨의 상상력은 계속되었다. 황실을 좋아하는 그녀는 마사코비가 가엾다며 완전히 동정 모드다.

후계자를 낳지 못하는 천황가 여성에 대한 억압은 변하지 않았지만 일반 국민들이 이를 화제로 삼게 된 것만으로도 '헤이세이'는 뭔가 다를 것이라 생각했지만 아무래도 잘못 생각한 듯하다.

"다들 미쳤다고 말하는 폐하도 실은 천재일지 모른다. 칙어를 둘둘 말아 안경처럼 쓰고 신하를 바라봤다는 전설 같은 이야기도 있지만 가여운 폐하여" 하야시 후미코林芙美子의 『방랑기放浪記』에 묘사되어 있는 이 내용은 쇼와 초기 국민들 사이에 널리 알려졌던 다이쇼 천황의 칙어전설이다.

그러던 것이 '현인신' 신앙으로 변하여 1933년(쇼와 8) 쇼와 천황을 탄생시켰고 덕분에 국민들은 계속해서 전쟁에 끌려 나갔다.

지금은 천황 부부가 손을 맞잡고 사이좋게 미국을 방문했다는 뉴스가 보도되고 있는데 그로 인해 입은 피해는 잘 기억해 두어야 한다. 동정하고 있는 사이 또 어떤 엄청난 일을 당할지 모르기 때문이다. 미용실 요시코 씨에게도 단단히 일러두어야겠다.

출처 : 「昭和─平成腐敗と天皇家」, 『噂の真相』, 1994年 7月号.

'바다의 날海の日'을 경축일로 제정하는 것은 조금 더 신중히

잿더미로 변한 거리, 폭격 후 불탄 자리. 그 참혹한 영상 한 편에 평화롭게 빛나는 바다가 비춰진다. 구원이라도 받은 느낌이 들었다.

이번 한신대지진阪神大震災은 대지를 무참하게 파괴시켰지만 바다는 평온했다. 지진, 화재, 해일 삼중고에 시달렸던 오쿠시리토奧尻島에 비하면 그나마 구원받은 셈이다. 바다는 지진으로 파손된 도로 대신 구호품을 운반해주기도 했다. 어머니와 같은 바다. 바다는 생명의 원천.

최근 그 바다의 은혜에 감사하고자 7월 20일을 국민경축일 '바다의 날'로 제정하자는 논의가 국회에서 진행되고 있다. 1994년 12월 6일, 경축일법 개정안이 중의원 내각위원회에서 가결되었고, 1995년 7월 20일부터 발효될 것이라는 보도가 이어졌다.

하지만 회기가 끝나는 바람에 결정은 다음 국회로 넘어가게 되었다.

지진문제로 연기된 것이니 가까운 시일 내에 결정될 것이라고들 말한다.

필자는 여기에 이의를 제기하고 싶다. 바다의 은혜에 감사하는 것은 물론 좋은 일이다. 지진을 계기로 자연을 재조명하자는 기운이 고조되는 분위기에 부합되는 논의일 수 있다.

그런데 왜 하필 '바다의 날'이 7월 20일이어야 할까? 어째서 '바다의 날'을 경축일로 제정하자는 논의가 부상한 것일까? 1993년 12월 6일 내각위원회 의회록에 의하면 이 경축일법 개정안을 제출한 이는 자민당 가토 다쿠지加藤卓二 의원과 개혁당 에다 사쓰키江田五月 의원, 사회당 야마모토 쓰토무山元勉 의원이라고 한다.

이 가운데 야마모토 의원은 '바다의 날'을 7월 20일로 정해야 하는 근거를 1941년 제정된 '바다의 기념일海の記念日'에서 찾았다. 이날은 "메이지 천황이 도호쿠東北, 홋카이도北海道를 순행한 뒤 1876년 7월 20일 증기선으로 요코하마橫浜로 돌아온 날"이다. 1941년 5월 말, 해양사상을 보급하고 황국 발전에 이바지하기 위해 '바다의 기념일'로 제정한 것이다. 그해 12월 발발한 아시아·태평양전쟁을 의식한 것임은 말할 것도 없다.

제1회 '바다의 기념일'을 맞아 해운보국회海運報國會가 주최한 작문대회에서 오다와라小田原 소재 한 초등학교 6학년 소년은 "나도 크면 해군이 될 것이다. (…중략…) 그래서 천황 폐하의 은혜를 7개 바다 끝에서 끝까지 다다르게 할 것"(『海運』 1942年 7月号)이라고 썼는데 이런 식으로 아이들에게도 크게 영향을 미쳤다.

'바다의 날'은 바로 이 '바다의 기념일' 정신을 답습하여 온 국민이 경축할 날로 만들자는 것이다. 물론 표면적인 취지는 "바다의 은혜에 감사하고 해양국 일본의 번영을 기원하는 것"이었다. 바다의 은혜에 감사한다는 문구는 그렇다 하더라도 해양국 일본의 번영을 바란다는 문구에서 전운을 느낀다. 다시는 전쟁을 일으키지 않겠다는 다짐을 확고히 해야 할 '전후 50년'을 맞아 오히려 이런 식으로 '바다의 날'을 제정한다면 분명 아시아·태평양 지역 사람들의 기분을 상하게 할 것이다.

에다 사쓰키 의원은 이에 대해 "일본은 8월 15일을 계기로 다시 태어났기" 때문에 "이날을 경축일로 제정한다고 해서 일본이 다시 군국주의로 돌아갈 염려는 전혀 없다"고 못 박았다. 과연 그럴까?

왜 뜬금없이 '바다의 날'일까? 필자의 의문은 전혀 근거 없는 것일까? 의사록議事錄을 훑어보면 '바다의 날' 제정운동은 일본선박진흥회 등 해군단체를 중심으로 이미 30년 전부터 있어 왔다고 한다. 1992년 10월 현재 1,038만 명이 서명하고 7할에 가까운 지방의회가 제정에 찬성한 상태였다.

그러나 이 사실을 아는 사람은 거의 없다. 최근 2개월 동안 100여 명에 가까운 이들에게 질문해 보았지만 대부분이 모르고 있었다. 그리고 왜 '7월 20일'인지 그 유래를 알고 있는 이는 단 한 명도 없었다. 그중에는 휴일이 늘어나기 때문에 찬성한다는 의견도 있었다. 일본인의 과도한 노동이 문제가 되고 있는 요즈음 휴일이 늘어나는 점에서 긍정적인 의견이 나올 법하다. 하지만 휴일을 늘여야 한다면 '8월 15일'을 '평화의 날'로 먼저 제정해야 한다든가 '바다의 날'을 제정하려면 7월 20일은 피해야 한다는 의견도 있었다. 단순히 휴일을 늘이는 데에 반대하는 의견도 적지 않았다.

이러한 의견을 종합해 볼 때, 7월 20일을 '바다의 날'로 제정하는데 국민적 합의는 전혀 고려하지 않고 있음을 알 수 있다. 일반적으로 국민의 경축일은 그 나라가 무엇에 가치를 두는지, 나아가 국민들이 무엇을 원망하는지를 상징하는 것이다. 국민들의 폭 넓은 의견을 충분히 경청한 후

결정해도 늦지 않을 것이다.

출처 : 『朝日新聞』, 1995.2.23.

국민 경축일과 천황제

국민의 일상에 침투하는 황실 행사

황국에 태어나 조정의 정삭正朔을 따르지 않는 자는 반민叛民이다.
이를 어긴 죄인은 목을 베야 한다.

1995년으로부터 121년 전인 1874년(메이지 7), 오키타마(置賜, 현 야마가타 현)에서 구력舊曆 풍습을 단속하기 위한 포고문의 한 구절이다.

여기서 정삭이란 역법曆法을 의미한다. 즉 일본국민이면서 국가가 제정한 서력에 따르지 않는 자는 반민이며 그 죄인은 죽여도 시원치 않다는 뜻이다. 섬뜩한 말이 아닐 수 없다. 당시에는 이 같은 포고문이 전국적으로 배포되었다고 한다.

천황의 권력을 국민들에게 강하게 각인시키고자 하는 전략이었다. '천하를 다스리는 것은 역법을 지배하는 것'이라는 중국의 고사를 본 따 메이지 정부는 음력을 태양력으로 바꾸었다. 그와 동시에 천장절(천황 탄생일), 기원절(진무천황 즉위일) 등 천황제와 관련한 여덟 개의 경축일을 만들었고, 오절구(인일, 상사, 단오, 칠석, 중양)와 백중은 금지시켰다. 그런데 음력과 오절구는 농사와 관련하여 민중의 생활 속 깊이 뿌리 내리고 있었기 때문에 이를 금하는 것은 당연히 민중들의 불만을 살 수밖에 없었다.

"개력改曆 이후 오절구, 백중 등 중요한 날을 폐지하고 천장절, 기원절 등 들도 보도 못한 날을 경축하라 합니다. 4월 8일은 석가탄신일, 백중은 지옥의 뚜껑이 열리는 날이라는 것쯤은 코흘리개 아이들도 알고 있습니다. 그런데 기원절이나 천장절은 세상께나 안다는 노인들도 모를 것입니다. 마음에도 없는 이런 날을 경축하라며 아카마루赤丸를 파는 가게도 아닐 진데 깃발과 초롱을 내걸게 하는 것은 더 더욱 이치에 맞지 않습니다."(『開化問答』, 1987.2)

여기서 '아카마루赤丸'란 히노마루를 가리킨다. 메이지 정부는 히노마루를 '국기'라 칭하여 정해진 경축일에 게양토록 했지만 민중들 입장에서는 귀찮기 짝이 없는 일이었다. 더구나 기원절이나 천장절이라고 하는 의미도 명확하지 않은 날에 말이다. 이 같은 불만을 표출했다는 것은 당시 천황의 권위가 아직 서지 않았음을 예증한다.

그러나 역법을 다스리는 것은 곧 시간을 다스리는 것이다. 그것은 사람들의 생활양식을 변화시킨다. 생활양식이 바뀌면 의식도 자연스럽게 변한다. 태양과 함께 기상하고 달이 차고 기우는 시기에 맞추어 민중들의 삶은 변화하며, 일손을 놓고 경축일을 즐기는 사이에 황실 행사는 어느덧 민중 속에 깊숙이 파고들게 되는 것이다.

일본국민들은 바야흐로 서력에 맞춰 계절의 변화를 느끼고 성묘 기간마저 춘계·추계 황령제皇靈祭[6]라 하여 천황제 국가 경축일에 맞추어 제

---

6   역대 천황, 황후, 황친皇親의 영령을 제사 지내는 궁정제사의 하나. 춘분에는 춘계황령

정되었다. 사람들은 석가 탄신일보다 천황 폐하나 진무神武 천황이 탄생한 날을 더 권위 있는 날로 인식하게 되었다. 이리하여 '천황의 세상天皇の世'이 완성되었다.

국민 경축일과 천황제

흔히 50년 전 패전으로 '천황의 세상天皇の世'은 막을 내리고 '민중의 세상民の世'이 도래했다고들 말한다. 그런데 경축일을 보면 도무지 그런 것 같지 않다.

1948년 7월 「국민의 경축일에 관한 법률国民の祝日に関する法律」을 제정하여 설날, 성인의 날, 춘분, 천황생일, 헌법기념일, 어린이날, 추분, 문화의 날, 그리고 근로감사일 등을 경축일로 정했다.

이 가운데 여섯 개가 전전 '천황의 세상'을 그대로 잇고 있다. 천황의 탄생일은 말할 것도 없고, 설날은 사방배四方拝, 춘분·추분은 춘계·추계 황령제, 문화의 날은 메이지 천황 탄생일을 기념한 메이지절明治節, 근로감사의 날은 천황이 햅쌀을 신에게 바치는 궁중 행사인 신상제新嘗祭에서 각각 유래하였다.

전전과의 단절을 상징하는 헌법기념일 역시 1946년 11월 3일 메이지절을 기해 신헌법을 공포하고 시행한 것을 기념하는 날임을 상기한다면 천황제의 환영에서 자유롭지 않다. 게다가 1967년에는 국민들의 반대에

제, 추분에는 추계황령제가 개최됨.

도 불구하고 건국기념일을 추가했고, 1989년에는 쇼와 천황이 사망한 날을 기려 '녹색의 날綠の日'을 제정했다. 이로써 총 13일의 경축일 가운데 9일이 천황과 관련된 날로 채워졌다.

전후 50년을 맞이한 지금 14번째 경축일로 7월 20일이 '바다의 날'이라는 이름으로 제정되었다. 이날 역시 앞서 언급한 바와 같이 천황과 관련이 깊다.

다시 한 번 되풀이하자면, 1941년 '바다의 기념일'을 제정한 것은 대일본제국의 대동아공영권을 구축하기 위함이었다. 따라서 이러한 정신을 아무런 비판 없이 새로운 경축일로 이어가고자 하는 것은 패전의 역사를 부정하고 전전과 전후를 관통하는 '천황의 세상'임을 드러내는 것에 다름 아니다.

이에 대해 신진당 에다 사쓰키 의원은 패전을 경계로 일본은 전전의 대일본제국에서 전후의 일본국으로 거듭났다며 헌법학자 기요미야 시로淸宮四郞의 학설을 내세워 반박하였다. 요컨대 전후 일본은 새로 태어난 만큼 전전 '천황의 세상'을 답습해도 별 문제 없다는 것이다.

기묘한 논리다. 다시 태어난 것이라면 경축일도 새롭게 제정해야 할 것이다. 여당이 되기 전 사회당은 8월 15일 '평화의 날'이나 '메이데이'를 경축일로 삼자고 강하게 주장했었다. 여기까지는 이해가 간다.

에다 의원의 이 같은 발언에 사회당 아이다 조에會田長榮 의원이 반론을 폈다. 그러나 전전 역사를 되묻는 일에 워낙 소극적인데다 진전 없는 전후보상 문제, '영령에 대한 감사결의'가 계속되는 한 제대로 된 논의가 진행될 리 만무하다. 대원수폐하의 군복을 양복으로 바꿔 입히고 '천황의 세상'을 그대로 남겨 놓았던 것이 화근이었다.

바다는 국가와 국민을 뛰어 넘는다

과도한 노동으로 지쳐 가는 현대 일본인을 위해 휴일을 늘리는 것은 바람직한 일이라며 '바다의 날'을 환영하는 분위기도 꽤 있는 듯하다. 하지만 경축일에만 쉴 수 있다면 진정한 민주주의 국가라 할 수 없을 것이다. 시급, 일급으로 일하는 비정규직 노동자나 외국인 노동자의 처지도 간과해선 안 된다.

바다의 환경을 보호하게 될 것이라는 긍정적인 반응도 있다. 그러나 바다는 지구생명의 근원으로 '국가'나 '국민' 영역을 초월한 것이다. 바다를 일본의 번영과 연결시키는 것은 부당하다.

그건 그렇고 이제 얼마 안 있으면 '녹색의 날'을 시작으로 본격적인 골든위크가 시작된다. 어두운 세상은 저 멀리 날려 버리고 훈풍을 맞으며 신록을 즐기기 바란다. 더구나 엔화가 강세를 보이고 있으니 해외로 떠나는 것도 괜찮을 듯싶다. 하지만 경축일에 대해 한 번 쯤 생각하는 기회도 갖길 바란다.

출처 : 「天皇制がらみの日本の祝日」, 『週刊金曜日』, 1995.4.28.

2013년 여름, 영국 왕실에 로열 베이비가 탄생했다고 한다. 바로 얼마 전까지 왕위계승 순위가 남아 우선이던 것이 남아든 여아든 첫째에게 계승하는 것으로 법이 개정되고, 이제 막 아버지가 된 윌리엄 왕자가 육아에 열성을 보이는 모습이 공개되면서 국민들의 관심이 쏠렸던 모양이다. 왕실의 젠더평등이 국민에게 환영 받고 있는 것이다.

그에 비해 일본에서는 여전히 황위를 남성에게 제한하는 젠더 불평등이 계속되고 있다. 한때 활발하게 논의되었던 여성에게도 황위를 개방하자는 움직임은 황태자 동생부부에게서 남아가 태어나면서 사라지게 되었다. 그러나 천황제 유지파 사이에서는 이대로라면 얼마 안 있어 계승자 부재와 황족 부족 문제가 발생할 것이라며 걱정한다. 게다가 천황이 고령이라는 점을 감안할 때 '헤이세이'의 종언도 얼마 남지 않았는데, 황태자비는 여전히 정신적 안정을 찾지 못하고 있고, 최근에는 황태자 '퇴위'론마저 불거지고 있다.

이 책에서는 한 세대 이전의 '쇼와'시대에서 '헤에세이'로의 세대교체, 황태자의 결혼과 출산 등의 문제를 다루었다. 필자는 여기서 근대 천황제가 젠더 불평등 위에 성립되었으며, 그로 인해 일본 사회 전체가 젠더 불평등의 한 가운데에 놓이게 되었음을 드러내 보이고자 하였다. 황실의 상황은 이 책 후반부에서 지적한 바와 같이 천황제와 시대의 어긋남을 그대로 보여주고 있다. 최근 20여 년간의 일본의 상황을 되돌아보니 저출산, 가정 내 폭력, 아동학대 등 커다란 사회문제가 한 둘이 아니다. 이것은 곧 근대 가족이라는 시스템이 제도적 피로를 느끼기 시작했음을 의미한다. 근대 산업사회는 여성을 성별분업을 바탕으로 한 일부일처제 가족의 틀 안에 가두고 육아와 부모공양을 강요했지만 그것이 이제는 한계에 달한 듯하다. 남계男系혈통에 기댄 가부장제 천황제가 현대사회와 차질을 초래하게 된 것은 어쩌면 당연한 일이다.

더 이상 시대에 맞지 않는 천황제는 한시라도 빨리 안락사시키는 것이 국민에게나 황실 일가에게나 좋을 것이다. 그럼에도 불구하고 작년(2012) 말에 성립한 제2차 아베安倍晉三 정권은 시대를 거슬러 천황제를 강화시키려는 움직임을 보이고 있다. 아베 수상이 헌법개정에 열을 올리며 작년 발표한 자민당 헌법 초안에는 지금 '상징'인 천황을 '원수元首'로 바꾸고 그에게 상징적 권위와 정치적 권력을 부여하자는 내용을 포함시켰다. 또한 "개인의 존엄과 양성의 평등"을 규정하고 있는 가족 조항(24조) 가운데 "개인의 존엄" 부분을 삭제하고, "가족은 서로 도와야 한다"는 문구를 추가하였다. "형제는 사이좋게, 부부는 서로 화목하며"라는 전전戰前 교육 칙어를 상기시킨다.

또 다른 한편에서 아베 수상은 불황을 탈출하기 위한 궁여지책으로 경제정책(아베노믹스)이라는 비장의 카드를 꺼내 들었다. 그는 '성장 전략' 가운데 '여성의 활용'을 핵심으로 보았다. 그는 여기서 '3년 육아휴직3年間 だっこし放題'이라는 파격적인 제안을 한다. 언뜻 보기에 여성이 출산 후에

도 일하기 편한 환경을 만들자는 취지의 정책처럼 보이지만, 요즘처럼 하루가 다르게 변화하는 시대에 3년이나 직장을 떠났다가 다시 복귀한다는 것은 말처럼 그리 쉬운 일은 아닐 것이다. 1960년대 고도경제성장기에도 "3세까지는 엄마의 품에서"라는 문구가 크게 유행하였다. 그 결과 여성은 육아를 전담하는 것은 물론 부가적으로 파트타임 등 비정규직 노동자로 저임금에 '활용'되었다. '3년 육아휴직'은 그 연장선에 있다.

그런데 문제는 그러한 아베 정권이 선거에서 대승을 거두었다는 것이다. 물론 대승이라고 해도 투표율이 낮고, 자민당에게 유리한 선거제도이긴 했지만, 계속되는 불황 속에서 갈 길을 잃고 심화된 양극화 속에서 우울증을 견뎌온 국민들에게 아베 수상의 "일본을 되찾자"라는 주장이 믿음직스럽게 보였던 것도 사실이다. 그 안에 내재한 내셔널리즘의 과시는 전전 '대일본제국'과 상통한다. 천황을 '원수'로 바꾸자는 자민당 측의 주장은 그것을 노린 전략일지 모른다.

한국, 중국과의 영토, 역사인식 등을 둘러싼 긴장감이 고조되고 있는 지금, "일본을 되찾자"라고 외치는 무리를 더 이상 두고 봐서는 안 될 것이다. 대다수의 일본인은 그렇게 생각할 것이다. 그런데 돌파구가 보이지 않는다. 한국 독자들이 이러한 위기감을 공유하고, 함께 돌파구를 마련해 가도록 힘을 모아준다면 더 없이 든든할 것이다.

2013년 8월 가노 미키요

이 책은 가노 미키요加納實紀代의 『천황제와 젠더天皇制とジェンダー』(イ ンパクト出版會, 2002)를 완역한 것이다.

21세기의 일본, 그 가운데 일본 내셔널리즘을 사유하기 위한 물음에서 천황제는 빼놓을 수 없는 중요한 사안이다. 왜냐하면 이 내셔널리즘과 천황제는 강한 결속력을 보이며 전전과 전후, 현재에 이르기까지 일본 사회 속에 깊숙이 파고들고 있기 때문이다. 젠더도 예외는 아니다. 아니 어떤 측면에서 일본의 젠더는 내셔널리즘과 천황제를 매개하는 핵심적인 요소로 기능해 왔다. 이 책의 저자 가노 미키요가 주목한 것은 바로 이 '천황제와 젠더의 불행한 결혼'의 면면이다.

가노 미키요는 진보적 역사학자이자 실천적 페미니스트다. 1940년 서울에서 태어났으며 교토京都대학 사학과를 졸업, 현재 게이와가쿠인敬和學園대학 교수로 재직 중이다. 1976년부터 지금까지 '여성의 오늘을 묻는 모임'을 이끌며 연구, 저술, 강연, 반反천황제 운동 등 실천하는 페미니스트로서의 면모를 유감없이 발휘해 오고 있다. 대표적인 활동으로는, 일본 역사교과서에 '일본군 위안부'에 대한 기술을 삭제하려는 우익단체들의 움직임에 반대하여 항의문을 발표(1996)하거나, '한일병합 100년 한일 지식인 공동성명'에 참여하여 일본의 전쟁책임을 묻는 일(2010) 등에 앞장서고 있다. 저술 방면에서는 이러한 실천적 운동의 연장선상에서 일본 여성의 전쟁책임을 묻는 일에 주력해 오고 있다. 대표적인 글에는,『여자들의 '총후'』,『자아의 저편－근대를 넘어선 페미니즘』,『전후사와 젠더』,『여성과 천황제』(공저),『전쟁과 여성』(공저) 등이 있다.

이 책은 저자가 그간 발표했던 글들을 모아 총 4부로 구성·편집한 것이다. 저자의 입장은 크게 두 가지로 나눌 수 있는데, 하나는 전쟁책임이 있는 '일본'이라는 국가의 '국민'이라는 입장이고, 다른 하나는 '페미니스트'의 입장이다. 전자 일본국민의 입장은 주로 1부와 4부에, 후자 페미니스트의 입장은 2부와 3부에 반영되어 있다. 각 부의 주요 내용과 논점은 다음과 같다.

제1장 쇼와 시대 민중의식 속 천황제에서는 전시에서 전후로 이어지는 쇼와 파시즘 시대의 천황제의 연속성과 비연속성에 주목한다. 절대적인 힘과 권위의 상징이며 신神적 존재였던 천황이 패전 후 지금까지 어떻게 존속(연명)할 수 있었는지 다양한 각도에서 조명하고 있다. 저자는 그 가장 큰 원인을 천황제를 옹호하고 선동하는 신문, 잡지 미디어와 여기에 잘 길들여진 일본국민, 그 가운데에서도 여성(어머니, 모성)에게 있다고 보았다. 소제목마다 저자의 비판의식이 간략하면서도 명쾌하게 드러나 있다. 이를테면 '안보도 밋치 붐 앞에서는 무력했다'라는 제목의 글에서는, 현 천황 부부의 만남에서 약혼, 그리고 결혼(1958)에 이어 출산(1960)까지, 미디어가 총동원되어 전국이 축하모드로 떠들썩하던 시기, 다른 한편에서 소수이지만 안보반대를 외치는 민중의 소리가 철저히 외면당했던 부

분을 지적한다. 또한 '천황 재위 60년-10만 엔 금화와 황태자의 팬티'라는 다소 자극적인 제목의 글에서는, 천황 일가의 지극히 사적인 일 하나하나가 가십거리로 유통되고 소비되고 있는 황실보도의 행태를 꼬집었다. 내용을 보니 가히 '상징 천황제'에 걸맞는 '천황제의 대중화'라고 말할 수 있을 듯하다. 자연스럽게 천황제에 대한 일본 국민들의 인식도 가벼워져만 간다. '쇼와의 종언-천황 폐하님도 기뻐하시리라'에서는 바로 그 부분을 건드리고 있다. 패전의 책임은 철저히 외면한 채 인자한 아버지(혹은 어머니)의 모습으로 '연명'하던 쇼와 천황이 세상을 떠난 후(1989), 그의 장례식 풍경을 둘러싼 일본 국민들의 반응이 흥미롭다. 정부, 그리고 미디어가 선동하여 천황의 장례기간 동안 국민들에게 이른바 '자숙'할 것을 반 강제로 권유해 보지만 정작 국민들은 마음에도 없는 '자숙'을 감수할 생각이 없어 보인다. '자숙'은커녕 오히려 평소보다 열띤 음주가무를 즐기며 "천황 폐하도 그 편을 더 기뻐하실 것이다"라며 변명 아닌 변명을 늘어놓는 이들이 적지 않았다니 말이다.

'15년 전쟁'으로 상징되는 쇼와 파시즘 시대는 그렇게 국민들의 '흥겨운' '자숙' 속에서 막을 내렸다. 무엇이 그들로 하여금 천황제에 무감각하게 만든 것일까? 이제부터 그에 대한 답을 찾아보자.

제2장 모성과 천황제에서는 천황제가 모성과 결탁하여 일본 국민들의 마음속 깊이 파고들었던 정황을 포착한다. 여기에는 무엇보다 일본 페미니스트들의 역할이 지대했던 듯하다. 저자는 우선 '모성'이라는 말의 어원을 탐색하는 것에서 출발한다. 그리고 일본의 모성이 천황의 권위에 기대어 '국가적 모성(론)'으로 탈바꿈하고, 급기야 대부분의 여성들을 '야스쿠니의 어머니'콤플렉스로 빠져들게 했다고 말한다. 저자는 그 전형적인

예로, 일본 여성사 연구가로 널리 알려진 다카무레 이쓰에와 인기 만화가 하세가와 마치코를 꼽았다. 저자의 분석을 따라가다 보면, 이 두 여성은 여성사 연구가와 만화가라는 분야는 서로 다르지만 '대어심'을 바탕으로 한 '어머니 천황제'를 구축하는 데에 각자의 영역에서 상당한 역할을 수행한 인물이라는 것을 알 수 있다. 특히 하세가와 마치코의 경우, 지극히 평범해 보이는 가족의 일상을 담은 만화 「사자에 상」을 통해 남녀노소 할 것 없이 천황(제)에 대한 무자각을 증폭시키고 호감을 심어주었을지 모른다고 생각하니 왠지 섬뜩한 두려움이 엄습한다.

제3장 여제논쟁의 어제와 오늘에서는, 천황제에 대한 날선 비판을 잠시 멈추고 여제, 즉 여성 천황의 가능성을 둘러싼 논의에 지면을 할애한다. 저자는 페미니스트의 입장에서 여제에 찬성한다. 그런데 이러한 발언이 다른 연구자들에게는 반천황제를 견지해온 저자의 지금까지의 주장을 뒤집고 천황제를 용인하는 것처럼 비춰졌던 모양이다. 저자 후기에서도 밝히고 있듯이 반천황제 입장을 철회한 것은 결코 아니다. 요컨대 천황제를 지금 당장 폐지할 수 없다면 우선 부계혈통만 인정하는 천황제에 여성이 입성하여 그 성역을 허물자는 것이다. 즉 황위계승에 내재하는 여성차별부터 타파하여 서서히 바꿔가자는 것으로 이해할 수 있을 것이다. 저자는 지금으로부터 100여 년 전 메이지 시기 『도쿄요코하마마이니치신문』 지상에서 펼쳐졌던 여제논쟁을 길게 인용하며, 당시 활발하게 논의되었던 여제 찬반논의에서 그 가능성을 찾았다. 여제논쟁을 벌일 만큼 열린 분위기, 반천황제 운동에 페미니즘 바람을 일으키지 않으면 반천황제는 소수의 자기만족에 불과하다는 것이 저자의 생각인 것이다.

제4장 헤이세이를 향한 발언에서는 저자의 격앙된 문체가 유독 눈에 띈

다. 그 이유는 아마도 '쇼와'에서 '헤이세이'로의 세대교체가 이루어졌던 민감한 시기에 집필한 글들이 집적되어 있기 때문이리라. 쇼와 천황의 죽음이 임박하자 일본의 페미니스트들이 드디어 움직이기 시작했다. 쇼와 천황이 사망하고 전 국민이 '자숙'하고 '슬픔'에 잠겨 있어야 할 1989년 1월 7일, 붉은 피를 상징하는 붉은 꽃을 들고 천황제로 희생된 무수한 희생자 가운데 여성 희생자 1호인 간노 스가의 작은 무덤 앞으로 여성들이 모여들었다. 이른바 여성들의 'Xday'가 드디어 실행에 옮겨지게 된 것이다.

이 밖에 하이디 하트만의 '마르크스주의와 페미니즘의 불행한 결혼'을 패러디한 '천황제와 페미니즘의 불행한 결혼'이라는 말을 통해 일본 페미니스트들의 한계를 지적한 부분은 눈여겨 볼만하다. 현 황태자의 결혼상대로 부상한 오와다 마사코가 평민 출신의 매력적인 미모의 소유자인데다가 전도유망한 외교관이라는 사실에 흥분을 감추지 못했던 당시 일본 페미니스트들에게 저자는 이렇게 일침을 놓는다. 유능한 커리어우먼의 자질을 황실외교에서 유감없이 발휘하라며 황태자의 결혼을 쌍수를 들어 환영하는 순간 '해방사상'으로서의 페미니즘은 죽었다고 말이다.

역자는 이전에 와카쿠와 미도리若桑みどり의 『전쟁이 만들어낸 여성상戰争がつくる女性像』(筑摩書房, 1995 : 한국어 번역서는 손지연 역, 소명출판, 2011)을 번역하여 소개한 바 있다. 제2차 세계대전 중 일본 군부가 전쟁 시스템(전시체제) 안으로 여성들을 포섭하여 전쟁으로 동원해간 정황을 풍부한 시각자료를 통해 제시한 역작이다. 와카쿠와 미도리와 가노 미키요는 천황제라든가 국민국가와 같은 획일화된 공동체 사상을 해체하는 작업을 젠더 관점에서 꾸준히 시도해 오고 있는 점에서 어깨를 나란히 한다.

특히 이 책 2부에 수록된 '젠더로 읽는 천황상'이라는 제목의 장은, 천황 (가족)사진 이미지가 어떻게 전략적으로 변천을 거듭하고 있는지 분석한 것으로 와카쿠와 미도리의 논의방식과 매우 닮아 있다. 그런데 내용면에서 2부의 타이틀인 '모성과 천황제'와는 다소 동떨어져 보인다. 오히려 이 부분에 대한 논의는 와카쿠와 미도리의 『전쟁이 만들어낸 여성상』, 『황후의 초상―쇼켄황 태후의 표상과 여성의 국민화皇后の肖像 : 昭憲皇太后の表象と女性の国民化』(筑摩書房, 2001 : 한국어 번역서는 건국대 일본문화언어학 역, 소명출판, 2007), 『성전의 아이코노그래피―천황과 병사, 그리고 전사자의 초상과 표상聖戦のイコノグラフィ : 天皇と兵士・戦死者の図像・表象』(青弓社, 2007 : 한국어 번역서는 송완범・신현승・전성곤 역, 제이앤씨, 2009)에 자세하므로 함께 참고하면 좋을 듯하다. 반대로 와카쿠와 미도리의 『전쟁이 만들어낸 여성상』의 경우 시각자료에 치중한 나머지 이론적 부분이 취약하다. 『천황제와 젠더』는 그 부분을 보완해 줄 수 있는 좋은 텍스트가 될 것이다.

이 책은 일본인들이 읽기에 다소 거북한 내용으로 가득하다. 가노 미키요 씨는 이 책에서 일본 국민의 한 사람으로서, 그리고 페미니스트의 위치에서 그녀 자신도 극복하지 못한 한계 내지는 천황제의 견고한 틀을 있는 그대로, 아니 어떤 면에서는 너무도 리얼하게 보여주었다. 그런데 문제는 반천황제를 주장하고, 열린 천황제를 제시하고, 여제를 용인할 것을 제안하는 열혈 페미니스트의 외침에 정작 일본 정부와 '천황' 일가는 꿈쩍도 하지 않고 있다는 것이다. 일본 국민들도 마찬가지다. 국민들의 기대를 한 몸에 받으며 '황실'에 입성한 마사코 비가 적응장애로 10년째 장기요양 중이라는 것과 이들 사이에 '아들'이 없다는 점이 천황제 유지에 위기감을 던져 주고 있으나, 큰 이변이 없는 한 그 틀은 계속해서 유지될 듯하다. 황위계승 서열 2위기이긴 하나 '천황'의 둘째 아들에게 '아들'이 태어났기 때문이다.

얼마 전 서울에서 만난 일본인 여성학자들과 천황제에 관해 이야기를 나눌 기회가 있었다. 마침『천황제와 젠더』역자 후기를 쓰고 있다는 말에 그녀들은 익명(?)을 요구하며 한국 독자들에게 다음과 같은 말을 남겼다. 일본의 '천황'은 연예인 그 이상도 이하도 아니다. '천황' 일가의 뒷담화에 열을 올리는 주간지의 행보에도 혀를 찼다. 스스로 '은퇴'선언이라도 해주면 좋겠지만 일본 '국민'이 아니기에 스스로 물러나지도 못한다고 말한다. 천황제에도 '정년'을 도입해야 한다는 신선한(?) 제안도 한다. 한마디로 표현하면 관심이 없다는 것이다. 이때 역자가 나서서 가노 미키요 씨가 우려한 것도 바로 이러한 일본 국민들의 무관심 때문이지 않은가 라며 문제를 제기해 보지만 이들에겐 여전히 '무관심' 외에 별다른 대안이 없어 보인다.

그렇다면 이제 일본의 천황제 비판에 한국의 페미니즘 바람을 불어 넣어 보는 것은 어떨까? 이 책이 그 하나의 계기가 된다면 역자로서 더 없이 기쁠 것이다.

이 책의 번역을 기획한 지 너무 많은 시간이 흘러 버렸다. 그럼에도 무사히 출간되어 나오기까지는 소명출판 공홍 부장님의 배려와 격려의 힘이 컸다.『전쟁이 만들어낸 여성상』에 이어『천황제와 젠더』까지 오로지 역자의 선택을 믿고 흔쾌히 번역을 맡겨 주신 호의에 감사드린다. 또한 꼼꼼한 교정과 번거로운 수고도 마다하지 않고 좋은 책을 위해 애써주신 김하얀 선생과 번역을 쾌락해 주신 가노 미키요 교수에게도 감사의 마음을 전한다.

2013년 8월, 유난히 무더웠던 여름의 한 가운데에서

손지연